21 世纪高职高专规划教材●物流管理系列

# 仓储与配送管理实务

主　编◎张　扬　国云星

副主编◎胡玉洁　付云池　薛立立　胡成琳

中国人民大学出版社

· 北京 ·

# 天津中德应用技术大学<br>2017年“一流应用技术大学”建设系列教材<br>编 委 会

# 总序

中国在各个领域保有快速发展的态势。在经济上，中国的国内生产总值大幅增加，同时经济结构也在发生改变。在这个变化过程中，越来越多的商品（产品）、服务、信息、支付流程等需要被快速及时地处理，物流的重要性与日俱增。物流过程包括物料流和信息流在企业、供应商以及客户之间的整体计划和控制，以确保所需的物料和信息在正确的时间、正确的地点，以正确的质量和数量送达正确的接收者。流程优化和降低成本贯穿整个过程。同时，经济因素以外的环境因素也越来越受到重视。物流过程也存在于企业内部。企业内部物流包括客户订单的处理、原料和服务的采购、产品的生产、物料的存储、企业内部的物料运输以及最终将产品交付给客户等环节。这涉及如何缩短交货时间、提高备货和交货可靠性、提高流转效率等问题。与此相伴的是现代化信息技术在物流的广泛应用。未来企业的内部物流以及企业、客户、供应商、银行、政府机构之间的物流过程将更加网络化和优化。

这些变革使职业教育面临挑战。职业教育的目的是“学习者行动能力”的获取，要让年轻人通过职业教育具备独立处理复杂操作过程的能力。这不仅要求受教育者掌握扎实的专业技能，同时对他们的人格素养和社会能力提出了更高的要求。专业能力毫无疑问是最重要的，现代化企业需要在专业上训练有素的员工。同时在现代职场中，责任心、可靠性、创造性以及团队精神、沟通合作能力已经成为衡量人才的重要因素。特别是在第四次工业革命时代（德国称之为工业 4.0），员工的人格素养和社会能力显得尤为重要。此外，新时代的人才还要具备数字技能以及系统性学习和思考的能力。

如果想让学生为适应现代职场做好准备，我们还要注重对学生自主学习能力的培养。世界环境变化越快，对人们独立自主学习能力的要求越高。“自主学习”并不是天生的技能，学生需要逐步熟悉和掌握它，学校必须在此方面提供足够的帮助和引导。这不仅包括“知识”的学习，还包括如何使用这些知识。当然，对学校而言，知识的传授还是一如既往的重要，但仅有知识还不足以养成真正的职业行动能力，学生必须能够在新的环境中使用他们所获取的知识。现代职场往往意味着独立解决新的问题，因此课堂教学中必须贯彻“问题导向”的理念，在“问题导向”的教学过程中，学生将不断面对新的问题，他们必须展示出在新的情境中运用知识解决新问题的能力。从“知识”到“能力”的转化是教育中最困难的挑战之一。在教学中使用“学习情境”是实现这种转化的有效手段。教师将现实工作中的问题进行加工，形成符合教学规律的学习情境，再将其引入课堂教学中。这对老师来说是一项艰巨的任务，但是在理想情况下这能够提高学生的学习意愿。毕竟获取能力仅有知识和技能是不够的，学习意愿也很重要。

本系列教材旨在帮助学生更好地学习，不仅能在课堂上发挥作用，也可供学生在课下灵活安排时间学习。一本有吸引力的教材不仅要有合格的专业水准，同时还要能激励学生的学习意愿。作者一方面要保证专业内容的准确性，另一方面还要思考如何让学生能够准确理解书中的内容，对教材而言这尤为重要。根据以上标准，本系列教材无疑是具有吸引力的。

［德］赫尔穆特·贝克（Helmut Becker）

2018 年 9 月

# 前言

随着我国经济的发展，现代物流作为一种先进的组织方式和管理技术，已经成为我国经济新的增长点，同时也是企业降低成本、提高效益的重要途径，正在受到广泛的关注。而仓储与配送活动又是现代物流的重要活动，是商品生产与流通乃至整个社会在生产过程中不可缺少的重要环节，仓储与配送也是企业物流管理的核心业务之一。

本书作为一本理实一体化教材，切实考虑到高职学生的理论知识水平、学习能力，在开发时采取了企业调研、岗位访谈、分析企业业务和工作标准、与企业管理者座谈等形式，结合不同类型企业的特点，总结出具有代表性的典型工作任务，并借鉴德国双元制教材模式，以工作过程为导向，以情境任务为驱动，模拟真实岗位工作流程，实现了“流程导向、学以致用”。

本书在体系结构上将理论篇与实操篇分开设计。理论篇包含走进仓储、仓库布局、仓库设备、仓库作业、仓储经营管理、配送及配送中心认知、配送中心规划与布局、配送作业、配送中心经营管理九个模块，涵盖仓储与配送相关的主要知识点；实操篇包含大型家电的仓储业务、日化用品的仓储业务、日用百货的配送业务、美妆用品的配送业务四个学习情境，学生在情境任务的引导下思考解决问题的方法并查阅理论篇中的相关内容进行自学，最终解决问题，完成“分析问题—思考方法—学习总结”的过程，实现“行动导向、在做中学”，提升学生分析、思考、决策及自学能力。

本书由天津中德应用技术大学张扬与北领科技物流公司天津分公司总经理国云星担任主编，天津中德应用技术大学胡玉洁、付云池、薛立立、胡成琳任副主编。

本书在编写过程中参阅了大量同行专家的相关著作与文献，特此向有关作者表示由衷的感谢。由于编者水平有限，书中难免存在疏漏与不足，恳请读者批评指正。

# 理论篇

## 实操篇

# 理论篇

# 模块一

# 走进仓储

知识目标

1. 掌握仓库的概念与分类。
2. 掌握仓储的概念、功能及我国仓储业的发展。
3. 理解仓储管理的概念与原则。

技能目标

1. 能分析判断仓库的类型与功能。
2. 能判断企业目前仓储管理所处阶段并为企业发展提出建议。

情感目标

1. 能够与时俱进，时刻关注新科技、新动态。
2. 能够具备积极进取、细致周到的职业素养。
3. 能够具有一定的团队协作和沟通能力。

重难点

1. 仓库的分类及不同类型仓库的适用情况。
2. 仓储的功能及仓储管理的原则。

某公司降低制造成本的方法

建立现代物流系统之前，某公司占用了50多万平方米的仓库，费用开支很大。为了配合强大的物流流程，公司改变了传统仓库的功能，建立了两座中国规模最大、自动化水平最高的现代化、智能化立体仓库。公司的国际物流中心仓库面积只有7 200平方米，但它的吞吐量却相当于一个30万平方米的普通仓库，利用率提高了几十倍。以前公司一年的采购费用大约是200亿元，现在通过整合供应商，利用数量和品牌优势取得了国内同业的最优价格，成本降低4.5%以上。

1. 加强库存周转，提高了资金利用率

公司采用强大的物流系统后，库存资金和资金占用率有很大幅度的下降，到2016年末，基本实现零库存。零部件在仓库的存放时间一般只有3天，最多不超过7天。仓库面积减少50%，库存资金压缩67%，呆滞物料降低73.8%。公司现在完成客户定制订单只用10天时间，而一般企业至少需要36天。公司的国外客户只要根据当地气候、电压、风俗习惯订购特需冰箱，公司均能在一周内拿出样机，一个月内组织批量生产，再通过配送系统快速运往各地。

2. 成品分拨效率提高

公司目前已经能够做到物流中心城市6～8小时配送到位，区域配送24小时到位，全国主干线配送平均4天到位；通过汉堡港物流分拨中心，向欧洲客户的供货时间缩短了一半以上。

**问题：**

1. 加强仓库建设、仓储管理对企业发展有何积极作用？
2. 为什么仓储物流越来越强调物料流动速度越快越好？

# 一、仓库认知

## （一）仓库的概念

仓库是以库房、货场及其他设施、装置为劳动手段，对商品、货物、物资进行收进、整理、储存、保管和分拨等工作的场所。

现代仓库更多地考虑经营上的收益而不仅仅为了储存。这是同旧式仓库的区别所在。因此，现代仓库从运输周转、储存方式和建筑设施上都重视通道的合理布置、货物的分布方式和堆积的最大高度，并配置经济有效的机械化、自动化存取设施，以提高储存能力和工作效率。

在生活中，你接触过哪些“仓库”?

## （二）仓库的分类

从现代物流角度来看，仓库是从事储存、包装、分拣、流通加工、配送等物流作业活动的物流节点设施。一个国家、一个地区、一个企业的物流系统需要有各种各样的仓库，它们的结构形态各异，服务范围和对象也有着较大的差异。根据不同的标准，仓库可分成不同的类型，见表1-1至表1-3。

表1-1 按储存货物性质分类

| 类型 | 特点 |
| --- | --- |
| 专用仓库 | 专用仓库是一种配有冷藏、保温等设施的仓库，适用于储存性能比较特殊的货物及需要具有一定技术装备的货物。如食糖、果品、粮食、药材、禽畜肉等货物容易融化、霉变、腐烂，且数量较大，需要冷藏或恒温储存。 |
| 通用仓库 | 通用仓库，又称普通仓库、综合仓库，一般是指具有常温保管、自然通风、无特殊功能的仓库。通用仓库根据货物性能一致、保养措施一致的原则，对货物进行分区分类管理。这类仓库不需要特殊的技术装备，在中国商业仓库中所占的比重较大。 |
| 危险品仓库 | 危险品仓库是一种配置有特殊装备和相应消防手段，能对危险品起到一定的防护作用的专用仓库。由于危险品具有易燃、易爆、有毒、有腐蚀性或有放射性等特性，因而严禁与一般物品混放。危险品仓库的主要任务就是要确保各类危险品的储存安全。 |

表1-2 按仓库职能分类

| 类型 | 特点 |
| --- | --- |
| 储备仓库 | 储备仓库主要是用于储存常年生产、季节性消费的货物，或季节性生产、常年消费的货物的仓库。这类仓库可以设在货物运输的起点，也可以设在货物运输过程的终点。储备仓库对货物的养护要求较高。 |
| 批发仓库 | 批发仓库主要是储存商业批发部门收购进来的货物，然后向零售货物或其他商业批发部门陆续供应。根据要货单位的要求，一般需要办理货物的续配、拆零、粉状、改装等业务。这类仓库的业务特点是数量小、批次多，吞吐频率高，大多设在消费地。 |
| 零售仓库 | 零售仓库主要是为零售商店短期存货。零售部门从批发部门进货后，一般要进行必要的拆包、检验、分类、分级、分装、改装等加工活动。这类仓库一般附设在零售商店内；规模大的零售商店可以在附近设零售仓库；超级市场和大型零售商店还有建立保证日常供货的配送中心的必要。 |
| 中转仓库 | 中转仓库主要是解决货物在运输途中，由于换装运输工具的暂时停留而产生的仓储需要。这类仓库一般设在车站、码头附近。 |

表 1-3 按仓库构造分类

| 类型 | 特点 |
| --- | --- |
| 单层仓库 | 单层仓库是指建筑物是平房，结构简单，高度一般不超过 5～6 米的仓库。这类仓库建筑费用便宜，人工操作比较方便。中国现有大量的平房仓库。 |
| 多层仓库 | 多层仓库是指建筑结构在两层或以上的仓库。这类仓库可以减少土地的使用面积，进出库作业可以采用机械化或半机械化，但作业成本相对较高。 |
| 高层货架仓库 | 高层货架仓库是指以高层货架为主要存储形式的仓库。其建筑本身是平房结构，内部货架层数较多，具有可以保管 10 层左右货架或托盘的能力。这类仓库一般配备拣选式巷道堆垛起重机等自动化设备，是一种发达国家普遍采用的先进仓库，可实现机械化和自动化操作。 |
| 柱式仓库 | 构造呈柱形或球形，主要用来储存石油、天然气、液体化工产品等的仓库。 |
| 简易仓库 | 构造简单，造价低廉，包括一些固定或活动的简易货棚等，一般是提供临时使用的一种仓库。 |
| 露天仓库 | 即露天料场，以露天储存为主。有的会设有围墙，有的没有围墙。 |

## 二、仓储认知

### （一）仓储的概念

仓储随着物料储存的产生而产生，又随着生产力的发展而发展。仓储和运输长期以来被看作物流活动的两大支柱，仓储是物流系统的一个子系统，是货物流通的重要环节之一。在社会分工和专业化生产的条件下，为保证社会再生产过程的顺利进行，必须储存一定数量的物料，以满足一定时间内社会生产和消费的需要。因此，仓储在物流系统中起着缓冲、调节和平衡的作用。

国家标准《物流术语》（GB/T 18354-2006）中对于仓储是这样定义的：仓储（warehousing）是指利用仓库及相关设施设备进行物品的入库、存贮、出库的活动。

仓储的概念，有广义和狭义之分。狭义是指通过仓库对物料进行储存和保管；广义是指货物在从生产地向消费地的转移过程中，在一定地点、一定场所、一定时间的停滞。储存是物流的一种运动状态，是物料流转中的一种作业方式，在这一阶段对物料进行检验、保管、加工、集散、转换运输方式等多种作业。储存是物流的主要职能，又是货物流通中不可缺少的环节。

你是如何理解仓储的？

## （二）仓储的功能

仓储的功能可以分为基本功能和增值服务功能两部分（见图 1-1）。仓储的基本功能是传统仓储企业直接经济利益的来源。随着市场竞争的不断加剧，企业为了建立竞争优势，不仅要提高原有服务功能的质量，还要大力扩展仓储业务，创造新的增值服务。

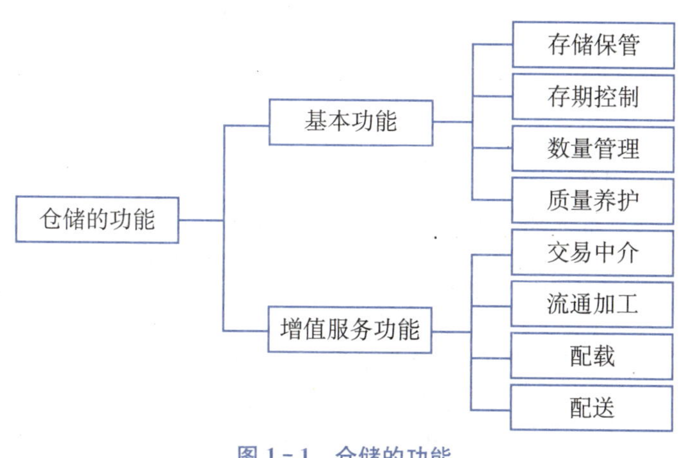


图 1-1　仓储的功能

仓储还具有哪些功能?

## （三）我国仓储物流业的现状与发展

因物流市场供需变化，我国的仓储业正在向仓储作业自动化、仓储信息化、仓储标准化、仓储管理现代化的方向发展。拥有先进管理理念的物流企业，开始注重对整体供应链进行管理，积极发展与客户的长期合作关系，通过提供各种增值服务来参与客户的供应链管理，降低客户的成本，从而也提高自身的竞争力。仓储业将会随着物流行业的整体发展而进一步提升。

**1. 仓储作业自动化**

（1）仓储集装化。

建立储存和装卸设备的标准化体系，加强集装箱、托盘、集装袋等在仓储中的推广和应用。通过货物集装化，提高仓储质量和效率，降低物流成本。

（2）仓库自动化。

目前，人工智能技术的发展正推动着自动化库房向智能自动化方向发展。射频数据通信、条形码技术、扫描技术和数据采集技术将更多地应用于仓库堆垛机、自动导引车和传送带等设备，仓储中的物流必须伴随着并行的信息流。仓储货物的控制和管理实

时、协调和一体化，信息技术成为仓储自动化技术的核心。自动化库房建设更加注重实用性和安全性，在满足仓储要求的条件下，将更多要求规模小、反应速度快、用途广的自动化库房。

(3) 仓储装卸搬运机械高效化。

通过引入计算机、自动控制技术和人工智能等高新技术对仓储机械进行技术改造，仓储机械的技术性能将较大提高。载重量大、机动性强、操作方便、可维修性好的叉车、无人叉车、牵引车、托盘搬运车、码垛机、管道输送机、带状输送机、自动拣选机等先进的装卸搬运机械设备将广泛应用于仓储系统。随着时间的推移，智能化仓储设备将更多、更加趋于完善，仓储机械更安全、更可靠。

(4) 条形码技术的推广使用。

条形码技术作为一种成熟的信息处理技术，由于具有信息采集速度快、信息量大、可靠性高等优点，已广泛应用于自动控制、质量跟踪、交通运输、图书文献等领域。

**2. 仓储信息化**

随着计算机技术和通信技术的发展以及全球信息网络的建立，仓储的信息化趋势也将得到进一步发展，信息技术将用于处理仓储具体业务。建立仓储信息网络、对货物统一编码，通过电子数据交换（EDI）、电子订货系统（EOS）、电子经费传送（EFT）等形式实现无纸化作业，降低了仓储作业费用，提高了作业效率。

另外，仓储信息网络是一个利用现代信息技术、数学和管理科学方法对仓储信息进行收集、加工、存储、分析和交换的人机综合系统。仓储是物流的一个重要环节，为了更好地掌握货物的储存情况，必须取得及时、准确的仓储信息。仓储信息处理系统可以通过网络对仓储货物的动态进行实时跟踪调查，使得仓储更加透明，并可根据所需货物的种类、数量等情况，适当调整仓储物资储备，确定最佳决策。

**3. 仓储标准化**

标准化是对产品、工作、工程和服务等活动制定统一的标准并贯彻和实施标准的整个过程。

为了使物流系统内部各环节有机地联系起来，并协调地运作，必须保证物流系统的统一性和一致性，实现物流的标准化。仓储标准化是物流标准化的重要组成部分。仓储标准化不仅可以实现仓储环节与其他环节的密切配合，而且也是仓储内部提高作业效率、充分利用仓储设施和设备的有效手段，是开展机械化、自动化、信息化仓储的前提条件。

仓储标准化内容很多，如：全国性通用标准（仓库种类与基本条件标准、仓库技术经济指标以及考核办法标准、仓库储业标准体系、仓储业服务规范、仓库档案管理标准、仓库单证标准、仓储安全管理标准等），仓储技术通用标准（仓库建筑标准、货物出入库标准、储存货物保管标准、包装标准、货物装卸标准等），仓库设备标准，仓库信息管理标准和仓库人员标准等。

**4. 仓储管理现代化**

众多的仓储企业逐渐加大现代化改革的步伐，包括两方面：

（1）加大对仓库的硬件投入。

包括库房建设和改造，购置新型货架、托盘、数码自动识别系统和分拣、加工、包装等新型物流设备，大幅度提升现有仓储自动化水平和物流运作效率，增加物流服务功能。

（2）加大对仓库的软件投入，加强物流信息化建设。

实现仓储管理、货物销售、开单结算、配送运输、信息查询、客户管理、货物跟踪查询等功能，为客户提供更为方便、可靠、快捷的物流服务。

**课程实践**

搜集关于 2018 年物流行业趋势、动态的资料，分析物流行业存在的问题及对策。

# 三、仓储管理认知

## （一）仓储管理的概念

仓储管理是指对仓库和仓库中储存的货物进行管理。从广义看，仓储管理是对物流过程中货物的储存以及由此带来的货物包装、分拣、整理等活动进行的管理。

国家标准《物流术语》（GB/T 18354－2006）中对于仓储管理是这样定义的：仓储管理（warehousing management）是指对仓储设施布局和设计以及仓储作业所进行的计划、组织、协调与控制。

仓储管理是一门经济管理科学，同时也涉及应用技术科学，故属于边缘性学科。仓储管理将仓储领域内生产力、生产关系以及相应的上层建筑中的有关问题进行综合研究，以探索仓储管理的规律，不断促进仓储管理的科学化和现代化。

## （二）仓储管理的原则

仓储管理的内涵随着其在社会经济领域中的作用不断扩大而变化。仓储管理从单纯意义上的对货物存储的管理，已成为物流过程中的中心环节，它的功能已不是单纯的货物存储，而是兼有包装、分拣、整理、简单装配等多种辅助性功能。因此广义的仓储管理应包括对这些工作的管理。仓储管理的过程中应遵循以下原则：

**1. 保证质量**

仓储管理中的一切活动，都必须以保证在库物品的质量为中心。没有质量的数量是无效的，甚至是有害的，因为这些物品依然占用资金、产生管理费用、占用仓库空间。因此，为了完成仓储管理的基本任务，仓储活动中的各项作业必须有质量标准，并严格按标准进行作业。

**2. 注重效率**

仓储成本是物流成本的重要组成部分，因而仓储效率的提高关系到整个物流系统的效率和成本。在仓储管理过程中要充分发挥仓储设施和设备的作用，提高仓库设施和设备的利用率；要充分调动仓库生产人员的积极性，提高劳动生产率；要加速在库物品周转，缩短物品在库时间，提高库存周转率。

**3. 讲求经济**

仓储活动中所耗费的物化劳动和活劳动的补偿是由社会必要劳动时间决定的。为实现一定的经济效益目标，必须力争以最少的人财物消耗，及时准确地完成最多的储存任务。因此，对仓储生产过程进行计划、控制和评价是仓储管理的主要内容。

**4. 确保安全**

仓储活动中不安全因素有很多，有的来自库存物，如有些物品具有毒性、腐蚀性、辐射性、易燃易爆性等；有的来自装卸搬运作业过程，如每一种机械的使用都有其操作规程，违反规程就会出事故；还有的来自人为破坏。因此要加强安全教育，提高认识，制定安全制度，贯彻执行"安全第一，预防为主"的安全生产方针。

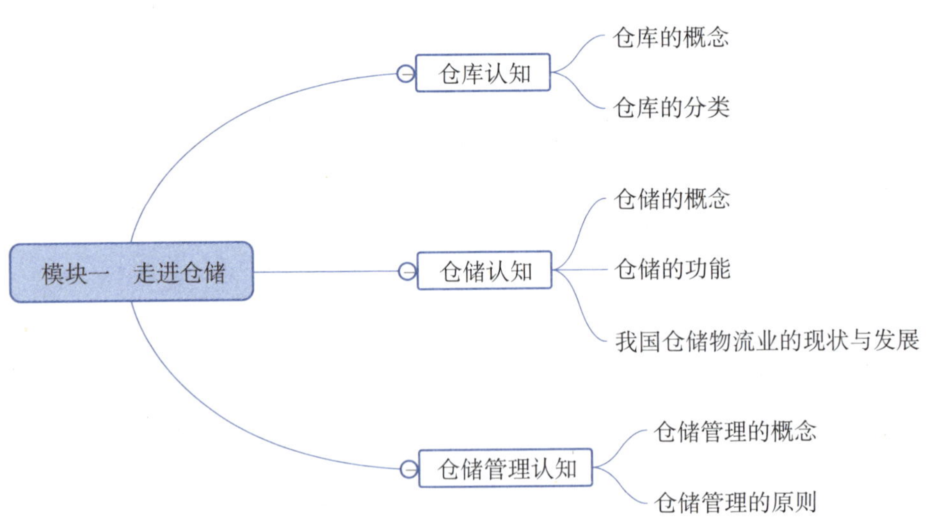


## 课后思考题

1. 什么是仓储？仓储管理工作的内容有哪些？
2. 仓储的功能是什么？

3. 什么是仓库？仓库的种类有哪些？
4. 简述仓储业的发展方向。
5. 谈谈仓储在物流管理中的地位。

2016 年 7 月 1 日，习近平总书记在庆祝中国共产党成立 95 周年大会上明确提出：中国共产党人“坚持不忘初心、继续前进”，就要坚持“四个自信”，即“中国特色社会主义道路自信、理论自信、制度自信、文化自信”。

请查阅“四个自信”的相关资料并阐述“四个自信”的主要内容。对比国内外物流行业的发展与现状，思考如何建立我国物流行业的“四个自信”。

# 模块二

# 仓库布局

知识目标

1. 了解仓库的总体构成。
2. 理解仓库布局的原则与要求。
3. 掌握货区布局的要求与形式。

技能目标

1. 能根据仓库布局要求进行库内规划。
2. 能根据货区布局形式进行储位的编码。

情感目标

1. 能够具备自主探究的能力。
2. 能够具备一定的分析与解决问题的能力。
3. 能够具备一定的应变能力、挫折承受力和自我调节能力。

重难点

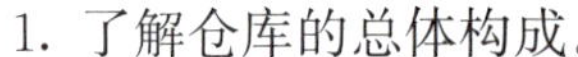

1. 不同货区布局形式的优缺点及适用情况。
2. 根据货物性质决定货物储位。

## 案例导入

### A 物流公司仓库的规划布局

A 物流公司于 2016 年 9 月正式投入运营，注册资本为 4 000 万元。该物流公司拥有当地最大的城市快速消费品配送仓。它在租用的 300 亩土地上建造了 140 000 平方米的现代化常温月台库房，并正在当地建造规模更大的 600 亩物流园区。A 物流公司已经是众多快速流通民用消费品的区域总仓，其影响力和辐射半径还在日益扩大中。

A 物流公司通过引入西方先进的第三方物流经营理念，成功地开拓了城市周边的物流市场，目前已成为当地最大的第三方物流企业之一。A 物流公司的主要客户包括大型家用电器厂商、酒类生产企业、方便食品生产企业和其他快速消费品厂商。某些知名电器连锁销售企业和当地大型连锁超市也与 A 物流公司达成了战略合作关系。

A 物流公司的商业模式就是基于配送的仓储服务。制造商或大批发商通过干线运输等方式大批量地把货品存放在 A 物流公司的仓库里，然后根据终端店面的销售需求，用小车小批量配送到零售店或消费地。目前，A 物流公司为各客户单位每天储存的货物量达 2.5 亿元。最近，这家公司还扩大了 6 万平方米的仓储容量，使每天储存的货物量达 10 亿元左右。按每月流转 3 次计，这家公司的每月物流量达 30 亿元左右，A 物流公司运用先进的管理经营理念，使得其成为当地的一匹“黑马”。A 物流公司为客户提供仓储、配送、装卸、加工、代收款、信息咨询等物流服务，利润来源包括仓租费、物流配送费、流通加工服务费等。

A 物流公司的仓库全都是平面仓。大部分采用托盘和叉车进行库内搬运，少量采用手工搬运。月台设计很有特色，适合于大型货柜车、平板车、小型箱式配送车的快速装卸作业。随着业务量的迅速增大，A 物流公司的仓库面积趋于吃紧。其储存的主要货物品类众多，既有农产品、果蔬，也有机电产品、金属材料、建筑材料，还有日用百货等。由于各类货物的保管条件不同，因此必须分开存放。在新的物流仓库还未投入使用前，A 物流公司希望通过现有库房的重新规划布局，提高仓库利用率，迅速扩充仓储面积，提高配送订单的处理能力，实现库房资源、业务资源和客户资源的良性循环。通过库房的规划设计来进一步提高仓库利用效率，已经成了 A 物流公司决策层的考虑重点。

**问题：**

1. 企业仓库合理规划布局能给企业带来什么效益？
2. 企业仓库规划布局要注意什么问题？

## 一、库区总体平面布局

### （一）仓库布局的概念

仓库布局是指一个仓库的各个组成部门，如库房、货棚、货场、辅助建筑物、铁路专用线、库内道路、附属固定设备等。在规定范围内，进行平面和立体的全面合理的安排，即设计仓库总平面图。

### （二）仓库总体平面布局的构成

一个仓库通常由生产作业区、辅助生产区和行政生活区三大部分组成，见表 2-1。

表 2-1 仓库的总平面结构

| 区域 | 功能 | 主要建筑物 |
| --- | --- | --- |
| 生产作业区 | 生产作业区是仓库的主体。仓库的主要业务和货物保管检验、包装、分类、整理等都在这个区域里进行 | 库房、货场、站台，以及加工、整理、包装场所等 |
| 辅助生产区 | 在辅助生产区内进行的活动是为主要业务提供各项服务 | 维修加工以及动力车间、车库、工具设备库 |
| 行政生活区 | 行政生活区由办公室和生活场所组成 | 办公楼、警卫室、化验室、宿舍和食堂等 |

**1. 生产作业区**

生产作业区是仓库的主体部分，是货物储运活动的场所，主要包括储货区、铁路专用线、道路、装卸台等。储货区是储存保管的场所，具体分为库房、货棚、货场。货场不仅可以存放货物，同时起着货位周转和调剂的作用。铁路专用线、道路是库内外的货物运输通道，货物的进出库、库内货物的搬运，都要通过这些运输线路。专用线应与库内道路相通，保证畅通。装卸站台是供货车或汽车装卸的平台，有单独站台和库边站台两种，其高度和宽度应根据运输工具和作业方式而定。

**2. 辅助生产区**

辅助生产区是为了货物储运保管工作服务的辅助车间或服务站，包括车库、变电室、油库、维修车间等。

**3. 行政生活区**

行政生活区是仓库行政管理机构和生活区域。行政生活区一般设在仓库入库口附近，便于业务接洽和管理，与生产作业区应分开，并保持一定距离，以保证仓库的安全及居民生活的安静。

仓库平面布局示例见图 2-1。

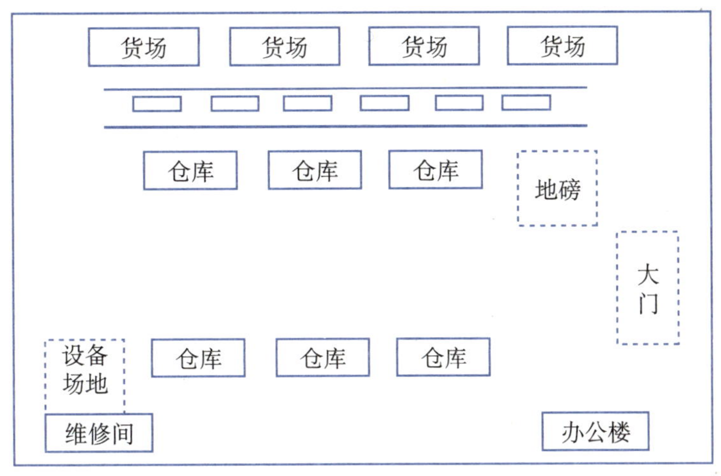


图 2－1　某仓库平面布局图

## （三）仓库总体平面布局的要求

**1. 要适应仓储企业生产流程，有利于仓储企业生产正常进行**

（1）单一的物流方向。仓库内货物的卸车、验收、存放地点之间的安排，必须适应仓储生产流程，按一个方向流动。

（2）短的运距。应尽量减少迂回运输，专用线的布置应在库区中部，并根据作业方式、仓储货物品种、地理条件等，合理安排库房、专用线与主干道的相对应。

（3）少的装卸环节。减少在库货物的装卸搬运次数和环节，货物的卸车、验收、堆码作业最好一次完成。

（4）大的利用空间。仓库总平面布置是立体设计，应有利于货物的合理存储和充分利用库容。

**2. 有利于提高仓储经济效益**

（1）要因地制宜，充分考虑地形、地质条件，使之既能满足物品运输和存放上的要求，又能避免大量的基础建设工程，并能保证仓库充分利用。

（2）平面布置应与竖向布置相适应。所谓竖向布置，是指建立场地平面布局中每个因素，如库房、货场、转运线、道路、排水、供电、站台等，在地面标高线上的相互位置。既满足仓储生产上的要求，有利于排水，又要充分利用原有地形。

（3）总平面布置应能充分、合理地使用机械化设备。特别是需要使用门式、桥式起重机一类固定设备的，就需要在这类设备的数量和位置布置上，注意与其他设备的配套，以便于开展机械化作业。

**3. 有利于保证安全生产和文明生产**

（1）库内各区域间、各建筑间应根据“建筑设计防火规范”的有关规定，留有一定的防火间距，并有防火、防盗等安全设施。

（2）总平面布置应符合卫生和环境要求，既满足库房的通风、日照等，又要考虑环境绿化、文明生产，使之有利于职工身体健康。

我校准备在新校区为实训基地建设一个物流仓库用于实训课，作为布局总设计的你进行布局规划的思路是什么？

## 二、仓库内部布局

仓库是仓库管理人员工作的主要场所，同时也是商品存储的主要空间。通过对仓库内部空间进行合理规划，不仅能够增加仓库的存储容量，而且还能保证仓库活动中各项作业协调、高效地进行。

库内布局规划，是指根据仓库场地条件、仓库业务性质和规模、物资储存要求以及技术设备的性能和使用特点等因素，对仓库各组成部分，如存货区、理货区、配送备货区、通道以及辅助作业区等，在规定的范围内进行平面和立体的合理安排和布置，最大限度地提高仓库的储存能力和作业能力，并降低各项仓储作业费用。库内的货区布局和规划是仓储业务和仓库管理的客观需要，其合理与否直接影响到各项工作的效率和储存物资的安全。

### （一）库内布局原则

（1）尽可能采用单层设备，这样做造价低，资产的平均利用效率也高。

（2）使货物在出入库时单向和直线运动，避免逆向操作和大幅度变向的低效率运动。

（3）采用高效率的物料搬运设备及操作流程。

（4）在仓库里采用有效的存储计划。在对所储存的货物提供足够的便利与保护的同时，要充分利用已有的空间。

（5）在物料搬运设备大小、类型、转弯半径的限制下，尽量减少通道所占用的空间。

（6）尽量利用仓库的高度，也就是说，有效地利用仓库的容积。

### （二）库内布局的功能要求

（1）仓库位置应便于货物的入库、装卸和提取，库内区域划分明确、布局合理。

（2）集装箱货物仓库和零担仓库尽可能分开设置，库内货物应按发送、中转、到达货物分区存放，并分线设置货位，以防事故的发生，要尽量减少货物在仓库的搬运距离，避免任何迂回运输，并要最大限度地利用空间。

（3）有利于提高装卸机械的装卸效率，满足装卸工艺和设备的作业要求。

（4）仓库应配置必要的安全、消防设施，以保证安全生产。

（5）仓库货门的设置，既要考虑集装箱和货车集中到达时的同时装卸作业要求，又要考虑由于增设货门而造成堆存面积的损失。

### （三）库内布局形式

在实际操作过程中，往往根据行走距离最小、整体进出货的特征选择合适的动线类型，下面介绍几种典型的库内布局形式。

**1. U 形布局**

U 形布局是仓库设计的首选模式。如图 2－2 所示，进货区和出货区在仓库的同一侧，货物的“进—存—出”形成了类似“U”字形的移动线路，即 U 形布局形式。

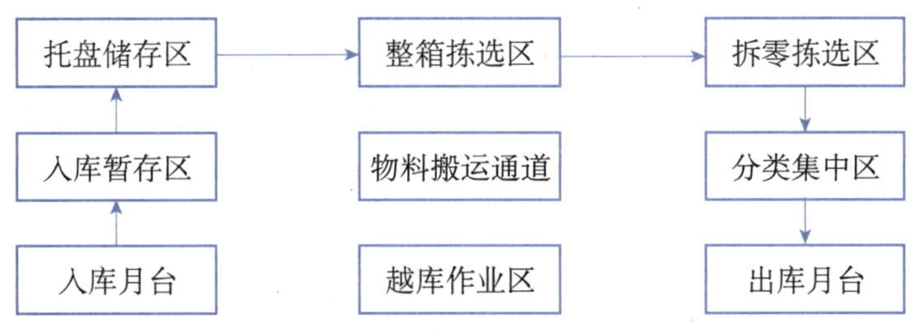


图 2－2　U 形布局形式

该布局形式的优缺点见表 2－2。

表 2－2　U 形布局形式的优缺点

| 优点 | 缺点 |
| --- | --- |
| 存储区靠里布置，比较集中，可以充分利用 | 货物行走路线复杂，拣货效率不高 |
| 便于越库作业 | 同一车道供车辆出入，进出货高峰期容易造成拥堵 |
|  | 仓库的增值服务能力不强 |

**2. L 形布局**

L 形布局形式是指货物的进货区和出货区设置在仓库相邻的两侧，如图 2－3 所示。货物的“进—存—出”形成了类似“L”字形的移动路线，即 L 形布局形式。

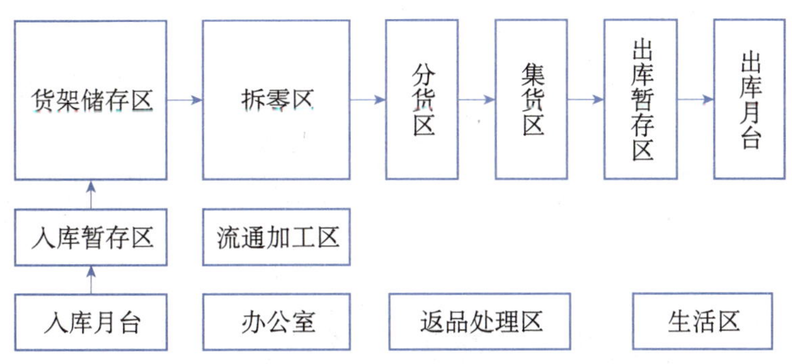


图 2－3　L 形布局形式

该布局形式的优缺点见表 2-3。

表 2-3　L 形布局形式的优缺点

| 优点 | 缺点 |
|---|---|
| 进出库作业不在同一侧，可以应对进出库高峰期同时发生的情况 | 货物拣取流程较长，出库作业效率不高 |
| 适合有库存（存储功能）和“加工型”仓库（流通加工功能）同时并存的作业 | 进出库的车辆占用仓库外围空间较大，整个库区仓储利用率不高 |

**3. I 形布局**

I 形布局形式是指出货区和进货区设置在仓库相对的两侧，如图 2-4 所示。货物的“进—存—出”形成了类似“I”字形的移动路线，即 I 形布局形式。

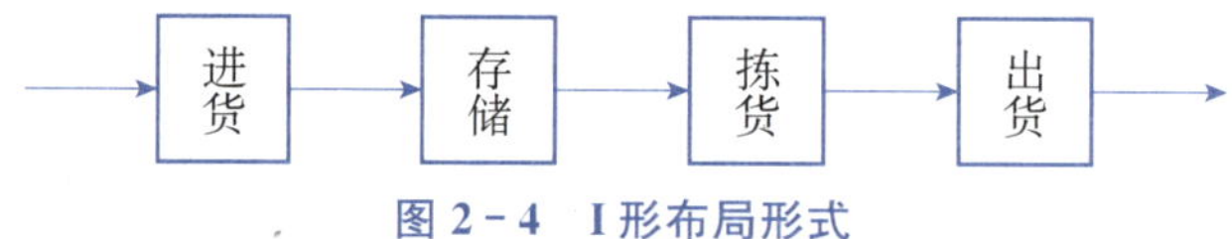


图 2-4　I 形布局形式

该布局形式的优缺点见表 2-4。

表 2-4　I 形布局形式的优缺点

| 优点 | 缺点 |
|---|---|
| 货物中转效率高 | 货物流动性强，不利于存储时间较长的物品 |
| 进、出库作业区互不干扰，可以应对进出库高峰期同的发生的情况 | 进出库车辆占用仓库外围空间较大，整个库区仓储利用率不高 |
|  | 仓库的增值服务能力不强 |

**4. S 形布局**

S 形布局形式是指出货区和进货区设置在仓库相对的两侧，如图 2-5 所示。货物可以在仓库里完成流通加工等作业。货物的“进—存—出”形成了类似“S”字形的移动路线，即 S 形布局形式。

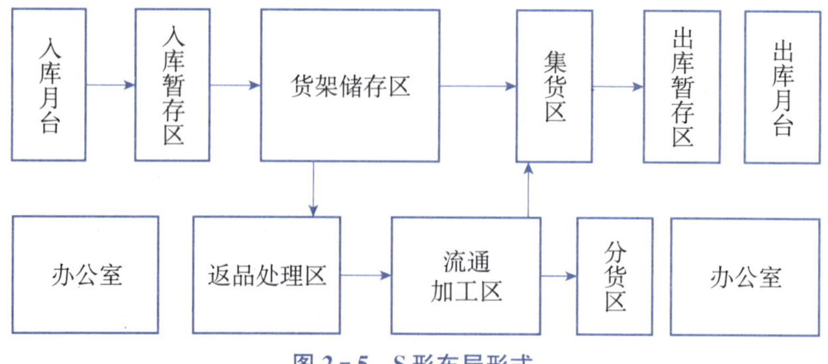


图 2-5　S 形布局形式

该布局形式的优缺点见表 2-5。

表 2-5　S 形布局形式的优缺点

| 优点 | 缺点 |
| --- | --- |
| 可以满足流通加工等多种作业的需要 | 货物行走路线复杂；拣货效率不高 |
| 适合有库存（存储功能）和“加工型”仓库（流通加工功能）同时并存的作业 | 仓库内存储区较小 |

仓库不同布局形式的优缺点是什么？

## 三、货区布局

货区布局的目的一方面是提高仓库平面和空间的利用率；另一方面是提高物品保管质量，方便进出库作业，从而降低物品的仓储处置成本。

货区布局的基本思路是：根据物品特性分区分类储存，将特性相近的物品集中存放；将单位体积大、单位质量大的物品存放在货架底层，并且靠近出库区和通道；将周转率高的物品存放在进出库装卸搬运最便捷的位置；将同一供应商或者同一客户的物品集中存放，以便于进行分拣配货作业。

### （一）平面布局

平面布局是指对货区内的货垛、通道、垛间距、收发货区等进行合理的规划，并正确处理它们的相对位置。平面布置的形式可以概括为垂直式和倾斜式。

**1. 垂直式布局**

垂直式布局，是指货垛或货架的排列与仓库的侧墙互相垂直或平行，具体包括横列式布局、纵列式布局和纵横式布局。

（1）横列式布局（见图 2-6）是指货垛或货架的长度方向与仓库的侧墙互相垂直。这种布局的主要优点是主通道长且宽，副通道短，整齐美观，便于存取和查点，且有利于通风和采光。

（2）纵列式布局（见图 2-7）是指货垛或货架的长度方向与仓库侧墙平行。这种布局的优点主要是可以根据库存物品在库时间的不同和进出频繁程度安排货位；在库时间短、进出频繁的物品放置在主通道两侧，在库时间长、进出库不频繁的物品放置在里侧。

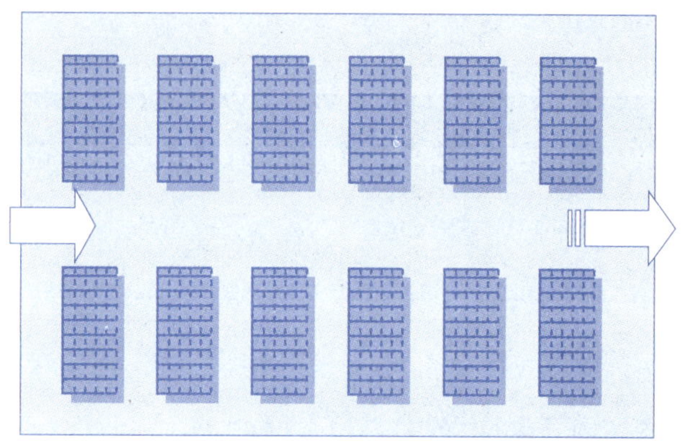

图 2-6　横列式布局

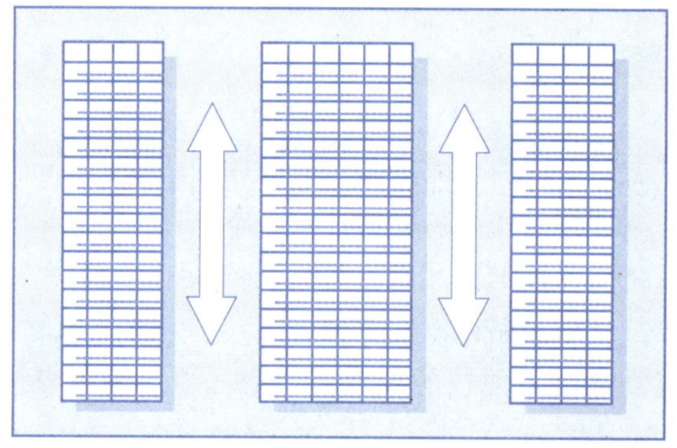

图 2-7　纵列式布局

（3）纵横式布局（见图 2-8）是指在同一保管场所内，横列式布局和纵列式布局兼而有之，可以综合利用两种布局的优点。

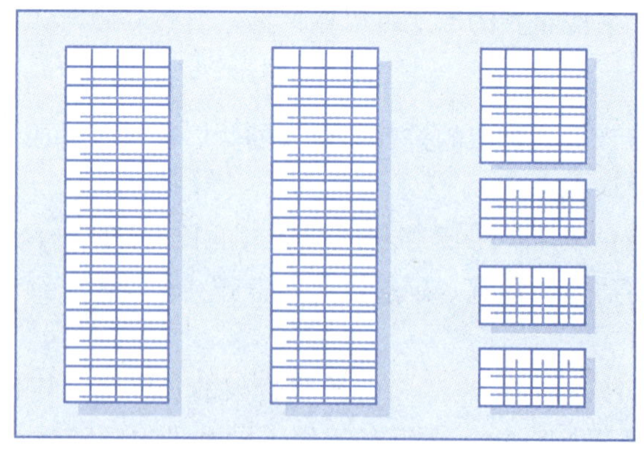

图 2-8　纵横式布局

**2. 倾斜式布局**

倾斜式布局，是指货垛或货架与仓库侧墙或主通道成 60°、45°或 30°夹角，具体包括货垛倾斜式布局和通道倾斜式布局。

(1) 货垛倾斜式布局(见图 2-9)是横列式布局的变形,它是为了便于叉车作业、缩小叉车的回转角度、提高作业效率而采用的布局方式。

图 2-9 货垛倾斜式布局

(2) 通道倾斜式布局(见图 2-10)是指仓库的通道斜穿保管区,把仓库划分为具有不同作业特点的区域,如大量存储和少量存储的保管区等,以便进行综合利用。采用这种布局形式的仓库内部复杂,货位和进出库路径较多。

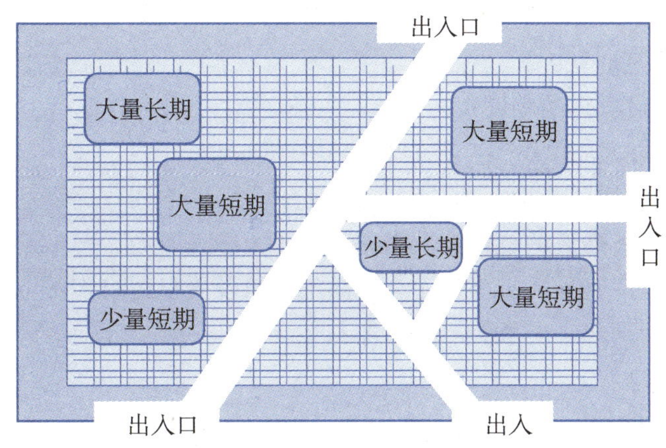


图 2-10 通道倾斜式布局

## (二) 空间布局

空间布局是指库存物品在仓库立体空间上布局,其目的在于充分有效地利用仓库空间。空间布局的主要形式有:就地堆码、上货架存放、加上平台、空中悬挂等。

其中使用货架存放物品有很多优点,概括起来有以下几方面:

(1) 便于充分利用仓库空间,提高库容利用率,扩大存储能力。

(2) 物品在货架里不会相互挤压,有利于保证物品本身和其包装完整无损。

(3) 货架各层中的物品可随时自由存取,便于做到先进先出。

（4）物品存入货架可防潮、防尘，某些专用货架还能起到防损伤、防盗、防破坏的作用。

### （三）通道

库房内的通道，分为运输通道（主通道）、作业通道（副通道）和检查通道。

运输通道供装卸搬运设备在库内行走，其宽度主要取决于装卸搬运设备的外形尺寸和单元装载的大小。运输通道的宽度一般为1.5～3米。如果使用叉车作业，其通道宽度可以通过计算求得。当单元装载的宽度不太大时，可利用下式计算：

$$A=P+D+L+C$$

式中：$A$——通道宽度；

$P$——叉车外侧转向半径；

$D$——货物至叉车驱动轴中心线的间距；

$L$——货物长度；

$C$——转向轮滑行的操作余量。

作业通道是供作业人员存取搬运物品的行走通道。其宽度取决于作业方式和货物的大小。当通道内只有一人作业时，其宽度可按下式计算：

$$a=b+l+2c$$

式中：$a$——作业通道的宽度；

$b$——作业人员身体的厚度；

$l$——货物的最大长度；

$c$——作业人员活动余量。

一般情况下，作业通道的宽度为1米左右。

检查通道是供仓库管理人员检查库存物品的数量及质量时行走的通道，其宽度只要能使检查人员自由通行即可，一般为0.5米左右。

## 四、储位规划

### （一）库区的分区分类

库区的分区分类储存是根据“四一致”的原则（性能一致、养护措施一致、作业手段一致、消防方法一致），把仓库划分为若干保管区域，把储存货物划分为若干类别，以便统一规划储存和保管。

**1. 分区分类需考虑的因素**

（1）货物相关性大小（货物相关性是指货物的配套性或货物是否由同一家顾客所订购等）。如剃须刀和刀片相关性程度较高，储存位置尽量安排在一起。

（2）货物周转率高低。周转频率高的货物安排在离出口较近的货位上，周转频率低的货物安排在离出口较远的货位上。

（3）货物体积、货重。体积大、重的货物放在最下面一层，体积小、轻的货物放在上层。

（4）货物特性（货物特性通常是指货物的物理或化学性能、机械性能等）。货物属性相同的放在一起，如食品类、日化类、家电类、服装类，这样存放利于保管。

**2. 分区分类的方法**

由于仓库的类型、规模、经营范围、用途各不相同，各种仓储货物的性质、养护方法也迥然不同，因而分区分类储存的方法也有多种，需统筹兼顾，科学规划。常见的分区分类方法如表 2-6 所示。

表 2-6　　分区分类的方法

| 方法 | 内容 |
|---|---|
| 按储存物品性质不同划分 | 按照库存物品的理化性质进行分类管理，如化工品区、纺织品区、金属材料区、冷藏品区等。在这种分类方式下，理化性质相同的物品集中堆放，便于仓库对库存物品采取相应的养护措施，同时还便于对同种库存物品进行清仓盘点 |
| 按储存物品货主划分 | 根据物品的所有权关系来进行分区分类管理，以便于仓库发货或货主提货。如家乐福区、沃尔玛区 |
| 按储存物品流向划分 | 根据物品的发货区域来进行分区分类管理，以便于仓库快速发货。这类方法在快递行业运用较普遍 |
| 按储存物品储存条件划分 | 根据物品的储存条件进行分区分类管理，以便将储存条件相近的货物集中保管，保证货物的保管质量。如普通库、冷藏库等 |

**3. 分区分类规划的原则**

（1）存放在同一货区的物品必须具有相容性，即性质互相影响、互相抵触的不能同库保存。例如气味容易挥发的货物不能与易串味的物品放在一起，如汽油、香料和茶叶、面粉等不能存放在一起。容易受到污染的电子类零部件不能与易散发灰尘的物品存放在一起。

（2）保管条件不同的物品不应混存。当物品保管要求的温度、湿度等条件不同时，不宜把它们放在一起，因为在一个保管空间同时满足两个或多个保管条件是不可能的，也是不经济的。

（3）作业手段不同的物品不应混存。当存放在同一场所中的物品体积和重量悬殊时，将严重影响该区域所配置设备的利用率，同时还增加了作业组合的复杂性、作业难度及作业风险。

（4）灭火措施不同的物品决不能混存。灭火方法不同的物品存放在一起，不仅安全隐患大大增加，而且增加了灭火控制的难度和危险性。

## （二）储位编码

储位是货物存放的位置，它是在分区分类和划分好货位的基础上，将仓库范围的房、棚、场以及库房的楼层、仓间、货架等按地点、位置顺序编列号码，并作出明显标识（见图 2-11 至图 2-13）。一封信只有在收信人地址、姓名都写清楚的条件下才能被迅速准确地送到收信人手中。货位编号好比货物的地址，而货物编码就如同姓名一般，通过它们可以在仓库中迅速地找到货物，为货物存取工作方便、快捷地开展提供了条件。

图 2-11　库房编号

图 2-12　货架编号

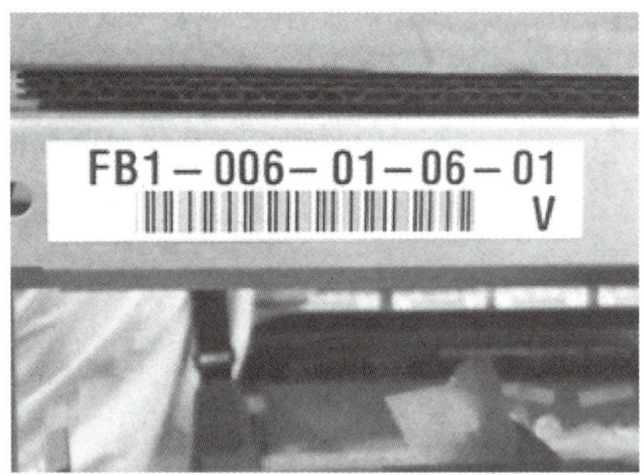


图 2-13　货位编号

**1. 储位编码的作用**

（1）为进出货、拣货、补货等工作人员存取货品提供位置依据，以方便货品进出、上架及查询，节省重复寻找货品的时间，从而提高运作效率。

（2）可让仓储及采购管理人员了解、掌握储存空间，以控制货品存量。

（3）可避免货品胡乱堆置致使过期而报废，并可有效掌握存货而降低库存量。

**2. 储位编码的要求**

做好储位编码工作，应根据不同仓房条件、货物类别和批量的整零情况，搞好货位划分及编排序号，以符合“标志明显易找、编排循规有序”的要求。

（1）标志设置要适宜。

储位编码的标志设置要因地制宜，采取适当方法，选择适当位置。例如：仓库标志，可在库门外挂牌；多层建筑库房的走道、支道、段位的标志，一般都刷置在水泥或木板地坪上，但存放粉末类、软性笨重类货物的库房，其标志也有印制在天花板上的；泥土地坪的简易货棚内的货位标志，可利用柱、墙、顶、梁刷置或悬挂标牌。

（2）标志制作要规范。

目前，仓库货位编号的标志制作很不规范统一，可谓多种多样。例如，有以甲乙丙丁为标志的；有以ABCD为标志的；也有以东西南北为标志的。这样很容易造成单据串库，货物错收、错发事故。若统一使用阿拉伯数字制作货位编号标志，则可以避免以上弊病。另外，制作库房、走道和支道的标志，可在阿拉伯数字外，辅以圆圈标示。可用不同直径的圆圈标示不同处的标志。

（3）编号顺序要一致。

仓库范围内的库房、货棚、货场以及库房内的走道、支道、段位的编号，基本上都以进门的方向左单右双或自左而右的规则进行。

（4）段位间隔要恰当。

段位间隔的宽窄，应取决于货种及批量的大小。编排段号时，管理人员可沿着货物画线，通常保持间隔1～2米。整个仓间段号间隔应该等距，这除了有利于管理人员正确掌握存货位置、加速发货和据此填报空仓外，还有利于其从间隔的段号上推算出仓间或走支道的深度和宽度。

储位编码时要注意什么？

**3. 储位编号的方法**

储位编号是指对库房、货场、货棚、货架按地址、位置顺序统一编列号码，并做出明显标志。

（1）地址式编号。

地址式是指利用保管区仓库、区段、排、行、层、格等进行编码。在以货架形式存放的仓库，可采用四组数字来表示货物存在的位置，即“四号定位法”。

所谓“四号定位法”就是由库房号、货架（垛）号、货架（垛）层号和货位顺序号组成一组数码来表示一个货位，并尽可能与账页编码一致。由标号可以方便地得知某种货物所在的库房料架以及料架的层数和该层的货位，寻找十分方便。如对于2-15-4-3的编号，可以知道编号的含义是：2号库房，第15个货架，第4层中的第3格。根据储位编号就可以迅速地确定某种货物具体存放的位置。此外，为了方便管理，储位编号和储位规划可以绘制成平面布置图，这样不但可以全面反映库房和货场的货物储存分布情况，而且可以及时掌握货物储存动态，便于仓库结合实际情况调整安排。

（2）区段式编号。

把储存区分成几个区段，再对每个区段编号。这种方式以区段为单位，每个号码代表的储区较大。区段式编号适用于单位化货物和大量货物而保管期短的货物。区域大小根据物流量大小而定。

（3）品类群式编号。

把一些相关性强的货物经过集合后，分成几个品项群，如服饰群、五金群等，再对每个品项群进行编号。这种方式适用于按货物群保管和品牌差异大的货物。

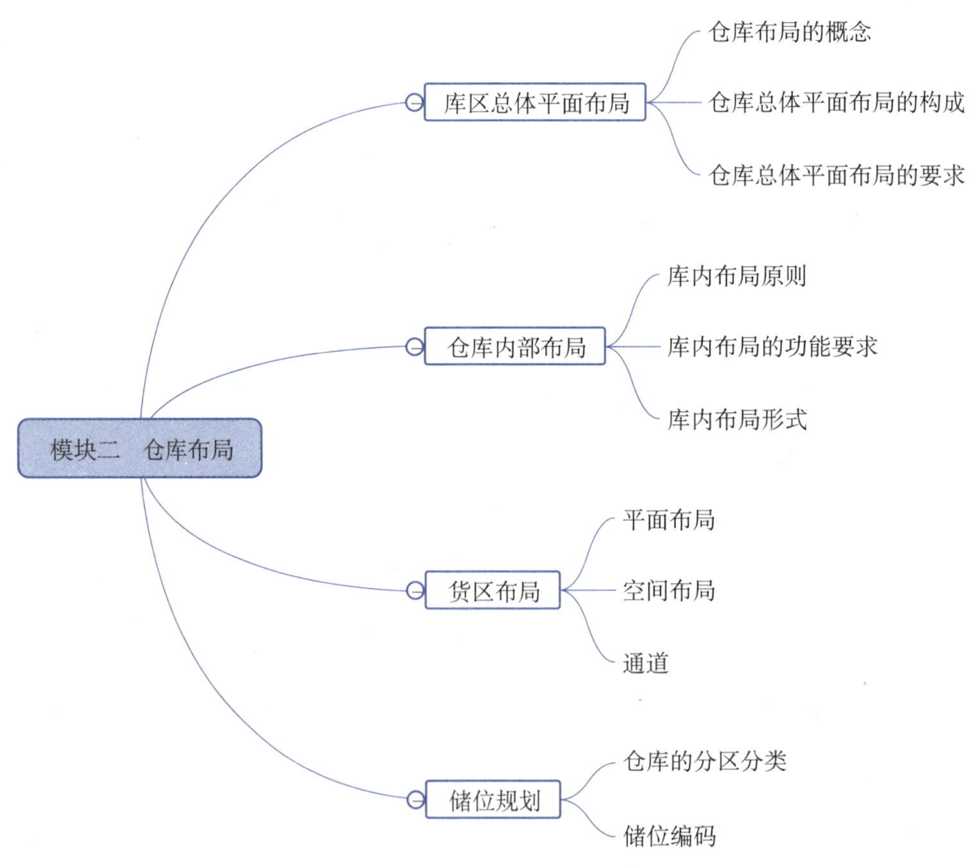


## 课后思考题

1. 仓库通常由哪三大功能区构成？

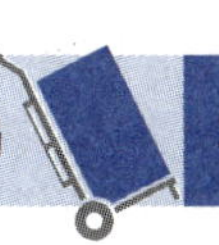

2. 仓库货区布局的形式有哪些?
3. 仓库布局规划的原则有哪些?
4. 试阐述储位编号的要求。
5. 如何利用“四号定位法”确定货物位置?

中国梦，是中国共产党第十八次全国代表大会召开以来，习近平总书记提出的重要指导思想和重要执政理念。2017 年 10 月 18 日，习近平总书记在十九大报告中指出，实现中华民族伟大复兴是近代以来中华民族最伟大的梦想。

请查阅中国梦的相关资料并阐述何谓中国梦、中国梦的核心目标是什么。结合我国仓储业发展现状，思考中国梦在物流仓储行业如何实现。

# 模块三 仓库设备

## 知识目标

1. 了解常见的仓储设施设备。
2. 了解不同仓储设施设备的分类及各自特点。
3. 掌握仓储设施设备选用的原则和依据。
4. 了解新型的仓储设施设备。

## 技能目标

1. 能掌握常用设施设备的操作方法。
2. 能根据需求选择合适的货架及叉车等设备。

## 情感目标

1. 能够具备一定的学习能力，不断学习新知识、新技术。
2. 能够具备勤于、敢于动手的职业素养。
3. 能够具备积极主动思考的能力。

## 重难点

1. 不同设施设备的特点及优缺点。
2. 根据情况进行设施设备的选择。

### B公司的装卸搬运系统

B公司创建于1991年5月，是当地首家发展连锁经营的商业公司，经过11年的发展，已成为中国最大的连锁商业企业。2016年销售额突破140亿元，连续3年位居全国零售业第一。B公司的快速发展，离不开高效便捷的物流配送中心的大力支持。目前，B公司共有4个配送中心，分别是2个常温配送中心、1个便利物流中心、1个生鲜加工配送中心，总面积7万余平方米。

B公司便利物流中心总面积8 000平方米，由4层楼的复式结构组成。为了实现货物的装卸搬运，配置的主要装卸搬运机械设备为：电动叉车8辆、手动托盘搬运车20辆、垂直升降机2台、笼车1 000辆、辊道输送机5条、数字拣选设备2 400套。在装卸搬运时，操作过程如下：将来货卸下后，把其装在托盘上，由手动叉车搬运至入库运载处，入库运载装置上升，将货物送上入库输送带。接到向第一层搬送指示的托盘在经过升降机平台时，不再需要上下搬运，将直接从当前位置经过一层的入库输送带自动分配到一层入库区等待入库；接到向二至四层搬送指示的托盘，将由托盘垂直升降机自动传输到所需楼层。当升降机到达指定楼层时，由各层的入库输送带自动搬送货物至入库区。货物下平台时，由叉车从输送带上取下托盘入库。出库时，根据订单进行拣选配货，拣选后的出库货物用笼车装载，由各层平台通过笼车垂直输送机送至一层的出货区，装入相应的运输车上。

先进实用的装卸搬运系统，为B公司拓展连锁便利店业务提供了强大的支持，使B公司的物流运作能力和效率大大提高。

**问题：**

1. 加强装卸搬运系统建设对企业的发展有何积极作用？
2. B企业装卸搬运系统的先进性表现在哪几方面？

仓库中会有哪些设施设备？你能说出几个？

## 一、货架

货架是一种低技术高制造的产品，种类特别多，在仓储物流中几乎无处不在。随着企业对物流的重视程度不断提高，物流量的大幅度增加，物流设备市场需求不断上升，带动了货架行业的发展。仓库功能的改善以及管理水平的提高，不仅要求数量众多、功能完善的货架，而且要求货架与机械化、自动化相适应，因而根据需求选择货架也是企业必须考虑的问题。

## （一）货架的概念及作用

在仓储设备中，货架是指专门用于存放成件货品的保管设备。国家标准《物流术语》（GB/T 18354－2006）中对于货架是这样定义的：货架（rack）是指用立柱、隔板或横梁等组成的立体储存物品的设施。货架是现代化仓库提高效率的重要工具，随着经济飞跃发展，外资企业大量涌进我国长江三角洲、珠江三角洲一带，不仅带动了当地经济的发展，还带来新的管理理念和管理技术。目前企业仓储库房所用到的货架种类越来越趋向于自动化、智能化。

货架的作用主要表现在以下几个方面：

**1. 利用仓库空间**

货架是一种架式结构物，使用货架可以充分利用仓库空间，从而提高仓库容量的利用率、扩大仓库的储存能力，这是货架最基本的作用。

**2. 减少货物损失**

货架能够让存入货架中的货物相互之间不挤压，减少货物的损耗，保障货物本身的功能，减少货物的损失。

**3. 存取方便**

货架中的货物存取十分方便，便于清点及计量，可做到先进先出。

**4. 保证存储货物的质量**

通常采取防潮、防尘、防盗、防破坏等措施，来提高货物存储的质量。

**5. 有利于实现机械化及自动化管理**

新型货架的结构及功能有利于实现仓库的机械化及自动化管理，从而为仓库的管理带来非常大的帮助。

货架还有哪些作用?

## （二）货架的种类

随着仓库机械化和自动化程度的不断提高，仓库设施特别是货架也在不断发展。货架的种类多样，根据不同的划分方式，可以分为不同的类型。

**1. 按货架发展形态分类**

按发展形态分类，货架可以分为传统式货架和新型货架。传统式货架包括层架、层格式货架、抽屉式货架、橱柜式货架、U形架、悬臂式货架、棚架、鞍架、气罐钢筒架、轮胎专用货架等。新型货架包括旋转式货架、移动式货架、装配式货架、调节式货架、托盘货架、进车式货架、高层货架、阁楼式货架、重力式货架、屏挂式货架。

**2. 按货架的制造材料分类**

按制造材料分类，货架可以分为钢货架、钢筋混凝土货架、木制货架、钢木合制货架等。

**3. 按货架结构分类**

按结构分类，货架可以分为层架、层格式货架、橱柜式货架、抽屉式货架、悬臂式货架、三角架和栅型架等。

**4. 按货架可移动性分类**

按可移动性分类，货架可以分为固定式货架、移动式货架、旋转式货架、组合式货架、调节式货架和流动储存货架等。

**5. 按货架高度分类**

按高度分类，货架可以分为低层货架（高度在5米以下）、中层货架（高度在5～15米）、高层货架（高度在15米以上）。

**6. 按货架载重量分类**

按载重量分类，货架可以分为重型货架（每层货架载重量在500千克以上）、中型货架（每层货架载重量150～500千克）、轻型货架（每层货架载重量在150千克以下）。

**7. 按货架与仓库的结构关系分类**

按货架与仓库的结构关系分类，货架可以分为整体结构式（货架直接支撑仓库屋顶和围墙）、分体结构式（货架与建筑物分为两个独立系统）。

**8. 按照货架构造分类**

按构造分类，货架可以分为组合式货架、固定式货架。组合式货架具有轻便、灵活、适用范围广等特点，固定式货架具有牢固、承载大、刚性好等特点。

**9. 按存取作业方式分类**

按存取作业方式分类，货架可以分为以人工或叉车存取货架、以自动化设备配合存取货架、自动存取货架。以人工或叉车存取货架包括托盘货架、驶入/驶出式货架、流动式货架、移动式货架、积层式货架、悬臂式货架、窄道式货架、可携带式货架、后推式货架等；以自动化设备配合存取货架包括垂直旋转式货架、水平旋转式货架等；自动存取货架包括整体式自动仓库货架、分体式自动仓库货架等。

## （三）常见货架

**1. 层架**

（1）结构。

层架由立柱、横梁、层板构成，层间用于存放货物。层架的应用非常广泛，按层架存放货物的重量分类，层架可以分为重型、中型和轻型，如图 3－1 所示。

一般轻型层架主要适合人工存取作业，其规格尺寸及承载能力都与人工搬运能力相适应，高度通常在 2.4 米以下，厚度在 0.5 米以下；而中型和重型的货架尺寸则较大，高度可达 4.5 米，厚度达 1.2 米，宽 3 米以上。

(a) 轻型层架

(b) 中型层架

(c) 重型层架

图 3－1 层架

(2) 用途。

1) 中、重型层架一般采用固定式层架，坚固、结实，承载能力强，便于储存大件或中、重型货物，能够配合叉车等使用，而且能充分利用仓容面积，提高仓储能力。

2) 轻型层架一般采用装配式，较灵活机动，结构简单，承载能力较差，适于人工存取轻型或小件货物，且存放货物数量有限，是人工作业仓库的主要储存设备。

3) 层格式货架每格原则上只能放一种货品，不易混淆，层间光线暗，存放数量少，主要用于规格复杂、多样，必须互相间隔开的货品。

4) 抽屉式货架主要用于存放中小型货品，通常每层承载量小于 500 千克，相对而言，重型抽屉式货架可用于存放特重型货物，还可以存放比较贵重或怕尘土、怕潮湿的小件货品。

**2. 托盘货架**

(1) 结构。

托盘货架（如图 3-2 所示）专门用于存放堆码在托盘上的货物，其基本形态与层架类似。这也是目前仓库中常用的货架之一，多采用杆件组合，不仅拆迁容易，层间距还可依码货高度调整。通常总高度在 6 米以下，架底撑脚需要装叉车防撞装置。

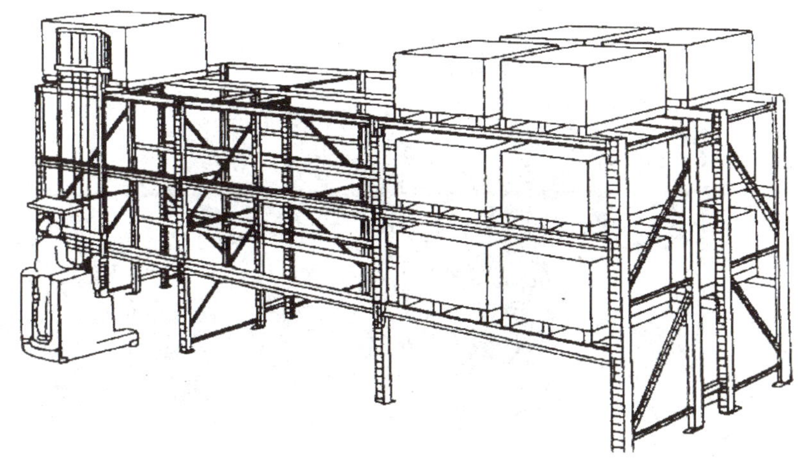

图 3-2　托盘货架

托盘货架多为钢材结构，也可用钢筋混凝土结构；可做单排型连接，也可做双排型连接，如图 3-3 所示。

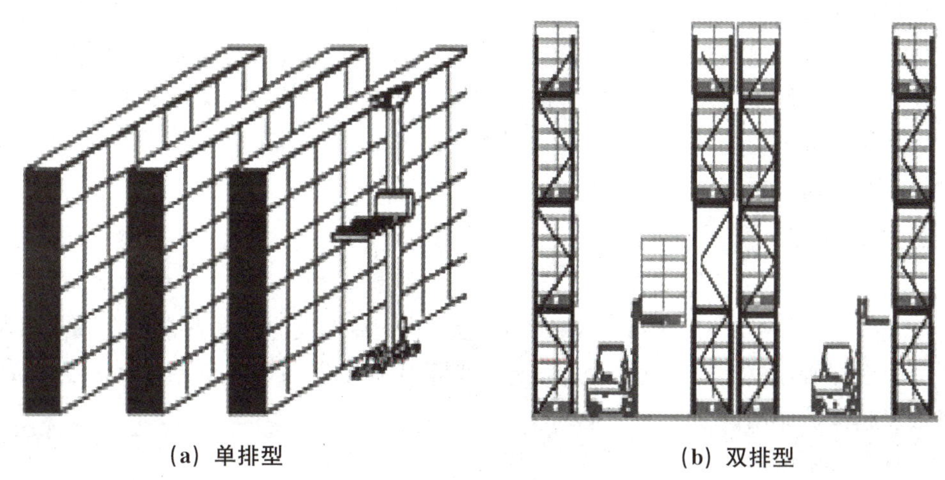

(a) 单排型　　(b) 双排型

图 3-3　托盘货架的结构

(2) 特点及用途。

托盘货架结构简单，可调整组合，安装简易，费用经济；出入库不受先后顺序的限制，可做到先进先出；储物型态为托盘装载货物，实现机械化存取作业；仓容利用率高。

**3. 阁楼式货架**

（1）结构。

阁楼式货架（如图 3 - 4 所示）是将储存空间做上、下两层规划，利用钢架和楼板将空间间隙隔为两层，下层货架结构支撑上层楼板。在厂房地板面积有限的情形下，阁楼式货架可作立体规划，充分利用空间。

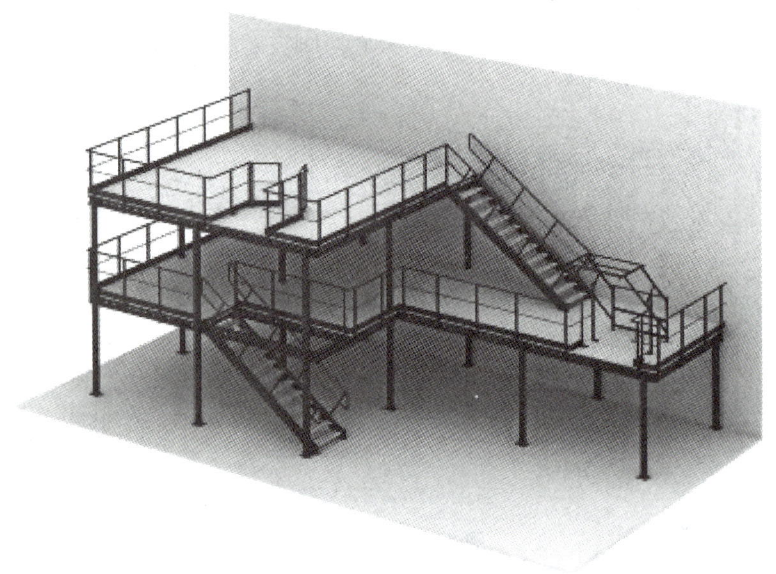

图 3 - 4　阁楼式货架结构图

（2）特点和用途。

阁楼式货架能够提高仓储高度，有效增加空间利用率；因有上层货架，适合储放轻量货品，故不适合重型搬运设备行走；且此类货架存取作业效率低，仅适用于仓库场地有限而存放货品品种很多的仓库，以存放储存期较长的中小件货物，货物的型态最好是托盘、纸箱、包或散杂物等。

**4. 悬臂式货架**

（1）结构。

悬臂式货架（如图 3 - 5 所示）是在立柱上装设杆臂构成的，悬臂常用金属材料制造，其尺寸一般根据所存放物料尺寸的大小确定。为防止物料损伤，常在悬臂上加垫木质衬垫或橡胶带以起保护作用。

（2）特点及用途。

此类货架适用于长形物料和不规则物料的存放；适用于人力存取操作，不便于机械化作业；一般需要配合叉距较宽的搬运设备，如叉距较大的侧面式叉车，由此，货架高度受限，一般在 6 米以下；这使得仓库的空间利用率低，仅能利用 30%～50%。

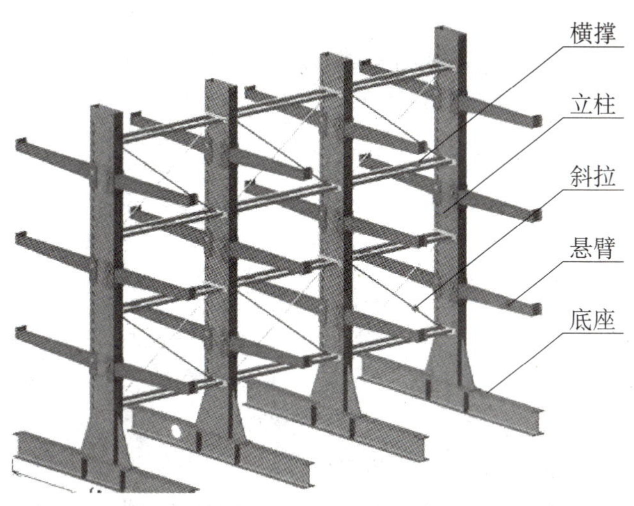


图 3-5 悬臂式货架

**5. 移动式货架**

（1）结构。

移动式货架（如图 3-6 所示）底部装有滚轮，通过开启控制装置，滚轮可沿道轨滑动。货架结构可以设计成普通层架，也可以设计成托盘货架。控制装置附加有变频控制功能，用来控制驱动、停止时的速度，以维持货架的货物稳定，有时还设有确定位置的光电感测器及刹车电机，以提高启动或停止时的稳定度和精确度。

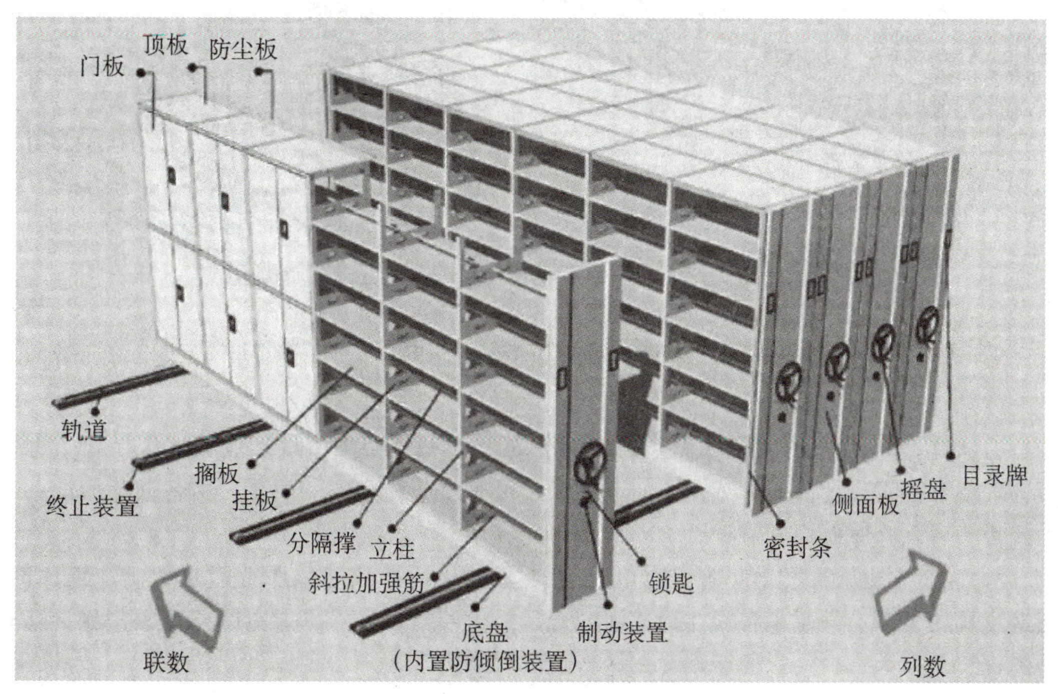


图 3-6 移动式货架

（2）特点及用途。

移动式货架减少了通道数，使地面使用率达 80%，且存取方便，可实现先进先出，使用高度可达 12 米，单位面积储存量可提升至普通货架的两倍左右。但是移动式货架的机电装置多，建造成本高，维护困难，这使得移动式货架主要适用于面积有限但储存货物数量众多的仓库。

**6. 重力式货架**

（1）结构。

重力式货架又称流动式货架，分为托盘重力货架和箱式重力货架（流利货架），如图 3-7、图 3-8 所示。其原理是利用货品的自重，使货品在有一定高度差的通道上，从高向低处运动，从而完成进货、储存、出库的作业。

重力式货架和一般层架从正面看基本相似，但是，其深度比一般层架深得多，类似许多层架密集靠放。每一层隔板成前端（出货端）低、后端（进货端）高的一定坡度。有一定坡度的隔板可制成滑道形式，货品顺滑道从高端向低端滑动，也可制成滑轨、辊子或滚轮，以提高货品的运动性能。

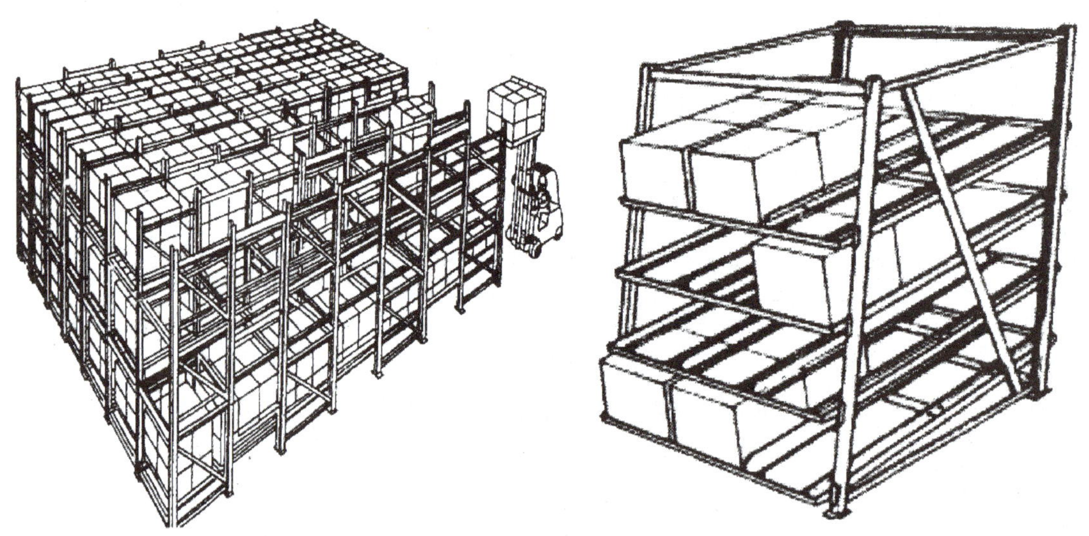

图 3-7 托盘重力货架

图 3-8 箱式重力货架（流利货架）

（2）特点及用途。

1）单位库房面积存储量大。重力式货架是密集型货架的一种，能够大规模密集存放货物，由于密集程度很高，减少了通道数量，可有效节约仓库的面积。由普通货架改为重力式货架后，仓库面积可节省近 50%。

2）固定了出入库位置，减少了出入库工具的运行距离。采用普通货架出、入库时，搬运工具如叉车、作业车需要在通道中穿行，易出差错，且工具运行线路难以规划，运行距离也长，采用重力式货架后，叉车运行距离可缩短 1/3。

3）专业、高效、安全性高。重力式货架其拣货端与入货端分离，能提高作业效率和作业的安全性。

4）保证货物先进先出。重力式货架能保证先进先出，并且方便拣货，作为分拣式货架普遍应用于配送中心作业中。

5）主要用于大批量少品种储存货物的存放或配送中心的拣选作业中。

**7. 驶入式货架**

（1）结构。

使用驶入式货架时，托盘的存放由里向外逐一存放，叉车存、取同一托盘时用相同通道。驶入式货架如图 3－9、图 3－10 所示。这种货架采用钢质结构，钢柱上有向外伸出的水平突出构件或悬轨，叉车将托盘送入，由货架两边的悬轨托住托盘及货物。当架上没有放托盘货物时，货架正面便成了无横梁状态，这时就形成了若干通道，可方便叉车及人员出入。该类货架储存密度高，但存取性差，不能做到先进先出。叉车在货架内行走，司机要小心作业，所以货架密度不能太高，以 4 层、3～5 列为宜。

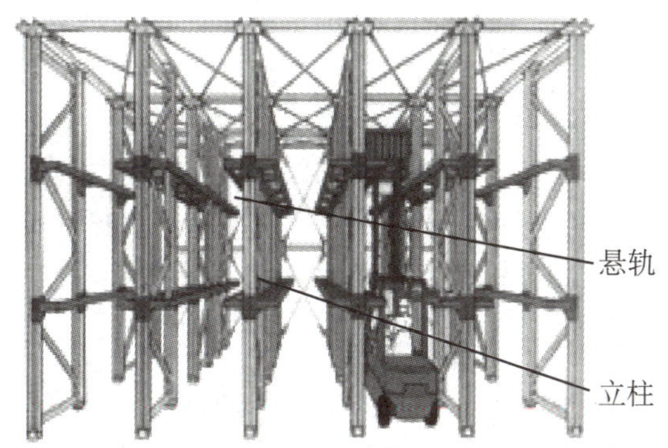


图 3－9　驶入式货架 1

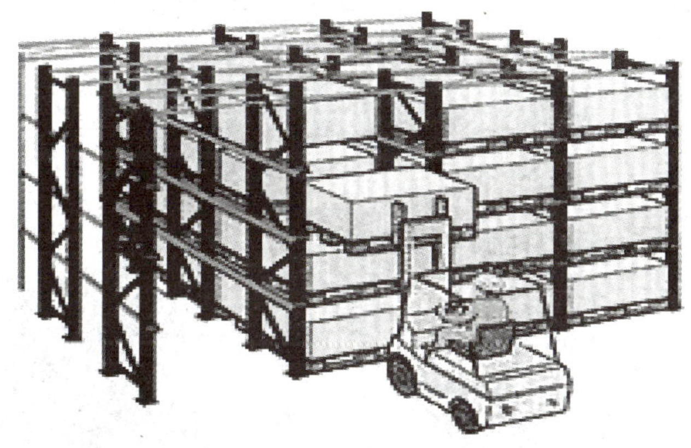

图 3－10　驶入式货架 2

（2）特点及用途。

驶入式货架的仓容利用率高，库容利用率可达 90%，但是此类货架对托盘质量和规格要求较高，托盘长度需在 1.3 米以上，且不保证先进先出；因此，仅适合于大批量少品种，对先进先出要求不高或批量存取、不受保管时间限制的货物存储。

**8. 驶入/驶出式货架**

(1) 结构。

驶入/驶出式货架如图 3-11 所示。结构与驶入式货架相同，不同之处在于驶入/驶出式货架前后通道是通的，没有拉杆封闭，前后均可安排存取货，能够实现先进先出。

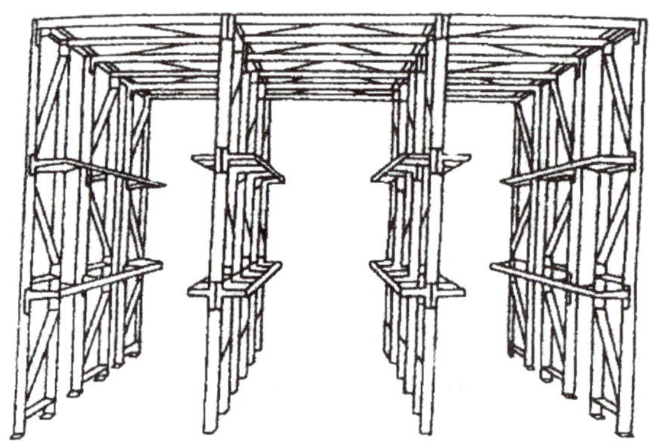

图 3-11　驶入/驶出式货架

(2) 特点及用途。

此类货架仓容利用率高，在高密度配置的情况下，高度可达 10 米，库容利用率可以高达 90%以上，而且能够保证先进先出，只是对托盘质量和规格要求较高；此类货架适用于大批量、少品种的配送中心，但不太适合太长或太重的货品。

**9. 旋转式货架**

旋转式货架是适应目前生产及生活资料由少品种大批量向多品种小批量发展的趋势而发展起来的一类现代化保管储存货架。其货架移动快速，速度可达 30 米/小时，存取货品的效率很高，又能依需求自动存取货品，且受高度限制少，可采用多层，故空间能有效利用。

(1) 结构。

旋转式货架按结构可以分为水平旋转式货架和垂直旋转式货架两种，如图 3-12 所示。

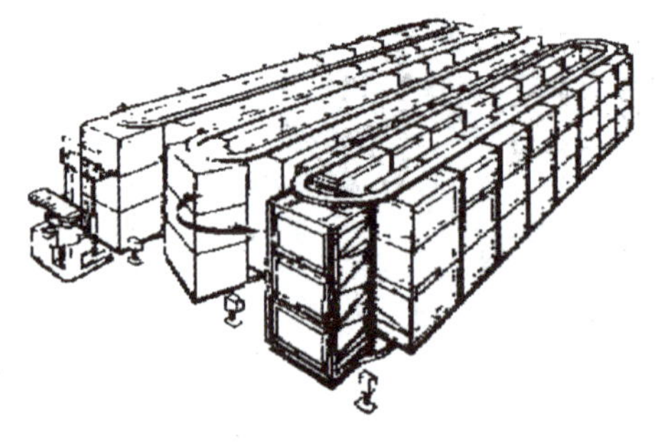

(a) 水平旋转式

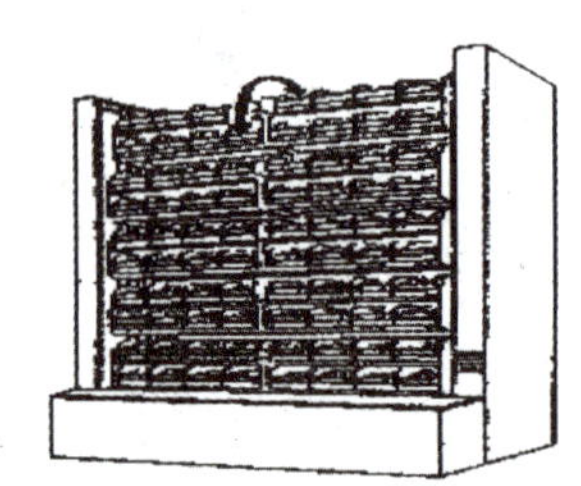

(b) 垂直旋转式

图 3-12　旋转式货架

1) 水平旋转式货架。水平旋转式货架分一台电动机驱动和多台电动机驱动两种形式。

一台电动机驱动的，可将连在一起的上下各货架层在水平方向旋转。多台电动机驱动的，是每层各有一台电动机，各层能够独立旋转。

2）垂直旋转式货架。其原理与水平旋转式货架大致相同，只是旋转的方向是与地面垂直，而取货的高度符合人体工程学，适合操作人员长时间作业。

（2）特点及用途。

此类货架有助于减少人力，并可增加空间利用，且存入、取出口固定，货品不易失窃，也可利用计算机快速检索、寻找指定的储位，适合快速的拣货作业；只是需要使用电源，且维修费用高。这使得旋转式货架的储物形态多为纸箱、包、小件货品。

## （四）货架的选择

货架的种类很多，要综合考虑货品特性、存取性、入出库量、搬运设备、厂房结构等多个因素来选择合适的货架，同时还应考虑货架安全等因素。

**1. 货品特性**

储存货品的外形、尺寸，直接关系到货架规格的选定，储存货品的重量则直接影响到选用哪种强度的货架。另外，还要预估总储位数的数量，必须考虑到企业未来两年的成长需求。

**2. 存取性**

一般存取性与储存密度是一对矛盾体。也就是说，为了得到较好的储存密度，则可能牺牲货品的存取性。虽然有些种类的货架可得到较好的储存密度，但储位管理较为复杂，常常无法做到先进先出。虽然立体自动仓库可往上发展，存取性与储存密度俱佳，但投资成本较高，一般企业很难承受。因此，选用何种形式的储存设备，可以说是各种因素的折中，也是一种策略的应用。

**3. 入出库量**

入出库量是非常重要的数据，它是货架选择需要考虑的重要因素。某些货架虽有很好的储存密度，但入出库量却不高，只适合于低频率的作业。

**4. 搬运设备**

储存设备的存取作业通常是以搬运设备来完成的。因此选用货架也需要考虑搬运设备。堆高机是最为通用的搬运设备，而货架通道的宽度，会直接影响到堆高机的选用，另外，从货架的高度来说，还需要考虑堆高机的举升高度及举升重量。

**5. 厂房结构**

货架的选用还须考虑厂房结构。厂房的梁下有效高度决定货架高度。而梁柱位置则会影响货架的配置。地板承受的强度、地面平整度也与货架的设计及安装有关。另外还须考虑防火设施和照明设施的安装位置。

具体选择时可参考表3-1。

表 3－1 部分通用货架的种类及其适用范围

| 货架种类 | | 主要适用范围 |
|---|---|---|
| 层架式货架 | 层格式 | 存放规格复杂多样、容易搞混、需相互隔离的货品 |
| | 抽屉式 | 存放比较贵重或怕尘土、怕湿的小件货品 |
| 托盘货架 | | 适于存放整托盘货物 |
| 阁楼式货架 | | 适用于各种类型货品的存放，上层放轻量货物，可有效利用空间 |
| 悬臂式货架 | | 适用于长条状或长卷状货品 |
| 移动式货架 | | 适用于各种类型货品的存放，能充分利用通道空间 |
| 驶入、驶出式货架 | | 适用于量多样少的货品；不适合太长或太重的货物 |

利用货架系统有什么优缺点？

## 二、托盘

托盘是为了使货物有效地装卸、运输、保管，将其按一定数量组合放置于一定形状的台面上，这种台面有供叉车从下部插入并托起的叉车入口。在实际操作中，凡是满足上述基本结构的平台和在这种基本结构的基础上所形成的各种形式的集装器具均可称为托盘。

### （一）托盘的概念及作用

托盘是一种重要的集装器具，是物流领域中适应装卸机械化而发展起来的一种常用器具。国家标准《物流术语》（GB/T 18354－2006）中对于托盘是这样定义的：托盘（pallet）是指在运输、搬运和存储过程中，将物品规整为货物单元时，作为承载面并包括承载面上辅助结构件的装置。

托盘的发展总是与叉车同步，叉车与托盘的共同使用所形成的有效装卸系统大大地促进了装卸活动的发展，使装卸机械化水平大幅度提高，使长期以来在运输过程中的装卸瓶颈得以改善。它区别于普通的集合包装的特点，随时处于“备战”状态，使静态的货物转变为动态的货物。将托盘与货物固定搭配，形成了托盘包装。托盘包装是以托盘为承载物，将包装件或产品堆码在托盘上，通过捆扎、裹包或胶粘等方法加以固定，形成一个搬运单元，以便用机械设备搬运。

托盘既具有搬运器具的作用，又具有集装容器的功能。托盘的出现还促进了集装箱和其他集装方式的形成和发展。托盘作为物流系统化的重要工具，对物流系统的建立和形成都具有重要作用。托盘已成为和集装箱一样重要的集装方式，是集装系统的两大支柱之一。

## （二）托盘的优缺点

**1. 托盘的优点**

（1）自重量小。托盘运输所消耗的劳动强度较小，无效运输及装卸负荷相对也比集装箱小。

（2）返空容易。托盘返空时占用运力较少。由于托盘造价不高，又很容易互相代用，互相以对方托盘抵补，所以无须像集装箱那样必须有固定归属者，也无须像集装箱那样返空。即使返运，也比集装箱容易操作。

（3）装盘容易。装载时不需像集装箱那样深入到箱体内部，装盘后可采用捆扎、裹包或胶粘等技术处理，操作简便。

（4）装载量适宜，组合量较大。

（5）节省包装材料，降低包装成本。

**2. 托盘的缺点**

（1）保护产品性能不如集装箱。

（2）露天存放困难，需要有仓库等设施。

（3）托盘本身的回运需要一定的运力消耗和成本支出。

## （三）托盘的种类

托盘按其基本形态分类如图 3－13 所示。

托盘按功能与作用可分为用叉车、手推平板车装卸的平托盘、柱式托盘、箱式托盘；在下部安装滚轮、可用人力推动的滚轮箱式托盘、滚轮保冷箱式托盘；采用板状托盘、用设有推换附件的特殊叉车进行装卸作业的滑动板，装有滚轮的在托盘货车中使货物移动的从动托盘；其他还有装运桶、罐等的专用托盘，与货物形状吻合的特殊构造托盘。

通常按托盘的适用性可分为通用托盘和专用托盘两大类；按托盘的结构可以分为平托盘、箱开托盘、柱形托盘三种；按材料分有木制、塑料制、钢制、竹制、高密度合成板制等托盘。

仓储实务中常用的托盘有以下几种。

**1. 平托盘**

平托盘按形状不同分为多种类型，如图 3－13（a）所示。平托盘是托盘中使用最广泛的一种，一般所说的托盘主要指平托盘。平托盘还可以进一步进行分类。

（1）按承载货物台面，平托盘可以分为单面型、单面使用型、双面使用型、翼型。

（2）按叉车叉入方式，平托盘可以分为单向叉入型、双向叉入型、四向叉入型。其中，单向叉入型只能从一个方向叉入，因而该叉车操作时较为困难。四向叉入型可以从四个方向叉入，操作较为灵活。

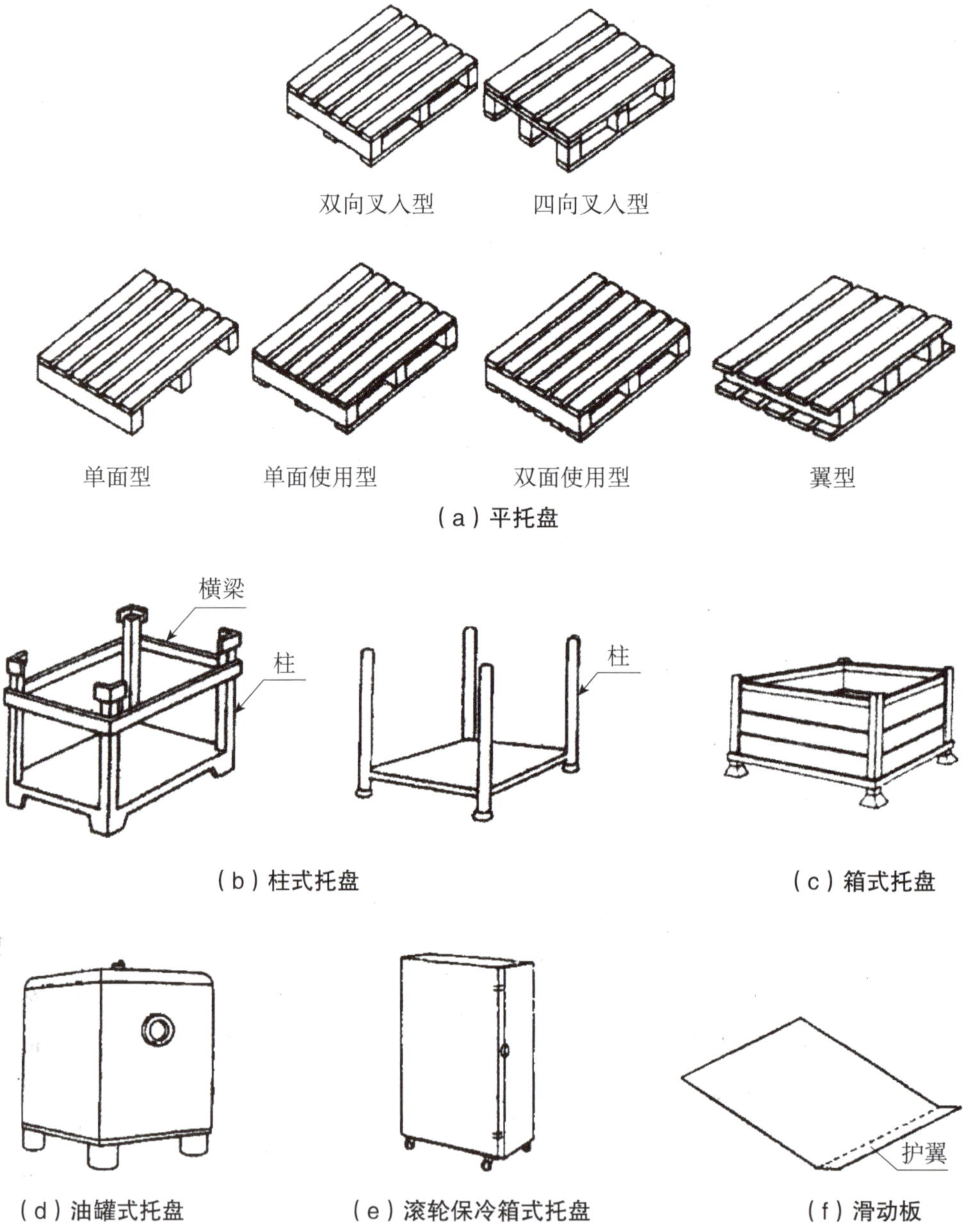

双向叉入型　　四向叉入型

单面型　　单面使用型　　双面使用型　　翼型

（a）平托盘

横梁　柱　柱

（b）柱式托盘　　（c）箱式托盘

护翼

（d）油罐式托盘　　（e）滚轮保冷箱式托盘　　（f）滑动板

图 3－13　托盘的种类

(3) 按制造材料，平托盘可以分为木制、钢制、塑料制以及高密度合成板制四类。

木制托盘制造方便，便于维修，本体也较轻，是使用最广泛的平托盘。

钢制平托盘是用角钢等异型材焊接而成，其最大的特点是强度高，不易损坏和变形，维修工作量小。钢制平托盘制成翼型平托盘比较有优势，不但可以利用叉车装卸，而且可以利用两翼吊吊具进行吊装作业。

塑料制平托盘采用塑料模具制成，一般为双面使用型，其最大特点是本体重量轻，耐腐蚀性强，可着各种颜色分类区分。但塑料制托盘承载能力不如钢制、木制托盘。

高密度合成板制平托盘是利用各种废弃物经高温处理压制而成的。由于它使用再生环保材料制成，因而具有抗高压、承重性能好、成本低的特点。而且，它避免了传统木托盘的木结、虫蛀、色差、湿度高等缺点，适合各类货物的运输，尤其是在重货（化工、金属等类产品）成批运输中，它也是替代木托盘的最佳选择。

**2. 柱式托盘**

柱式托盘是在平托盘的四个角装上立柱构成的，其形态如图 3－13（b）所示，其目的是在多层堆码保管时，保护最下层托盘货物。托盘上的立柱大多是可卸式，高度多为 1.2 米左右。立柱的材料多为钢制，耐负荷 3 吨，自重 30 千克左右。这种托盘的进一步演化为从对角的柱子上端用横梁连接，使柱子成门框形。

柱式托盘的主要作用有两个：一是防止托盘上所置货物在运输、装卸等过程中发生踏跺；二是利用柱子支撑承重，可以将托盘货载堆高叠放，而不用担心压坏下部托盘上的货物。

**3. 箱式托盘**

箱式托盘是沿平托盘四个边由板式、栅式、网式等各种平面组成的箱体，如图 3－13（c）所示。有些箱体上有顶板，有些箱体上没有顶板。箱板有固定式、折叠式、可卸式三种。这种托盘的特点是使包装简易并可将形状不规则的货物集装，防护能力强，可以有效防止踏跺，防止货损。

**4. 轮式托盘**

它们是在柱式、箱式托盘下部安装小型脚轮，如图 3－13（e）所示，按上部构造物的形式分为固定式、可卸式和折叠式三种。这种托盘不但具有一般柱式、箱式托盘的优点，而且可利用轮子做小距离运动，不需搬运机具就能实现搬运，也可以利用轮子作为滚上滚下的装卸，还有利于在装放车、船内后移动位置，所以轮式托盘有很强的搬运性。此外，轮式托盘在生产物流系统中还可以兼作作业车辆。

滚轮箱式托盘大多用于一般杂货的配送，装货面的大小为 800 毫米×550 毫米，最大装载量为 300 千克。

**5. 滑动板**

滑动板是瓦楞纸、板纸或塑料制的板状托盘，也叫薄板托盘，如图 3－13（f）所示。和木质平托盘比较，有重量轻（每个约 1.5 千克）、充分利用保管空间（厚度在 5 毫米以下）、价格低等优点。但是，为装卸这种托盘，需要带有特殊属具的叉车。

**6. 特种专用托盘**

由于托盘制作简单，造价低，所以某些较大数量的货物运输时，可制作装载效率高、装运方便、适于其货物运输的专用托盘，这类托盘在实际应用中种类不计其数，这里不再一一介绍。

### （四）托盘的规格

托盘规格的标准化是实现托盘联运的前提，也是实现物流机械和设施标准化的基础及产品包装标准化的依据。

国际标准化组织规定的规格主要有：1 200 毫米×1 000 毫米、1 200 毫米×800 毫米（欧洲标准），1 140 毫米×1 140 毫米（澳大利亚标准），48 英寸×40 英寸（1 219 毫米×1 016毫米，美国标准），1 100 毫米×1 100 毫米（日本标准），此外还有 1 200 毫米×1 600毫米、1 200 毫米×1 800 毫米的大型托盘。

我国国家标准《联运通用平托盘主要尺寸及公差》（GB/T 2934－2007）规定的联运通用平托盘外部规格系列为1 200 毫米×1 000 毫米、1 200 毫米×800 毫米、1 140 毫米×1 140 毫米、1 219 毫米×1 016 毫米四种。以上尺寸均为平面尺寸，公差为±3 毫米。

托盘集合包装所集装的货物单元体积一般为 1 立方米以上，高度在 1 100 毫米或 2 200 毫米，载重为 500～2 000 千克。

## 三、叉车

叉车是物流领域中应用最广泛的装卸搬运设备。它以货叉作为主要的取货装置。叉车的前部装置装有标准货叉，可以自由地插入托盘取货和放货，依靠液压、发动机等装置升降货物，由滚轴、轮胎等行驶系统实现货物的水平搬运。叉车除了使用货叉作用以外，还可通过配备其他装置（即叉车属具）用于散货和多种规格品种货物的装卸作业。

### （一）叉车的概念及特点

叉车具有一副水平伸出的叉臂，叉臂可作上下移动，因此叉车具有装载货物的功能，并能携带货物作水平和垂直方向的移动。由于叉车在堆码、卸货作业和搬运、移动作业两方面都十分灵活便利，这就使叉车成为目前使用最广泛的装卸机械。

国家标准《物流术语》（GB/T 18354－2006）中对于叉车是这样定义的：叉车（fork lift truck）是指具有各种叉具，能够对物品进行升降和移动以及装卸作业的搬运车辆。

叉车与其他搬运机械一样，能够减轻装卸工人繁重的体力劳动。除了能提高装卸效率、缩短车辆停留时间、降低装卸成本以外，它还有以下特点。

**1. 通用性**

叉车在物流的各个领域都有所应用，如仓库、车站、码头和港口都要应用叉车进行作业。如果叉车和托盘配合，它的应用范围更广，还可以提高作业的效率。

**2. 机械化程度高**

使用各种自动取物装置或在货叉与货板配合的情况下，可以实现装卸工作的完全机械化，不需要工人的辅助体力劳动。它将装卸和搬运两种作业合二为一，作业的效率高。

**3. 机动灵活性好**

叉车外形尺寸相对较小，重量轻，能在作业区域内任意调动，适应货物数量及货流方向的改变，可机动地与其他起重运输机械配合工作，提高机械的使用率。

**4. 可以“一机多用”**

在配备和使用各种取货装置如货叉、铲斗、臂架、吊杆、货夹、抓取器等的条件下，叉车可以适应各种品种、形状和大小货物的装卸作业。

此外，使用叉车能提高仓库容积的利用率，有利于开展托盘成组运输和集装箱运输，并且叉车成本低，投资少，能取得较好的经济效果。

## （二）叉车的基本结构

（1）安全架。即保护操作员免于被掉落的对象击中的护架。当举升的物品会超过操作员头部以上的高度时，必须配备安全架。

（2）升降架。即由一直立的槽型钢组合而成的升降装置，利用油压缸或电力进行升降。升降架有一段式、二段式、三段式及四段式。

（3）货叉架。货叉架通常会使用一个后挡板，以防止负载物品倾倒。

（4）货叉。搬运负载必用的配件，一般是 100～150 毫米宽，1 000～1 200 毫米长，40 毫米厚。最常使用的配备是牙叉侧移装置，利用手动或油压驱动，可调整牙叉的间距，以搬运不同规格的托盘。

（5）轴距。轴距即前后轮的距离，决定操作及作业的特性，包括负载能力、旋转半径、直角堆放通道宽度及离地高度。

（6）负载重心距。即负载重心到货叉架的距离，是决定负载能力的因素之一。当负载在 4 500 千克以下时，标准负载重心距为 0.6 米。

（7）轮胎。分为硬胎及气胎。硬胎多用于室内；气胎多用于室外，行走速度较快。

（8）动力系统。室内多用电动式叉车，室外多用内燃机式叉车。

## （三）叉车的种类

为了更加清楚地认识叉车，按照不同的分类标准，将叉车分成多个不同的类别。

按举升高度，叉车可分为低举升叉车和高举升叉车。低举升叉车的举升高度在 100～150 毫米，由操作者站立操作，手动低举升叉车由人力做水平及垂直的移动，而电动低举升叉车以电瓶提供动力做举升及搬运动作。手动操作速度慢、费力且易造成作业员受伤。因此，尽管电动叉车的成本较高，但应用愈趋普遍。高举升叉车的举升高度可达 12 米，操作者的操作有步行、站立和坐式三种。通常步行、站立举升高度为2.7～4 米。

按所用动力，叉车可分为内燃机式叉车和蓄电池式叉车。内燃机式叉车又有汽油内燃叉车和柴油内燃叉车之分，前者多用于 1～3 吨的起重载荷，后者多用于 3 吨以上的起重载荷。蓄电池式叉车一般用于 2 吨以下的起重载荷。

按结构特点，叉车可以分为平衡重式、前移式、插腿式、伸缩臂式、侧面式等。

按使用环境，通常可将其分为室内用与室外用两类，室外用的叉车通常为大吨位柴油、汽油或液化气叉车，如用于码头或者集装箱转运站的集装箱叉车、吊车。室内叉车则基本为电瓶车。

现在世界上主要的叉车生产商均可提供数百种规格的产品，通常可将这些不同规格的产品分成四个系列。

图 3-14　手动液压托盘叉车

**1. 低举升托盘叉车**

低举升托盘叉车的行走速度通常限制在 5 千米/小时以下，单向搬运距离在 100 米以内。如果搬运距离太长、次数频繁，作业人员容易疲劳，降低作业效率。低举升托盘叉车通常可以分为手动液压托盘叉车（pallet trucks）和电动托盘叉车（support arm stacker）两种。

手动液压托盘叉车（见图 3-14），俗称“地牛”，由于不产生火花和电磁场，因而特别适用于汽车装卸及车间、仓库、码头、车站、货场等地的易燃、易爆和禁火物品的装卸运输。该产品具有升降平衡、转动灵活、操作方便等特点。

电动托盘叉车，又分为电动液压托盘叉车和全电动托盘叉车。前者为“电动行车，液压起升”，后者为“电动行车，电动起升”，两种叉车均适用于中等重量的短距离运输，具有加长型货叉的电动叉车可同时搬运两个或四个托盘。

**2. 平衡重式叉车**

平衡重式叉车（electric counter balance truck）是使用范围最广的叉车。货叉位于前轮中心线以外，尾部安装平衡重，是为了克服货物产生的倾覆力矩。这种叉车适用于在露天货场作业，一般采用充气轮胎，运行速度较快，爬坡能力较好。门架可前后移动，前移时便于货叉插入，方便取货或卸货，取货后门架后倾以便在运行中保持货物的稳定。

平衡重式叉车主要由发动机、底盘（包括传动系、转向系、车架等）、门架、叉架、液压系统、电气系统及平衡重等部分组成。叉车门架一般为两级，起升高度为

2～4 米。当堆垛很高而叉车总高受到限制时，可采用三级或多级门架。货叉的升降及门架的倾斜，均采用液压驱动。一般提升油缸配合起重滑轮、链条可使货叉加速升降。

根据车轮的数量可分为三轮与四轮，根据驱动轮的位置可分为后轮驱动与前轮驱动，还可以根据动力分为内燃机式（见图 3－15）、蓄电池式（见图 3－16）、柴油/汽油式等。

图 3－15　内燃机式叉车

图 3－16　蓄电池式叉车

**3. 前移式叉车**

自 1953 年前移式叉车（reach truck）（见图 3－17）问世以来，这一系列的设备已逐渐成为室内高架存取的主要工具，其稳定的荷载提升性能使得立体仓库在高度方面首次突破了 6.5 米的界限。现在，前移式叉车最大提升高度已达到 11.5 米，载重范围从 1 吨到 2.5 吨，并且发展出用于存取长、管件的多向前移式叉车、室内外通用型前移式叉车等特殊用途产品。

图 3－17　前移式叉车

前移式叉车结合了有支撑臂的电动堆垛机与无支撑臂的平衡重式叉车的优点，当门架前伸至顶端，荷载重心落在支点外侧，此时相当于平衡重式叉车；当门架完全收回后，荷载重心落在支点内侧，此时即相当于电动堆垛机。这两种性能的结合，使得在保证操作灵活性及高荷载性能的同时，体积与自重不会增加很多，最大限度节省作业空间。

**4. 高架堆垛机**

高架堆垛机（high rack stacker）又可分为上人式和不上人式两种，驾驶舱作为主提升随门架同时上升的称为上人式，优点是在任何高度都可以保持水平操作视线，保证最佳视野，以提高操作安全性。同时，由于操作者可以触及货架任何位置的货物，故可以同时用于拣货及盘点作业。

为了使高架堆垛机在通道内始终保持直线行驶，有磁导及机械式导引两种方式。磁导由于必须在巷道中央切割埋上磁导线，容易破坏地坪并且不易搬迁调整，故目前使用最多的是机械式导引。采用机械式导引需与货架配合，在巷道的两侧安装钢轨，通过车身导轮及其他辅助装置导入巷道并沿直线行驶。

以上各个系列均有其最适用的场合与环境，而在某些功能上又有重合的部分，如平衡重式叉车、前移式叉车、高架堆垛机都可以进行货架区的存取。

### （四）叉车的属具

叉车的属具是一种安装在叉车上满足各种物料搬运和装卸作业特殊要求的辅助机构，它使叉车成为具有叉、夹、升、旋转、侧移、推拉、倾翻等多用途和高效能的物料搬运工具。由于货物形状和尺寸的差异，需要配备多种叉车属具以提高叉车的通用性。叉车属具可以扩大叉车的使用范围，保证作业安全，减少工人的劳动强度，提高叉车的作业效率，保证生产安全。

**1. 货叉**

货叉是最普通的叉车升降装卸属具，是叉车最重要的承载构件，通常呈L形，水平段用来叉取并承载货物，其上表面平直、光滑，下表面前端略有斜度；叉尖较薄较窄，两侧带有圆弧。货叉水平段的长度一般是载荷中心距的两倍左右。如果需要搬运体积大、质量轻的大件货物，需还用加长货叉或在货叉上套装加长套。

**2. 侧移叉**

侧移叉是一种横向移动属具。带侧移叉的叉车与标准叉车相比，结构中主要增加了侧移叉架导轨与油缸。工作时，驾驶员操作侧移叉阀杆的控制手柄，侧移叉油缸就产生收缩运动，带动装有货叉的侧移叉左右移动，叉取侧面紧靠障碍物的货物。

侧移叉叉取货物时，能使货叉处于最有利的位置，按照指定地点正确卸放，以减少叉车的倒车次数，提高叉车的工作效率。侧移叉的侧向行程一般为250毫米左右。

**3. 夹持器**

夹持器是一种以夹持方式搬运货物的属具。对于搬运装卸比重较小、外形规则（如圆柱体、立方体、长方体等）、不怕挤压的货物常用这种属具。

**4. 悬臂吊**

叉车上使用的臂吊的结构形式很多，常见的为单臂式。吊钩可根据需要在臂上移动以调节卸载距离，但是为了保证叉车的纵向稳定性，使用时必须根据制造厂提供的载荷特性曲线，使吊运货物重量不超过吊钩所载位置的额定起重量。

**5. 串杆**

串杆主要用来装卸环状货物，如钢丝卷、空心的筒状货物等。

**6. 推出器**

推出器是可以将货物从货叉上推出的属具。推出器有液压作用式和重力作用式两种。液压推出器的推出动作由多路转向阀控制。

图3-18是仓储实务中使用的一些叉车属具。

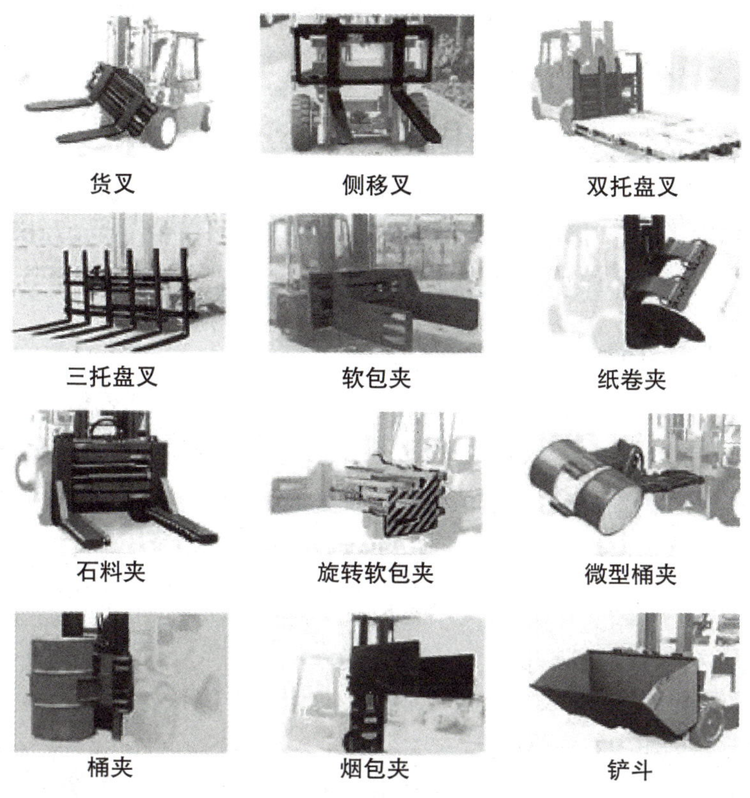


图 3-18　一些常用叉车属具

## （五）叉车的选择

叉车是物料搬运的主要工具，规格种类繁多，每种类型的叉车有其适用的环境场合，错误的选型会造成仓储作业的低效率甚至发生事故。选择叉车时要考虑以下因素：

**1. 负载能力**

负载能力是最重要的因素，是指叉车把最重的额定负载举到特定高度的能力。

**2. 最大起升高度**

最大起升高度指的是货叉提升的最大限度，该指标必须能够满足货架最高层的提升要求。

**3. 行走及起升速度**

行走及起升速度是衡量叉车作业效率的重要指标，该指标高的叉车作业效率较高。

**4. 机动性**

机动性指的是叉车在通道内的作业能力。叉车在直角堆叠时通道的最小宽度反映了叉车的机动性。

**5. 控制方式及操作性**

控制方式及操作性会影响到叉车作业的效率、机动性和安全性。

## 四、自动分拣设备

分拣是指按不同的地点和单位将物品分配到一定场地的作业。自动分拣是从货物进入分拣系统到被送到指定分配位置为止，都是按照人们的指令靠分拣装置来完成。

### （一）自动分拣设备认知

自动分拣设备主要由接受指示信息的控制装置、计算机网络、把到达分拣装置的货物送到别处的搬运装置、在分拣位置把货物分送到分支装置、在分拣位置储存货物的储存装置、机械分拣装置等构成。所以，除了用键盘、条码或其他方式向控制装置输入分拣指示信息的作业外，由于全部用机械自动作业，因此，分拣处理能力较大，分拣分类数量也较大。

### （二）自动分拣设备的特点

**1. 能持续、大批量地分拣货物**

由于采用大生产中使用的流水线自动作业方式，自动分拣设备不受气候、时间、人力等限制，可以连续运行。同时，由于自动分拣设备单位时间分拣件数多，因此其能力是人工分拣所不能相比的；自动分拣设备可以连续运行 100 个小时以上，每小时可分拣 7 000 件包装货物，人工分拣每小时只能分拣 700 件左右，而且分拣人员也不能在这种劳动强度下连续工作 8 小时。

**2. 分拣误差率极低**

自动分拣设备分拣误差率的大小主要取决于所输入分拣信息的准确性，因而分拣信息的输入机制很重要，如果采用人工键盘或语言识别方式输入，则误差率在 3%以上；如果采用条形码扫描输入，除非条形码本身印刷有错，否则不会出错。因此，目前的自动分拣设备主要采用条码技术识别货物。

**3. 分拣作业基本实现无人化**

自动分拣设备在作业过程中，需要使用人力的情形主要有：送货车辆抵达自动分拣线进货端需要使用人工接货，分拣线末端需要人工将分拣出来的货物进行集载和装车，分拣系统的控制、经营、管理和维修也必须由人工进行。除此之外，自动分拣系统在作业时都不需要人力。

### （三）自动分拣设备的工作过程

自动分拣设备的工作过程包括合流、分拣信号输入、分拣和分流、分运四个部分。

**1. 合流**

货物在进入分拣系统前，应在货物的外包装上标明货物的品种、规格、数量、货位、货主等，根据标签上的信息，货物在入库时可以找到入库的货位，在输送货物的分叉处正确引导货物的流向，而且堆垛起重机可以按照代码把货物分入指定的货位。当货物出库时，标签可以引导货物流向指定的输送机的分支，以便集中发送。货物进入分拣系统，经过合流逐步将各条输送线上输入的货物，合并于主输送机上，同时将货物在主输送机的方位进行调整，以适应分拣信号输入和分拣的要求。

**2. 分拣信号输入**

分拣信号输入就是把分拣的指示信息记忆在货物上或记忆在分拣机上，以达到把货物按要求分拣出来并送到指定地点的要求。当货物到达并接受扫描后，货物信息被输入计算机，识别到的标签信息会与自动分拣系统计算机内存储的信息进行对比，自动分拣系统在获得正确信息后会发出执行信息，开动分支装置，使其分流。

**3. 分拣和分流**

货物离开分拣信号输入装置后在分拣输送机上移动时，根据不同货物分拣信号所确定的移动时间，使货物行走到指定的分拣道口，由该处的分拣机构按照移动时间自行启动，将货物排离主输送机，再进入分流滑道。大型分拣输送机可以高速度地把货物分送到数十条输送分支上去。分拣机的控制系统采用程序逻辑控制合流、分拣信息输入、分拣和分流等全部作业，然而目前更普遍采用的是 PC 机或以若干个微处理器为基础的控制方式。

**4. 分运**

分拣出的货物离开主输送机，再经滑道到达分拣系统的终端。分运所经过的滑道一般是无动力的，靠货物的自重从主输送机上滑行下来。在各个滑道的终端，由操作人员将货物搬上容器或搬上车辆。

## （四）自动分拣设备的种类

在分拣系统中，分拣机是最主要的设备。因分选对象的尺寸、重量、外观形状存在着很大的差别，分拣机的种类繁多，小的可以分拣信件，大的可以分拣长度达 1.5 米的大型货品。

在物流自动分拣设备中，目前常用的有钢带式横向推出分拣机、胶带式横向推出分拣机、升降推出式分拣机、翻盘式分拣机、活动货盘分拣机、直落式分拣机、悬吊式分拣机、辊子浮出式分拣机、皮带浮出式分拣机、滑块式分拣机、摇臂式分拣机。

**1. 横向推出分拣机**

使用较多的是钢带式横向推出分拣机（如图 3－19 所示），也有用胶带代替钢带的胶带式横向推出分拣机。当货物输送到指定的部位，靠拨杆的横向转动推挡货物进行分拣。钢带的运行速度很高，有的达 120 米/分钟，分拣能力很大，每小时万件以上。一般情况下，分拣货物不受包装形态的特殊限制，能用输送机运送的货物都可进行分拣，但分拣时对货品有一定的冲击，太薄、容易转动、易碎的货品不宜采用这种设备分拣。另外，因为速度高，要求分拣口之间保持较大的间隔，因而可能设置的分拣口数较少。

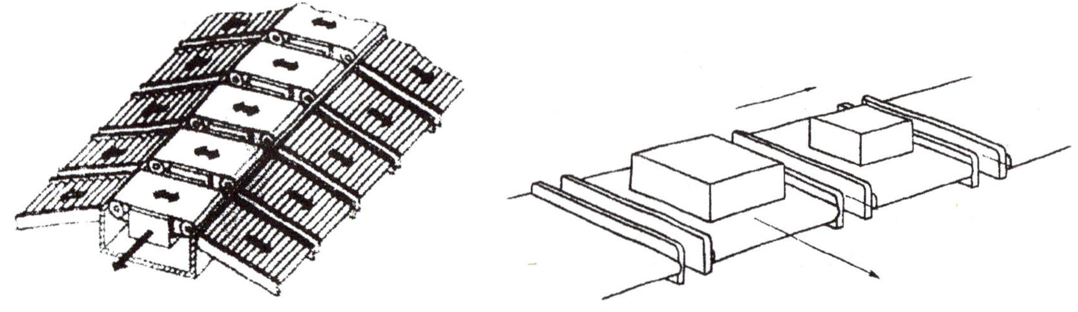

图 3-19　横向推出式分拣机

**2. 升降推出式分拣机**

升降推出式分拣机（如图 3-20 所示）是从输送机的下侧用浮出装置把货物托起，转动一个微小坡度，送到输送机外面进行分拣的装置。它在分拣时给予货物的冲击较小，最适合于分拣底面平坦的纸箱、托盘状的各种货物，但不能分拣很长的或者底面不平坦的货物。

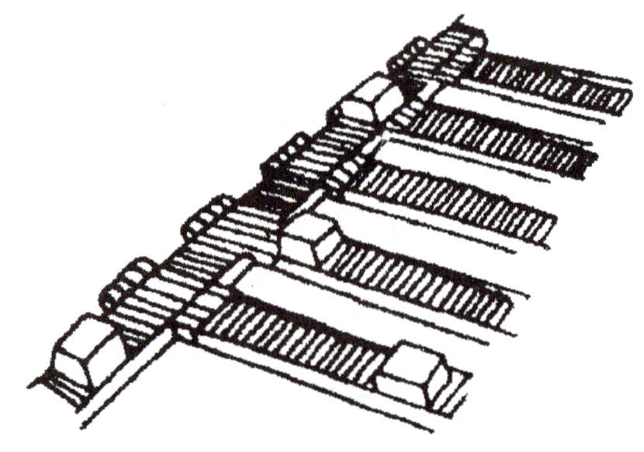

图 3-20　升降推出式分拣机

**3. 翻盘式分拣机**

翻盘式分拣机（如图 3-21 所示）由牵引链牵引，翻盘到达指定的分岔道口时，向左或向右倾斜，被拣货物靠重力滑入分岔道口。

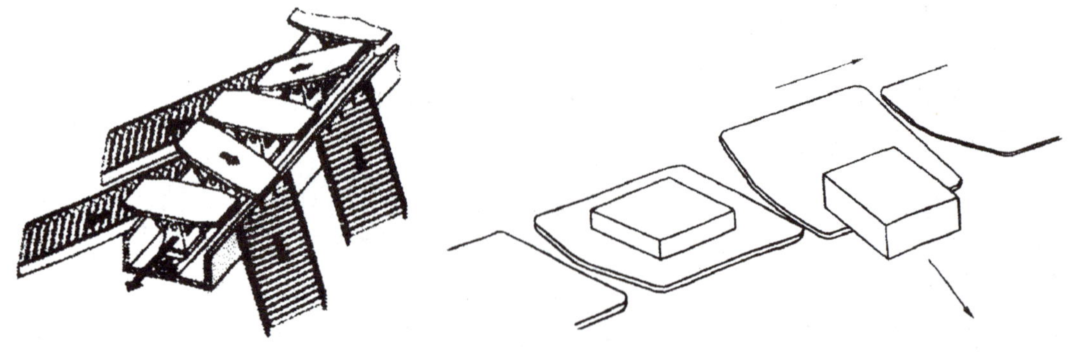

图 3-21　翻盘式分拣机

这种分拣装置的牵引链能在水平和垂直两个平面转向；工作时，被拣货物通过输送机送入托盘，送入角度可以是斜角或直角，因此翻盘式分拣机的布置十分灵活，或水平、或倾斜、或隔层布置，组成一个变化多样的空间分拣系统。此类装置的翻盘一般都做成马鞍形，所以对底面不平整的软包装货物有良好的适应性。

**4. 活动货盘分拣机**

活动货盘分拣机（如图 3－22 所示）主要由圆管或金属条板组成，每块条板或管子上都有一个活动的货物托盘做横向运动，当货物到达分拣装置出口时，将货物分到指定的岔道以实现分拣。这种分拣装置的效率很高，但仅适用于较轻、较小货物的分拣。

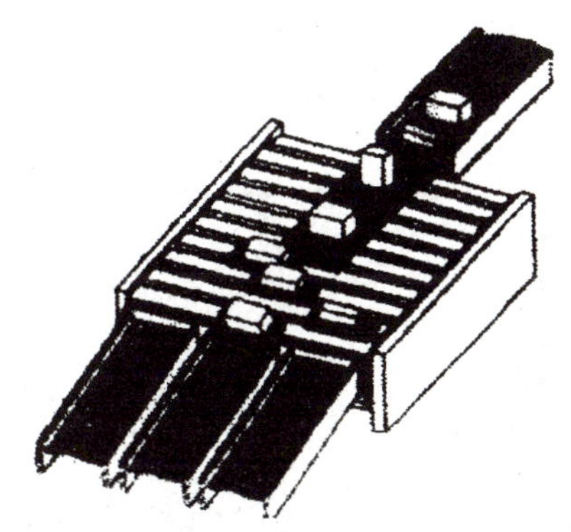

图 3－22　活动货盘分拣机

**5. 直落式分拣机**

直落式分拣机（如图 3－23 所示）通过牵引链驱动，所输送的货物放在一些底部有活门的托盘上。当托盘到达预定位置后，由分拣系统发出信号，活门打开，货物落入指定的容器。采用这种装置不需要辅助作业就能很容易实现分拣货物的集中。此类装置一般用来对扁平状的货物进行分拣，如书籍和扁平包裹等。

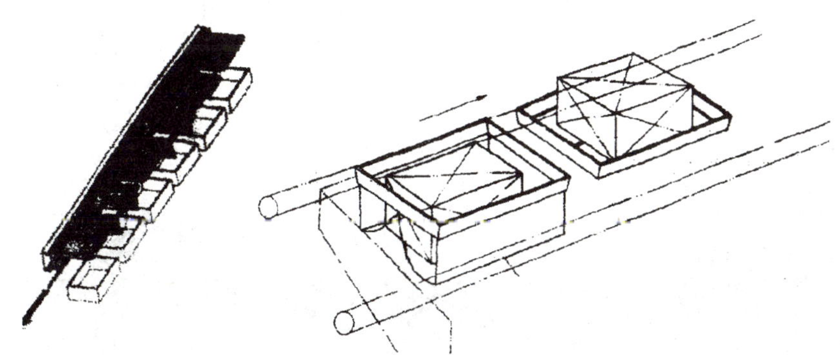

图 3－23　直落式分拣机

**6. 悬吊式分拣机**

悬吊式分拣机是用装在悬吊装置上的钳子或支架吊起货品，输送到指定位置放下货品，或转换到另外的分支线路上进行分拣的装置。它依靠电动或气动，使分送器开动把货品放下，进而送入分支路线进行分拣，主要适用于对保管、搬运的成批货物分拣。

**7. 辊子浮出式分拣机**

这种分拣机可与辊子输送机、平带输送机融为一体，放在输送系统的岔口处，可看作是一种分流装置，如图 3-24 所示。在没有分拣任务时，可作为输送机输送货物。该装置在对应岔口的入口处设置了一排短辊子，这些短辊子与主滚道上表面水平，可通过气动元件向两侧摆动和浮出主辊道的上平面。这些短辊子通过表面上胶或是采用聚氨酯材料增大摩擦力，从而带动货物转向。如果岔道上的辊子是主动辊子并且上了胶，加上采用上述的变向措施，就很容易达到较高的效率。采用这种装置，岔道可与主滚道成45°～90°，在岔道方向与主道成 90°的情形时，要在岔道前加一个转速较快的变向辊子来支持输送货物的变向。这种分拣装置输送速度可达 2～2.5 米/秒，每小时可分流 7 000 件货物。

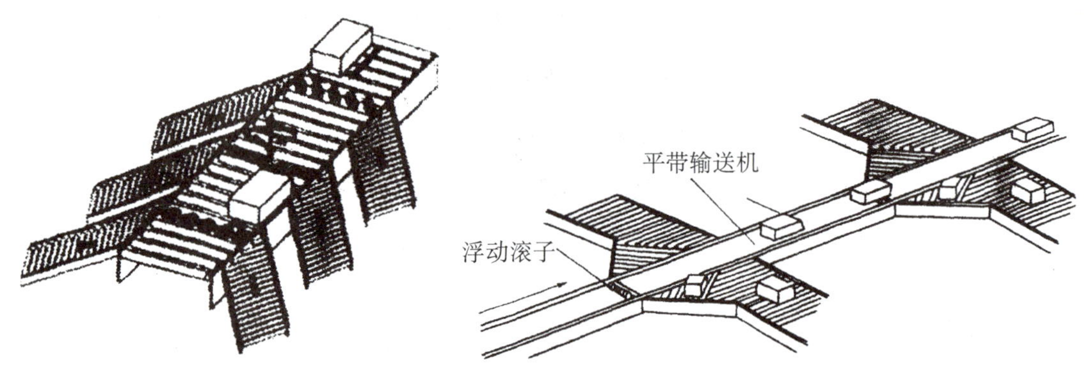


图 3-24 辊子浮出式分拣机

**8. 皮带浮出式分拣机**

皮带浮出式分拣机（见图 3-25）的工作原理与辊子浮出式分拣机一样，不同之处在于主滚道中设置了一条宽度较窄的皮带机。皮带宽，带有花纹，摩擦力大，因而改变货物方向更加容易，也使分流更快、更准确。这种装置多用在输送线中，可用作分流，也可用作分拣。

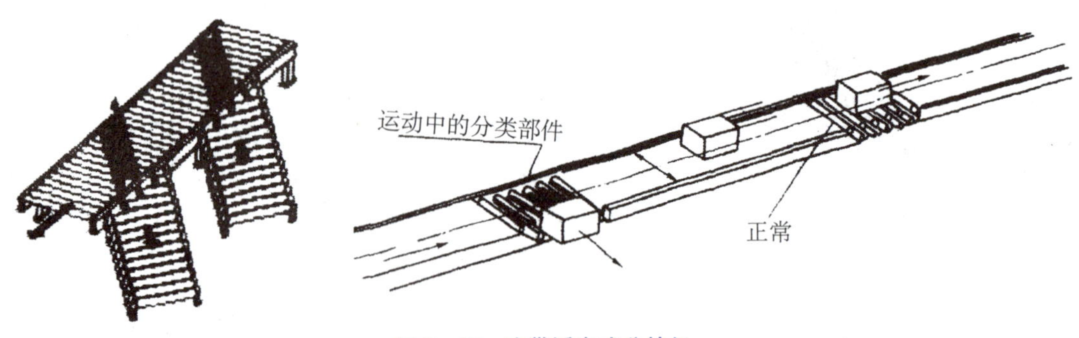


图 3-25 皮带浮出式分拣机

**9. 滑块式分拣机**

滑块式分拣机（见图 3-26）是一种特殊的板式输送机，是通过货物分流来实现货物分拣的。其板面由金属管或板子组成，每块板条或管子上各有一块能做横向运动的导向板，导向板靠在输送机的侧边上，当分拣货物到达指定道口时，控制器发出指令使导向滑块顺序地向道口方向滑动，把货物推向指定的分岔道口。由于导向滑块向两侧滑动，所以可在输送机两侧设置分拣口，以节约场地。这类分拣装置的震动小，基本不损伤货物，适宜重量小于 90 千克的各种形状、体积的货物，分拣能力可达每小时 12 000 件，准确率 99.9%，是当代最新型的高速分拣装置之一。

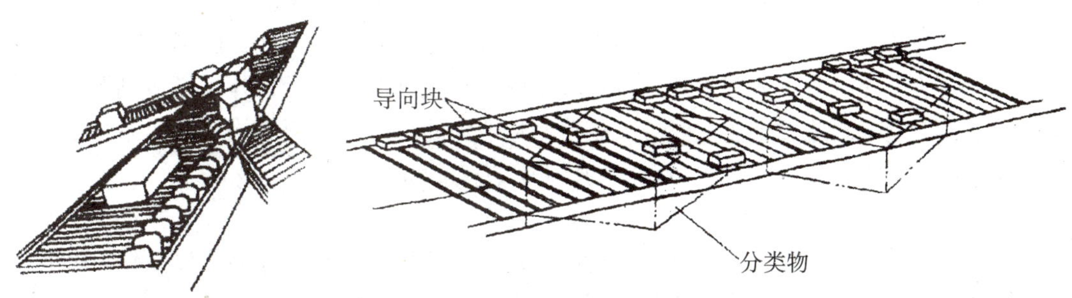


图 3-26　滑块式分拣机

**10. 摇臂式分拣机**

为提高系统分拣效率，在主道上安装一根摇臂，既可对货物的流向进行控制，也可实现货物的分拣。这种装置的摇臂上安装的齿形皮带可使分流更快、更准确，分拣效率可达每小时 2 500 件。

## 五、智能仓储

### （一）自动化立体仓库

**1. 自动化立体仓库认知**

自动化立体仓库又称自动化高架仓库或自动存储系统（AS/RS 系统），是一种基于高层货架、采用计算机进行控制管理、自动化存取输送设备自动化进行存取作业的仓储系统。自动化立体仓库是实现高效率物流和大容量储藏的关键系统，在现代化生产和货物流通中具有举足轻重的作用。

国家标准《物流术语》（GB/T 18354-2006）中对于自动化立体仓库是这样定义的：自动化立体仓库（automatic storage and retrieval system）是指由高层货架、巷道堆垛起重机（有轨堆垛机）、入出库输送机系统、自动化控制系统、计算机仓库管理系统及其周边设备组成，可对集装单元物品实现自动存取和控制作业的仓库。

自动化立体仓库是当代货架储存系统发展的最高阶段，它与自动化分拣系统和自动导向车并称为物流技术现代化的三大标志。广义地说，自动化立体仓库系统是在不直接进行人工处理的情况下，能自动地存储和取出物料的系统，是一个将毛坯、半成品、配套件或产品、工具等物料自动存取、自动检索的系统，是物流系统的重要组成部分。

**2. 自动化立体仓库应用领域**

目前，自动化立体仓库在我国已应用于各个领域，主要有：

（1）工业生产领域。

医药生产是最早应用自动化立体仓库的领域之一，广州羊城制药厂、吉林敖东、东北制药、扬子江制药、石家庄制药、上药集团等数十个医药企业均建成了生产用自动化立体仓库。汽车制造行业也是国内最早应用自动化立体仓库的领域之一，目前国内主要汽车制造企业均成功设计研发了适用于自身企业环境的自动化立体仓库。另外，机械制造类企业如三一重工、电子制造类企业如联想、烟草制造业如北京烟草集团等均已开始采用自动化立体仓库系统，构成其自动化立体仓库的设备以进口设备为主。

（2）物流领域。

烟草、医药、机场货运等领域的配送中心均已广泛使用自动化立体仓库系统，并且运转效果良好，作业效率与人工作业相比明显提高。

（3）货物制造领域。

在货物制造领域如服装制造、酒类制造、化工类产品制造以及图书制造等行业均已开始建设并使用自动化立体仓库，取得了良好的企业收益，对于企业生产的支持起到了重要的作用。

**3. 自动化立体仓库的分类**

（1）按高度分类。

1）低层立体仓库。

低层立体仓库高度在5米以下，主要是在原来老仓库的基础上进行改建的，是提高原有仓库技术水平的手段。

2）中层立体仓库。

中层立体仓库的高度为5～15米，中层立体仓库对建筑以及仓储机械设备的要求不高，造价合理，是目前应用最多的一种仓库。

3）高层立体仓库。

高层立体仓库的高度在15米以上，由于对建筑以及仓储机械设备的要求太高，安装难度大，因而应用较少。

（2）按所使用货架构造形式分类。

主要可分为单元货格式、贯通式、水平旋转式和垂直旋转式。

1）单元货格式。

单元货格式是一种常见的仓库结构。货物放在标准容器中或托盘上存储，出入库都以整个单元进行。由单元货架存储，存储单元为货格形式，此种货架巷道占去了1/3左右的仓储面积。

2）贯通式。

为了提高仓库利用率，可以取消位于各排货架之间的巷道，将个体货架合并在一起，使每一层、同一列的货物互相贯通，形成能一次存放多货物单元的通道，而在另一端由出库起重机取货，成为贯通式仓库。根据货物单元在通道内的移动方式，贯通式仓库又可分为重力式货架仓库和穿梭小车式货架仓库。重力式货架仓库中，每个存货通道只能存放同一种货物，所以它适用于存储品种不太多而数量又相对较大的货物。穿梭小车可以由起重机从一个存货通道搬运到另一通道。

3）水平旋转式。

这类货架本身可以在水平面内沿环形路线来回运行。每组货架由若干独立的货柜组成，用一台链式传送机将这些货柜串连起来。每个货柜下方有支撑滚轮，上部有导向滚轮。传送机运转时，货柜便相应运动。需要提取某种货物时，只需在操作台上给予出库指令。当装有所需货物的货柜转到出货口时，货架停止运转。这种货架对于小件物品的拣选作业十分合适。它简便实用，充分利用空间，适用于作业频率要求不太高的场合。

4）垂直旋转式。

与水平旋转货架式仓库相似，只是把水平面内的旋转改为垂直面内的旋转。这种货架特别适用于存放长卷状货物，如地毯、地板革、胶片卷、电缆卷等。

**4. 自动化立体仓库的构成**

（1）高层货架。

高层货架多为钢结构（见图 3－27），主要有焊接式货架和组合式货架两种基本形式。按照存储货物的形式不同，分为可存储以托盘为单位的货架和可存储以周转箱为单位的货架。

图 3－27　高层货架

（2）货物存储单元。

货物存储单元指用于承载货物的器具，亦称工位器具，主要包括托盘和周转箱两种形式，托盘货物的存取通过堆垛机货叉叉取的方式进行，周转箱货物的存取可通过堆垛机叉取或机械手臂抱夹的方式进行。

（3）堆垛机。

堆垛机即堆垛起重机，是用货叉或串杆攫取、搬运和堆垛或从高层货架上存取单元货物的专用起重机。按照称重位置不同，分为桥式堆垛起重机和巷道式堆垛起重机（见图3-28）两种；按结构形式分为单立柱和双立柱两种基本形式；按服务方式不同可分为直道、弯道和转移车三种基本形式。

图3-28 巷道式堆垛机

起重机在货架之间的巷道内运行，主要用于搬运装在托盘上或货箱内的单元货物；也可开到相应的货格前，由机上人员按出库要求拣选货物出库。巷道式堆垛起重机由起升机构、运行机构、货台司机室和机架等组成。起升机构采用钢丝绳或链条提升。机架有一根或两根立柱，货台沿立柱升降。货台上的货叉可以伸向巷道两侧的货格存取物品，巷道宽度比货物或起重机宽度大15～20厘米。起重量一般在2吨以下，最大达10吨。起升速度为15～25米/分钟，有的可达50米/分钟。起重机运行速度为60～100米/分钟，最大达180米/分钟。货叉伸缩速度为5～15米/分钟，最大已达到30米/分钟。

（4）输送机系统。

输送机系统是立体库的主要外围设备，负责将货物运送到堆垛机或从堆垛机将货物移走，另外还可根据货物发送目的地的不同实现向不同分拣口的分拣；输送机种类非常多，常见的有辊道输送机、链条输送机、升降台、分配车、提升机、皮带机等。物流输送线自动控制系统主要利用PLC控制技术，使系统按照生产指令，通过系统的自动识别功能和输送线系统，自动地和柔性地把托盘箱里的生产物料，以最佳的路径、最快的速度，准确地从生产场地的一个位置输送到另一个位置，完成生产物料的时空转移，保证各种产品的生产按需要协调地进行和按需要迅速地变化。在这个过程中，最佳路径控

制成为物流自动控制系统的技术关键，而系统其他部分则围绕路径控制进行相应工作。

（5）AGV系统。

即自动导向小车，根据其导向方式分为感应式导向小车和激光导向小车，通过与输送机系统的出货口及入货口相结合，实现自动化立体仓库的出入库作业全程自动化。AGV导航方式主要包括以下几种：

1）坐标导引（cartesian guidance）。

用定位块将AGV的行驶区域分成若干坐标小区域，通过对小区域的计数实现导引，一般有光电式（将坐标小区域以两种颜色划分，通过光电器件计数）和电磁式（将坐标小区域以金属块或磁块划分，通过电磁感应器件计数）两种形式，其优点是可以实现路径的修改，导引的可靠性好，对环境无特别要求。缺点是地面测量安装复杂，工作量大，导引精度和定位精度较低，且无法满足复杂路径的要求。

2）电磁导引（wire guidance）。

电磁导引是较为传统的导引方式之一，目前仍被许多系统采用，它是在AGV的行驶路径上埋设金属线，并在金属线加载导引频率，通过对导引频率的识别来实现AGV的导引。其主要优点是引线隐蔽，不易污染和破损，导引原理简单而可靠，便于控制和通讯，对声光无干扰，制造成本较低。缺点是路径难以更改、扩展，对复杂路径的局限性大。

3）磁带导引（magnetic tape guidance）。

与电磁导引相近，用在路面上贴磁带替代在地面下埋设金属线，通过磁感应信号实现导引，其灵活性比较好，改变或扩充路径较容易，磁带铺设简单易行。但此导引方式易受环路周围金属物质的干扰，磁带易受机械损伤，因此导引的可靠性受外界影响较大。

4）光学导引（optical guidance）。

在AGV的行驶路径上涂漆或粘贴色带，通过对摄像机采入的色带图像信号进行简单处理而实现导引，其灵活性比较好，地面路线设置简单易行，但对色带的污染和机械磨损十分敏感，对环境要求过高，导引可靠性较差，精度较低。

5）激光导航（laser navigation）。

激光导引是在AGV行驶路径的周围安装位置精确的激光反射板，AGV通过激光扫描器发射激光束，同时采集由反射板反射的激光束，来确定其当前的位置和航向，并通过连续的三角几何运算来实现AGV的导引。

此项技术最大的优点是：AGV定位精确；地面无须其他定位设施；行驶路径可灵活多变，能够适合多种现场环境，是目前国外许多AGV生产厂家优先采用的先进导引方式。其缺点是制造成本高，对环境要求苛刻（外界光线要求、地面要求、能见度要求等），不适合室外工作（尤其是易受雨、雪、雾的影响）。

6）惯性导航（inertial navigation）。

惯性导航是在AGV上安装陀螺仪，在行驶区域的地面上安装定位块，AGV可通过对陀螺仪偏差信号（角速率）的计算及地面定位块信号的采集来确定自身的位置和航向，从而实现导引。此项技术在军方较早运用，其主要优点是技术先进，较之有线导引，地面处理工作量小，路径灵活性强；其缺点是制造成本较高，导引的精度和可靠性与陀螺仪的制造精度及其后续信号处理密切相关。

（6）自动控制系统。

自动控制系统主要以现场总线方式为控制模式。该系统作为完整的系统独立运行外还预留和上级管理系统及仓库内部其他管理系统的接口，目前，立体仓库自动控制系统方式有集中控制、分离式控制和分布式控制三种。

（7）储存信息管理系统。

亦称中央计算机管理系统，是自动化立体库系统的核心。典型的自动化立体库系统均采用大型的数据库系统（如 ORACLE，SYBASE 等）构筑典型的客户机/服务器体系，可以与其他系统（如 ERP 系统等）联网或集成。

自动化立体仓库系统的优缺点有哪些？

## （二）物联网

### 1. 物联网的概念

物联网是通过射频识别（RFID）、红外感应器、全球定位系统、激光扫描器、气体感应器等信息传感设备，按约定的协议，把任何物品与互联网连接起来，进行信息交换和通讯，以实现智能化识别、定位、跟踪、监控和管理的一种网络。简而言之，物联网就是“物物相连的互联网”。

随着物联网技术的广泛应用，传统产业的管理模式也面临巨大变革，物联网在带来诸多好处的同时，也给软件乃至整个信息技术领域带来了前所未有的挑战。近年来，物联网技术进入商业化应用阶段，不断与互联网、通信等技术相结合，已被应用于工业自动化、商业自动化、交通运输、物流、供应链管理、公共信息服务等众多领域，逐步实现全球范围内物资跟踪与信息共享，大幅提高管理与运作效率，降低成本。物联网技术作为下一代信息技术的代表，被看成继计算机、互联网和移动互联网之后全球信息产业的又一次科技与经济浪潮。

基于物联网技术的智能仓储管理系统将物联网技术和仓储管理系统相结合，通过射频识别技术（radio frequency identification，RFID）实现物资的自动识别，利用物联网获取物资信息以及相关仓储信息，实现物资出/入库控制、物资移库/盘点、库存查询统计等业务过程的自动化，解决了目前普遍存在的物资识别困难、物资信息难以实时获取、仓储管理自动化程度不高等诸多问题，方便管理人员进行统计、查询和掌握物资流动情况，达到方便、快捷、安全、高效等要求。

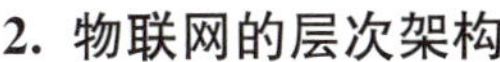

**2. 物联网的层次架构**

一方面，物联网以互联网作为核心和基础；另一方面，它将互联网的用户端延伸和扩展到了任何物品与物品之间的信息交换和通信上，是在互联网基础上延伸和扩展的网络。物联网主要分为感知层、网络层和应用层三个层次。

(1) 感知层是物联网的皮肤和五官。感知层包括二维码标签和识读器、RFID 标签和读写器、摄像头、GPS、传感器、终端、传感器网络等，负责识别物体、采集信息，与人体结构中皮肤和五官的作用相似。

(2) 网络层是物联网的神经中枢和大脑。网络层包括通信与互联网的融合网络、网络管理中心、信息中心和智能处理中心等。网络层将感知层获取的信息进行传递和处理，类似于人体结构中的神经中枢和大脑。

(3) 应用层是物联网的“社会分工”。应用层是物联网与行业专业技术的深度融合，与行业需求结合，实现行业智能化，这类似于人的社会分工，最终构成人类社会。

**3. 现行仓储管理存在的问题**

近年来，针对仓储管理的应用系统较多，信息化水平不断提升，取得了令人瞩目的成绩。许多生产型企业将仓储信息化建设视为控制生产成本的关键性解决方案之一，对企业的经营至关重要。但随着仓储管理应用系统的深入使用，也逐渐显现出一些难以解决的问题。

(1) 物资识别困难。部分库房储存的物资种类较多，查找物资存放位置相当困难，即使找到物资，也需要做许多重复的登记工作。

(2) 库房作业缺乏智能化。在库房作业中，大部分企业还未将库房整个作业流程智能化，甚至部分业务还存在凭记忆或纸质单据来开展相关工作，很难保障业务的准确性，最终导致账物不符。

(3) 物资信息难以实时获取/更改。以清仓查库作业为例，即使部分企业已将二维码等相关技术应用于库房管理中，可以扫描识别物资，但由于环境及其他因素影响，不方便扫描，或识别度不高，并且在清查库存物资时，如果该物资库存信息有误，处理起来十分麻烦，信息不能即时更正，效率极其低下。

(4) 大批量发货效率低下。进行大批量发货时，清点无法快速完成，满足不了快速发货的要求。

**4. 物联网技术在仓储管理中的应用**

物联网技术以强大的技术优势弥补了现行仓储管理存在的种种问题缺陷，主要体现在以下几个方面：

(1) 通过射频识别（RFID）、二维码、各类传感器等技术和设备的综合应用，提高物资出入库过程中的识别率，可不开箱检查，并同时识别多个物资，提高出入库效率；有效提高了拣选与分发过程的效率与准确率，并加快配送的速度，减少人工，降低配送成本。

（2）采用物联网一体化智能设备，结合先进的系统架构理念，缩减了盘点周期，提高数据实时性，实时动态掌握库存情况，实现对库存物资的可视化管理。

（3）综合运用物联网相关技术，改造现行业务管理流程，实现物资的标准化管理、精细化管理、全寿命管理、信息可追溯以及业务可优化的管理目标。

你认为物联网应用最大的阻碍是什么？

## （三）货到人拣选

### 1. 货到人拣选的概念

货到人拣选，简单来说是在物流中心的拣选作业过程中，由自动化物流系统将货物搬运至固定站点以供拣选，即“货动人不动”，又称货到人系统。

货到人拣选大幅度减少了拣选作业人员的行走距离，不仅实现了高于“人到货”模式数倍的拣选效率，大幅度降低了劳动强度，同时在存储密度、节省人力等方面拥有突出优势。因此，货到人拣选已经成为物流配送中心非常重要的拣选方式。

货到人拣选主要由储存系统、输送系统、拣选工作站三大部分组成。储存系统是基础，其自动化水平决定了整个拣选系统的存取能力，随着拆零拣选作业越来越多，货物存储单元也由过去的以托盘为主转向纸箱/料箱；输送系统负责将货物自动送到拣货员面前，它需要与快速存取能力相匹配，简化输送系统、降低成本是目前的研究重点；拣选工作站完成按订单拣货，其设计非常重要，拣货人员借助电子标签、RF、称重、扫描等一系列技术，提高拣货速度与准确率。

### 2. 货到人拣选方案

（1）穿梭车系统。

穿梭车系统以能耗低、效率高、作业灵活等突出优势成为货到人拣选的最佳方式，近些年得到快速发展和大范围应用。

穿梭车系统包括收货系统，货架及轨道、穿梭车、提升机等组成的储存与搬运系统，拣选与包装工作站和输送系统等发货系统。主要有以下几种形式：

1）多层穿梭车系统（见图 3-29）。

随着多层穿梭车系统技术的不断成熟，拆零拣选作业需求的增加和作业难度的加大，近两年多层穿梭车系统得到了大量的应用，是高速存储拣选解决方案的典型代表。多层穿梭车系统作业效率非常高，拣货效率是传统作业方式的 5～8 倍，一般可以达到 1 000 次/小时以上，同时还可以大量节省人力成本。因此，多层穿梭车非常适用于电商等拆零拣选需求巨大的行业。

图 3-29　多层穿梭车系统

2）四向穿梭车系统（见图 3-30）。

随着物流中心业务类型的多样化、复杂化，四向穿梭车作为新的自动化存储技术逐渐走进人们的视野。从某种意义上说，四向穿梭车系统是多层穿梭车系统的升级，可以多向行驶，跨巷道高效、灵活地作业，并且可以充分利用空间，同时，还可以按照作业流量来配置穿梭车的数量，减少设备能力的浪费，穿梭车与提升机的配合也更加灵活、柔性。近两年，越来越多的四向穿梭车项目得到成功应用。

图 3-30　四向穿梭车系统

由于四向穿梭车系统的能力可以线性调节，因此其适合的行业范围非常广，如图书馆等流量较低、出货效率要求较高的行业，电商等高流量、高存储量行业，以及制造业线边物流等。

3）子母穿梭车系统。

子母穿梭车系统，由穿梭子车、穿梭母车、行走轨道、巷道货架、垂直提升机、输送系统、自动控制系统、仓储控制系统及仓储管理软件等组成，其原理为穿梭母车在货架主巷道内行驶，完成 $x$ 方向的运动，到达特定支巷道时释放穿梭子车并继续在 $x$ 方向运动，穿梭子车完成 $y$ 方向的运动，从而节约拣选时间，加快作业速度，使用方便灵活，效率高。子母穿梭车系统为全自动密集式仓储，对仓库空间的要求较低，可以实现非连续楼层、多区域布局的全自动化存储。需要指出的是，这种货到人系统主要用于存储及整箱出货拣选。

（2）AutoStore 系统（见图 3-31）。

AutoStore 系统是由 Swisslog 针对中小件货物存储拣选而推出的货到人解决方案，将货物放到标准的料箱里面，通过料箱堆叠的方式进行存储，可以有效利用仓库上部空间，在很小的空间内实现高密度存储。

**图 3-31　AutoStore 系统**

AutoStore 系统还可以将高流动量的货物分配在离拣选站台更近的区域存储、低流动量的货物分配在远离拣选站台区域存储，从而实现拣选效率的最优。货物的属性会随着正常拣选作业的触发频率慢慢地分化出来，从而实现动态存储，提高拣选效率。

（3）Mini-load 系统。

Mini-load 系统为轻型堆垛机系统，与托盘式立体仓库结构相似，但存储货物单元为料箱/纸箱，因此也被称为料箱式立体仓库。该系统早在 20 世纪八九十年代便已推出并在欧洲得到广泛应用，目前技术相对成熟。由于堆垛机的货叉和载货台形式多达数十种，Mini-load 系统具有广泛的适应性，是最重要的货到人拣选解决方案之一。目前，国内外多家物流装备企业均可提供 Mini-load 系统，堆垛机运行速度普遍能达到 300 米/分钟，部分产品能达到 360 米/分钟及以上。

在技术创新方面，Robot Mini-load 智能快存系统（见图 3-32）是一个典型代表。

2016 年“双 11”期间，Robot Mini-load 智能快存系统凭借其高效率、低成本、易于维护等特点受到业内普遍关注。

图 3-32　Robot Mini-load 智能快存系统

该系统包括机器人料箱暂存系统、3D 自动识别拣选机器人、智能分拣机器人，并配备高模组化输送系统。整个系统在无人操作环境下自行完成整箱入库、缓存、取货出库、拆零拣选、货物分拣、输送出库的整个作业流程。

（4）旋转货架系统（见图 3-33）。

旋转货架系统是非常成熟的货到人拣选解决方案，适合存储小件货物。随着对旋转货架系统的技术创新，其效率得到了大幅度提高。旋转货架系统，可以实现每个拣选工作站每小时 500～600 个订单行的拣选效率。此外，旋转货架系统还具备高密度存储功能，可以实现自动存储、自动盘点、自动补货、自动排序缓存等一系列分拣动作。

图 3-33　旋转货架系统

该系统的优点有：可以实现货品边进边出；用更加柔性的工作面替代拣选工作台，可以在订单高峰期为临时增加的工人预留足够多的操作界面；尽管单次拣选效率不高，但是非常适合于大型、SKU 数量多的场景，如电商仓库。

（5）类 Kiva 机器人系统（见图 3-34）。

类 Kiva 机器人（也称为智能仓储机器人）系统高度自动化，可以大幅度替代人工，同时项目实施速度快，交付周期短；并且系统投资相对固定，更重要的是灵活性非常强，易于扩展，非常适用于 SKU 量大、货物数量多、有多品规订单的场景。目前，类 Kiva 机器人系统在电商、商超零售、医药、快递等多个行业实现了成功应用。

图 3-34　类 Kiva 机器人系统

正是由于该系统的诸多优点，越来越多的企业进入该行业并对产品进行创新。例如，自动跟随机器人，或者订单到人拣选解决方案，即机器人跟随拣货人员完成拣货，并搬运订单货物；此外还有一种形式，即以机器人替代人进行长距离的行走，拣选人员只在局部区域内行走并完成拣货。

上述几种主流的货到人拣选方案的对比可见表 3-2。

表 3-2　几种主流的货到人拣选方案对比

<table>
<tr><th>名称</th><th>原理</th><th>存储能力</th><th>吞吐能力</th><th>投资情况（元/立方米存储空间）</th><th>存储高度</th><th>多层扩展性</th></tr>
<tr><td>穿梭车系统</td><td>穿梭车在货架中运行，支持每层一台或者几层共用一台穿梭车，实现存储容器的取放，配合提升机、输送线和拣选工作站最终实现货到人</td><td rowspan="2">取决于货架的设计尺寸</td><td>60～90 箱/穿梭车・小时</td><td>20 000～25 000</td><td>>20 米</td><td>无须扩展，可以达到 20 米以上高度</td></tr>
<tr><td>AutoStore 系统</td><td>在货架顶部，依据吞吐量配置一定数量的专用拣选车，配合拣选工作站最终实现货到人</td><td>20～30 箱/小车・小时</td><td>15 000～20 000</td><td><10 米</td><td>采用钢平台搭建，对钢平台称重要求较高</td></tr>
</table>

续前表

| 名称 | 原理 | 存储能力 | 吞吐能力 | 投资情况（元/立方米存储空间） | 存储高度 | 多层扩展性 |
|---|---|---|---|---|---|---|
| Mini-load系统 | Mini-load堆垛机在巷道中运行，实现存储容器的取放，配合输送线和拣选工作站最终实现货到人 | 取决于货架的设计尺寸 | 150～300箱/小时·台 | 8 000～10 000 | >20米 | 无须扩展，可以达到20米以上高度 |
| 旋转货架系统 | 通过将货架单元整体或者每层进行旋转，实现存储容器的取放，配合提升机、拣选工作站最终实现货到人 | | 150～250箱/小时·组货架 | 8 000～15 000（如果搭建钢平台，则每搭建一层钢平台，需额外增加2 000～3 000元/平方米的钢平台建设成本） | <8米 | 采用钢平台搭建，对钢平台称重要求较高 |
| 类Kiva机器人系统 | 通过对货架的小型化和独立化，使用二维码导航AGV小车，将被拣选货架搬运至拣选工人身旁 | 取决于货架数量 | 20～30个货架/小车·小时 | 2 500～3 750（如果搭建钢平台，则每搭建一层钢平台，需额外增加1 000～1 500元/平方米钢平台建设成本） | <3米 | 采用钢平台搭建，小车可以在钢平台上运行 |

注：由苏州牧星智能科技有限公司整理提供。

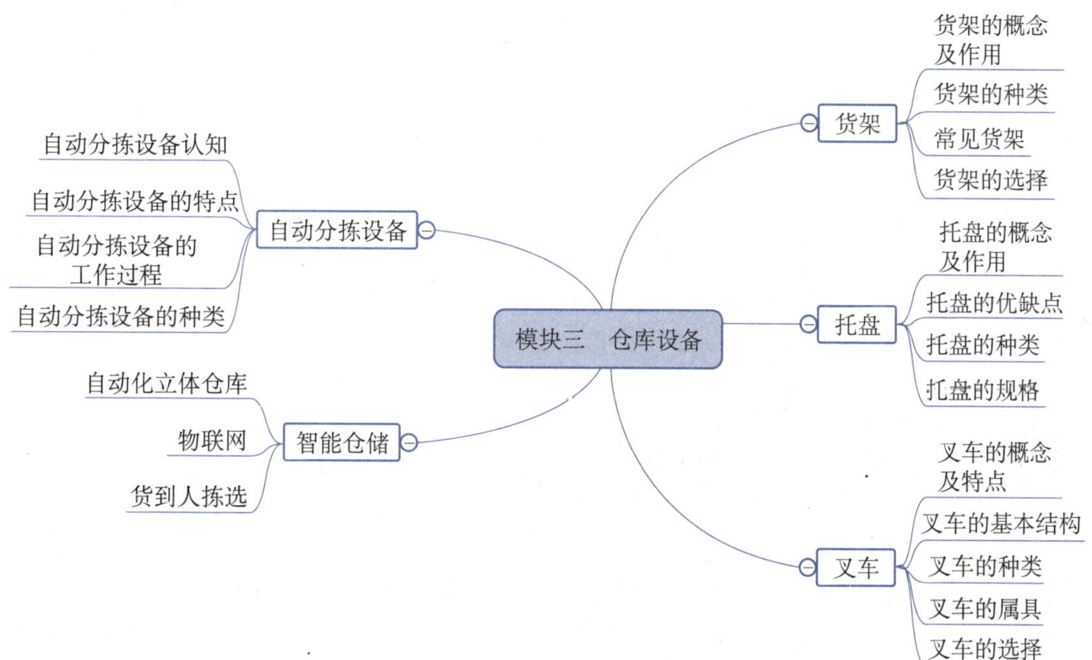

## 课后思考题

1. 常见货架有哪些？各自特点是什么？
2. 托盘有哪些种类？国标规格有哪几种？
3. 常见叉车有哪些？优缺点各是什么？
4. 如何根据仓库情况选择合适的设施设备？
5. 你如何看待智能仓储？

十八大以来，习近平总书记关于科技创新的一系列重要讲话告诉我们："科技是国家强盛之基，创新是民族进步之魂。"创新是一个民族进步的灵魂，是一个国家兴旺发达的不竭动力，也是中华民族最深沉的民族禀赋。在激烈的国际竞争中，唯创新者进，唯创新者强，唯创新者胜。

请查阅"创新十述"的相关资料并阐述："创新十述"的内容包含什么？创新思维在物流仓储行业如何体现？

# 模块四

# 仓库作业

1. 掌握货物入库、存储及出库的作业流程及各环节的关键步骤。
2. 了解入库验收的注意事项及验收方式的选择。
3. 掌握货物的堆码方式及货物养护方法。
4. 了解出库的依据、原则及异常处理方法。

1. 能选择合适的验收方法及异常处理方法。
2. 能根据货物情况选择合适的堆码方法。
3. 能对出库过程中的异常情况进行处理。

1. 能够具备高效的执行力。
2. 能够具备一定的处理问题的能力。
3. 能够具备一定的团队合作精神和协调能力。

## 重难点

1. 入库、存储、出库过程中的异常处理。
2. 仓储作业过程中需要注意的要点。

案例导入

仓储面临的问题

**事件 1：库房容量掌握不及时**

某第三方物流公司曾经承担了某大型饮料制造有限公司的饮料运送业务。当该公司往石家庄分公司库房送货时，石家庄分公司出现了库房挤满的情况，货物在库房门口滞留了一天两夜后，入库问题才得到解决。经事后查明，原来是石家庄分公司库房内的空瓶（玻璃瓶装）未能及时倒出，并且无法及时准确地计算出库房剩余空间与即将到库的货物数量。

到目前为止，类似事件并未得到有效的解决，在暑期、节假日等消费高峰期仍时有发生。这类事件将给运输企业和生产企业带来巨大的损失。

**事件 2：某大型连锁超市的供应商入库量大、手续繁、耗时长**

某大型连锁超市是超市行业中的巨头之一，而为其送货的货车司机提起它却十分头疼。现在在大城市里，货车白天禁行，只能晚上送货，因而该超市的进库时间受到限制；而且由于地价因素，该超市的库房不大，只能依靠快速流通来满足需求。但是目前在该超市进货的过程中，从司机领取排号到核对运输单与订单，再到搬运入库清点等环节均为人工操作。于是每晚超市的库房门口总有排队的车队、焦躁的司机、忙碌的仓库工作人员，甚至还有等着回执单的供应商。

**事件 3：众多企业的库存盘点仍靠手工**

统计数据表明，目前在我国 1 000 万家中小企业中，实施信息化的比例还不到 10%，有些企业甚至仍然采用纯手工操作，而小型物流企业的信息化缺陷尤为明显：货物的堆放没有标准，导致盘点时工作人员还要一箱一箱地搬货物才行。

**问题：**

1. 请结合案例思考目前仓储行业面临的主要问题有哪些。
2. 针对以上问题提出解决策略。

## 一、入库作业

仓库入库作业涉及供应商、承运商、保险公司及收货单位等当事人的权利和义务关系。要做好仓储入库作业管理，首先应了解货物到库方式（例如供货单位送货到库、到承运单位提货、到供货单位提货、承运单位送货到库、过户、转库和零担到货等）；其次，应熟悉货物入库作业的核心环节——入库交接（例如货物验收程序、验收方法与标准、问题处置、账货管理等）；最后，应掌握入库手续的办理流程和操作规范，以及相关问题的处置方法。

## （一）入库作业的基本流程

入库作业是指仓储部门按照存货方的要求合理组织人力、物力等资源，按照入库作业程序，认真履行入库作业各环节的职责，及时完成入库任务的工作过程（见图 4-1）。

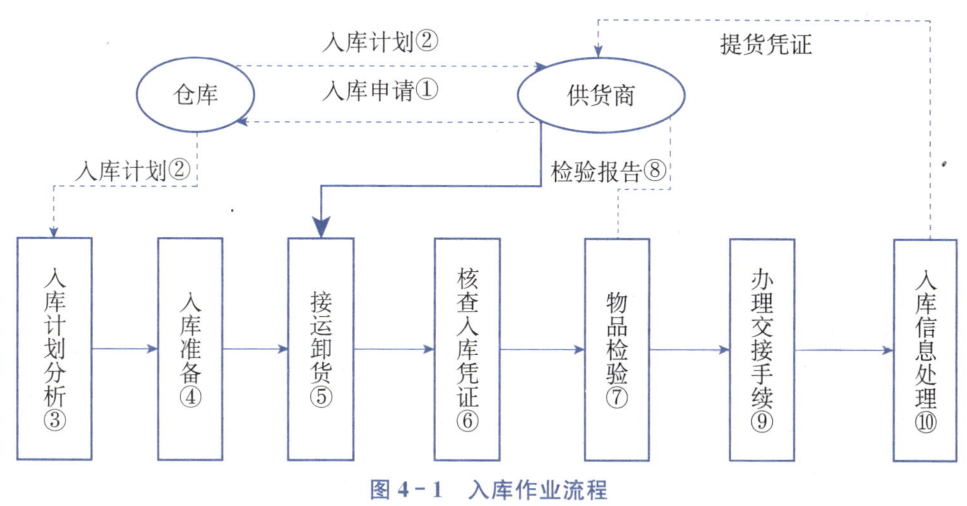


图 4-1 入库作业流程

### 1. 入库申请

入库申请是存货人对仓储服务产生需求，并向仓储企业发出需求通知。仓储企业接到申请之后，对此项业务进行评估并结合仓储企业自身业务状况做出反应，或拒绝该项业务，并做出合理解释，以求客户的谅解；或接受此项业务，制订入库作业计划，并分别传递给存货人和仓库部门，做好各项准备工作。所以，入库申请是生成入库作业计划的基础和依据。

### 2. 制订入库计划

存货人在储存货物之前，会以仓储合同或保管合同的形式将其存放货物的种类、规格、数量、性质、入库时间、保管时间、保管条件等信息明确地告知仓储部门。这时，仓库计划人员就可以对其进行分析，编制具体的入库作业计划，说明作业程序与内容，并及时通知各部门做好相应的准备工作，以保证入库的顺利进行。通常，制订入库计划包括以下工作内容：

（1）了解货物入库的时间、数量、包装形式、规格；

（2）计划货物所需占用的仓容大小；

（3）预测车辆到达的时间及送货车型；

（4）为了方便装卸搬运，计划车辆的停放位置；

（5）计划货物的临时存放地点；

（6）确定入库作业的相关部门。

可以看出，计划人员负责将信息进行分解，把相应信息下发到各个部门，再由各部门做好入库的具体准备内容。

**3. 入库准备**

仓库各部门根据入库计划及时地做好入库前的准备工作，是确保货物准确迅速入库的重要环节，也是避免差错、减少浪费的有效措施，这需要由仓库各业务部门、管理部门、设备部门分工协作，相互配合。

（1）信息准备。

在接到入库计划后，仓库业务员要及时获得货物信息，包括：发货时间、发货地点、运输方式、在途天数、预计到货时间、到货地点、联系电话，货物的名称、规格、数量、包装、形状、单件体积、理化性质、保管要求，自提还是送货上门、是否需要与货站结算货款等。必要时要向存货人进行询问核实，确保准确无误，便于后续工作的顺利开展。

（2）场地准备。

根据货物的入库时间、数量、性质、保管要求等信息，结合货物的堆码要求，计算货位面积，确定所需的存储空间和仓库条件，并对该仓库进行清查，整理剩余货物，腾出仓容，清扫消毒，准备好存货场所。

1）平置库货位准备。

根据入库计划，在物品到达前将存储的位置和所需的货位面积予以确定。

首先，确定物品存储的位置主要考虑平置库平面布局、物品在库时间、物品物动量高低等关键因素，高物动量的物品，在库时间一般较短，所以应放置在离通道或库门较近的地方。

其次，确定物品所需货位面积所必须考虑的因素有仓库的可用高度、仓库地面载荷、物品包装物所允许的堆码层数以及物品包装物的长、宽、高。

计算占地面积的公式如下：

➢ 单位包装物面积＝长×宽

➢ 单位面积重量＝单位货物毛重÷单位面积

➢ 可堆层数：

从净高考虑：层数 $a$＝库高÷箱高

从地坪载荷考虑：层数 $b$＝地坪单位面积最高载荷量÷单位面积重量

从包装承压能力考虑：层数 $c$＝包装堆码极限

可堆层数＝min｛层数 $a$，层数 $b$，层数 $c$｝

➢ 占地面积＝（总件数÷可堆层数）×单位包装物面积

2）货架库货位准备。

计划入库物品如果上架存储，在明确存储位置和所需货位数量的同时还要准备好相应数量的托盘。

为保证计划入库物品能够顺利入库，仓管人员应在入库前准备好足够的货位和上架所需的托盘。在计算所需货位及托盘数量时所应考虑的因素包括：计划入库的物品种类及包装规格；货架货位的设计规格；所需托盘规格；叉车作业要求；作业人员的熟练程度与技巧。

注意：货架库入位与平置库入位不同的地方还包括货位净高的要求，以及叉车作业空间的预留，一般预留空间≥90 毫米。

(3) 设备准备。

在货物到库之前，根据其种类、包装、规格、数量等情况，确定装卸搬运及检验的方法，并准备相应的车辆、检验器材、移动照明、撬棍、锤子、堆码的工具，以及搬运危险品需要的必要防护用品。

(4) 人员准备。

根据作业量的大小及专业化程度的高低，安排数量相符、技能娴熟的搬运、堆码、检验等相关作业人员，如遇特殊货物，还须对人员进行作业前培训及安全教育，保证货物到达后人员及时到位，安全高效地完成工作任务。

(5) 货位准备。

根据货位的使用原则，妥善安排货位，并进行彻底清扫，清除残留物，检查照明、通风等设备，发现问题及时解决。

(6) 单证准备。

仓库管理员需根据入库计划将作业时所需的入库记录单、验收单、货卡等各种单据、凭证、报表事先准备好，并预填妥善，以备使用。

(7) 苫垫用品准备。

根据货物的性质、数量、保管要求、堆码形式、储存场所等因素，确定货垛的苫垫形式，并准确计算出所需苫垫材料的数量和种类，预先准备充足，做到堆码的同时就完成苫垫工作，以提高工作效率，降低成本。

**4. 货物接运**

货物的接运是入库业务流程的第一道作业环节，也是仓库直接与外部发生的经济联系。它的主要任务是及时而准确地向交通运输部门提取入库货物，要求手续清楚、责任分明，为仓库验收工作创造有利条件。因为接运工作是仓库业务活动的开始，如果接收了损坏的或错误的货物，那将直接导致货物出库装运时出现差错。接运工作完成的质量直接影响货物的验收和入库后的保管保养。因此，在接运由交通运输部门转运的货物时，必须认真检查，分清责任，取得必要的证件，避免将一些在运输过程中或运输前就已经损坏的货物带入仓库，造成验收中责任难分和在保管工作中的困难或损失。

**5. 审核单据、验收**

货物到库后，首先要核对入库凭证，然后要核查供货单位提供的发票、产品说明书、质量合格证书、装箱单、磅码单、发货明细等，最后还要核查承运部门提供的运单。如果在入库时货物已经发生货损货差现象，还须索取货运记录或普通记录。在核对证件时，要注意检查它们的真实性、合法性、有效性以及是否与实物相符。

单证审核完毕后，货物交接前需要对其进行验收。验收主要有两个方面：(1) 数量验收，是指大数验收，只清点货物大包装的数量是否与单证相符，一般采用逐件清点或是堆码点数的方法；（2）包装检验，即先检查外包装是否出现破损、浸湿、油污、渗漏、变形等异常情况，再打开货物的外包装，检查货物是否发生破损，若有异常必须做好记录。在验收无误的情况下，再与仓库业务人员办理货物的交接手续。

**6. 办理交接手续**

验收无误后，就可以办理入库手续，包括入库货物的信息录入、建立物料明细卡、货物登账、建立仓库工作档案和签单。信息录入是将入库货物的相关数据通过手工或条码扫描的形式录入到仓储管理系统中，以便查询、管理。根据《入库通知单》所列的内容填写物料明细卡，要反映出该货物的品名、型号、规格、数量、单位及进出动态和积存数，要做到入库后立即建卡，一垛一卡。然后在仓库实物保管明细账上登记货物的入库、出库、结存等详细情况，并要经常核对，保证账、卡、货相符。建立仓库工作档案的目的是便于货物管理和客户联系，作为发生争议时的凭证，同时也有助于总结和积累仓储管理的经验，更好地提供仓储服务。在货物验收入库后，还要按照《仓库货物验收记录》的要求准确签回单据，以便向供货单位表明收到货物的情况。

**7. 存放指定货位**

根据仓库内货位的分配原则和货物的属性特征，为其安排合理的存放位置。在安排货位时，还要考虑货物的出入库频率、搬运的省力性、操作的安全性、管理的方便性、养护的简便性、设备的可操作性、空间的利用率等多方面因素。

以上环节是入库作业的基本作业内容，在实际中，由于储存场所的条件不同、仓库的性质不同、货物的种类特性不同，以及储存的时间不同，会增加或减少一些其他的作业内容，比如有的仓库需要对货物在入库时进行拆包，将大包装变为小包装，就会增加流通加工这一环节；再如危险品或是紧急物资，在入库时就会尽量减少环节，缩短作业时间。因此，做组织货物入库时，需要结合实际的作业特点，设计合理的入库流程。

入库过程应有哪些岗位的人员参与？

## （二）入库操作

**1. 货物接运**

接运工作是仓库业务活动的开始，是货物入库和保管的前提，所以接运工作的好坏直接影响货物的验收和入库后的保管保养。

由于接运工作直接与交通运输部门接触，所以做好接运工作还需要熟悉交通运输部门的要求和制度。例如，发货人与运输部门的交接关系和责任的划分，铁路或航运、海运等运输部门在运输中应负的责任，收货人的责任，铁路或其他运输部门编制普通记录和商务记录的范围，向交通运输部门索赔的手续和必要的证件等。

做好货物接运业务管理的主要意义在于：防止把在运输过程中或运输之前已经发生的货物损害和各种差错带入仓库，减少或避免经济损失，为验收和保管保养创造良好的条件。

接运方式大致上有 4 种，现将各种接运方式的注意事项分别叙述如下：

(1) 车站、码头接货。

提货人员对所提取的货物应了解其品名、型号、特性和一般保管知识、装卸搬运注意事项等。在提货前应做好接运货物的准备工作，如准备装卸运输工具、腾出存放货物的场地等。提货人员在到货前，应主动了解到货时间和交货情况，根据到货多少，组织装卸人员、机具和车辆，按时前往提货。

提货时应根据运单及有关资料详细核对品名、规格、数量，并要注意货物外观，查看包装、封印是否完好，有无沾污、受潮、水浸、油渍等异状。若有疑点或不符，应当场要求运输部门检查。对短缺损坏情况，凡属铁路方面责任的，应做出商务记录；属于其他方面责任、需要铁路部门证明的，应做出普通记录，由铁路运输员签字。注意记录内容与实际情况要相符合。

在短途运输中，要做到不混不乱，避免碰坏损失。危险品应按照危险品搬运规定办理。

货物到库后，提货员应与保管员密切配合，尽量做到提货、运输、验收、入库、堆码成一条龙作业，从而缩短入库验收时间，并办理内部交接手续。

(2) 专用线接车。

接到专用线到货通知后，应立即确定卸货货位，力求缩短场内搬运距离；组织好卸车所需要的机械、人员及有关资料，做好卸车准备。

车皮到达后，引导对位，进行检查。看车皮封闭情况是否良好（即卡车、车窗、铅封、苫布等有无异状），根据运单和有关资料核对到货品名、规格、标志和清点件数；检查包装是否有损坏或有无散包；检查是否有进水、受潮或其他损坏现象。在检查中若发现异常情况，应请铁路部门派员复查，做出普通或商务记录，记录内容应与实际情况相符，以便交涉。

卸车时要注意为货物验收和入库保管提供便利条件，分清车号、品名、规格，不混不乱；保证包装完好，不碰坏，不压伤，更不得自行打开包装。应根据货物的性质合理堆放，以免混淆。卸车后在货物上应标明车号和卸车日期。

编制卸车记录，记明卸车货位规格、数量，连同有关证件和资料，尽快向保管人员交代清楚，办好内部交接手续。

(3) 仓库自行接货。

仓库接受货主委托直接到供货单位提货时，应将这种接货与出验工作结合起来同时进行。

仓库应根据提货通知，了解所提取货物的性能、规格、数量，准备好提货所需要的机械、工具、人员，配备保管人员在供方当场检验质量、清点数量，并做好验收记录，接货与验收合并一次完成。

(4) 库内接货。

存货单位或供货单位将货物直接运送到仓库储存时，应由保管人员或验收人员直接与送货人员办理交接手续，当面验收并做好记录。若有差错，应填写记录，由进货人员签字证明，据此向有关部门提出索赔。

接运的重要意义在于什么?

**2. 检查入库凭证**

一般来说，入库货物必须具备下列凭证：

(1) 入库通知单和订货合同副本，这是仓库接受货物的凭证。

(2) 供货单位提供的材质证明书、装箱单、磅码单、发货明细表等。

(3) 货物承运单位提供的运单。若货物在入库前发现残损情况，还要有承运部门提供的货运记录或普通记录，作为向责任方交涉的依据。

核对凭证，也就是将上述凭证加以整理，全面核对。入库通知单、订货合同要与供货单位提供的所有凭证逐一核对，相符后才可进行下一步实物检验。

入库凭证具体包括哪些?

**3. 货物验收**

凡货物进入仓库储存，必须经过检查验收。只有验收后的货物，方可入库保管。货物入库验收是仓库把好“三关”(入库、保管、出库)的第一道关，抓好货物入库质量关，能防止劣质货物流入流通领域，划清仓库与生产部门、运输部门以及供销部门的责任界限，也为货物在库场中的保管提供第一手资料。

(1) 货物验收的基本要求。

1) 及时。到库货物必须在规定的期限内完成验收入库工作。这是因为，货物虽然到库，但未经过验收的货物没有入账，不算入库，不能供应给用料单位。只有及时验收，尽快提出检验报告才能保证货物尽快入库入账，满足用料单位的需求，加快货物和资金的周转。同时，货物的托收承付和索赔都有一定的期限。如果验收时发现货物不合规定或要求，均应在规定的期限内提出退货、换货或赔偿等请求。否则，供方或责任方不再承担责任，银行也将办理拒付手续。

2) 准确。验收应以货物入库凭证为依据，准确查验入库货物的实际数量和质量状况，并通过书面材料准确地反映出来，做到货、账、卡相符，提高账货相符率，降低收货差错率，提高企业的经济效益。

3）严格。仓库的各方都要严肃认真地对待货物验收工作。验收工作的好坏直接关系国家和企业的利益，也关系以后各项仓储业务的顺利开展。因此，仓库领导应高度重视验收工作，直接参与的验收人员要以高度负责的精神来对待这项工作，明确每批货物验收的要求和方法，并严格按照仓库验收入库业务的操作程序办事。

验收时，多数情况下，不但需要检验设备和验收人员，而且需要装卸搬运机具和设备以及相应工种工人配合。这就要求各工种密切协作，合理组织调配人员与设备，以提高作业效率，节省作业费用。此外，在验收工作中，尽可能保护原包装，减少或避免破坏性试验，这也是提高作业效率和经济性的有效手段。

（2）货物的验收程序（见图 4－2）。

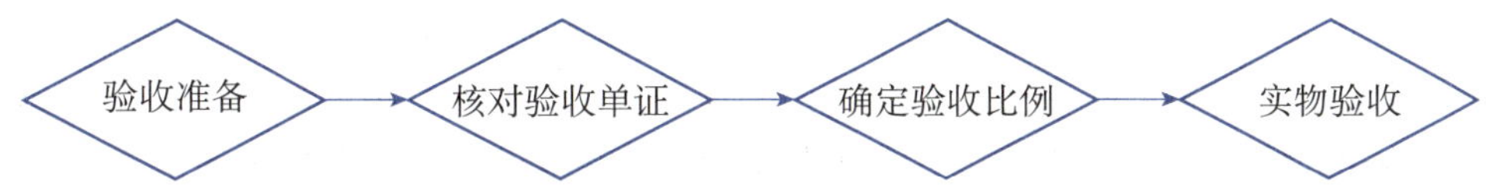


**图 4－2　货物的验收程序**

1）验收准备。

为了配合仓库有计划地安排储位，合理调配装卸作业所需劳力及器具，货主单位或承运商需在货物到达对应仓库前，将批量供货计划、到货时间告知对应仓库负责人，仓库根据供货计划提前做好接货准备。

仓库负责人根据当日送货信息及直供计划，按货物类别、数量、保管特性评估占用面积及安排进货储位，提前做好腾仓清扫及卸货准备。对特殊货物，仓库需根据卸货堆码要求，配备相应的装卸堆码工具及必要防护用具。

2）核对验收单证。

核对证件包括以下两方面的内容：

a. 核对供货单位提供的验收凭证，包括订单、交接协议、质量保证书、装箱单、磅码单等。

b. 核对承运单位提供的运输单证，包括提货通知单和货物残损清单的货运记录、普通记录和公路运输交接单等。

在核实、查对以上凭证时，如果发现证件不齐或不符等情况，要与货主、供货单位、承运单位和有关业务部门及时联系，对与单据不符的货物（超出数量、串货、收货地点不符等），仓库不予收货。

3）确定验收比例。

由于仓库条件和人力的限制，对某些批量很大、在短时间内难以全部接收，或全部打开包装会影响储存和销售的货物，可采用抽验方法。抽验比例首先以合同规定为准，合同没有规定的，确定抽验的比例一般应考虑以下因素：

a. 货物价值。货物价值高的，抽验比例大，反之则小，有些价值特别大的货物应全验。

b. 货物的性质。货物性质不稳定的或质量易变化的，验收比例大，反之则小。

c. 气候条件。在雨季或黄梅季节，怕潮货物抽验比例大，在冬季，怕冻货物抽验比例大，反之则小。

d. 储存时间。入库前，储存时间长的货物，抽验比例大，反之则小。

在按比例抽验时，若发现货物变质、短缺、残损等情况，应考虑适当扩大验收比例，直至全验，彻底查清货物的情况。

4）实物验收。

实物验收包括内在质量、外观质量、数量、重量和精度验收。当货物入库交接后，应将货物置于待检区域，仓库管理员及时进行外观质量、数量、重量和精度验收，并进行质量送检。

a. 外观质量验收。外观质量验收的方法主要采用看、听、摸、嗅等感官检验方法。要准确进行外观质量检验，就要求保管员拥有丰富的识货能力和判断经验。外观质量验收的内容包括外包装完好情况、外观缺陷、外观受损情况和受潮、霉变、锈蚀情况等。

b. 数量验收。

点件法，指逐件清点。

抽验法，指按一定比例开箱点检的验收方法。

检斤验收法，指对非定量包装的、无磅码单的货物，进行打捆、编号、过磅和填制磅码单的验收方法。

c. 重量验收。货物的重量一般有毛重、净重之分。毛重是指货物重量加包装重量的实重。净重是指货物本身的重量。我们通常所说的货物重量，是指货物的净重。重量验收是否合格，是根据验收的磅差率与允许的磅差率范围的比较进行判断的，若验收的磅差率未超出允许磅差率范围，说明该批货物合格；反之，说明该批货物不合格。磅差是指由于不同地区的地心引力差异、磅秤精度差异及运输装卸损耗的因素造成重量过磅数值的差异。

验收的流程和要求是什么？

（3）验收中发现问题的处理。

货物验收中，可能会发现诸如证件不齐、数量短缺、质量不符合要求等问题，应区别不同情况，及时处理。

1）凡验收中发现问题等待处理的货物，应该单独存放，妥善保管，防止混杂、丢失、损坏。

2）数量短缺在规定磅差范围内的，可按原数入账；凡超过规定磅差范围的，应查对核实做成验收记录和磅码单交主管部门会同货主向供货单位交涉。凡实际数量多于原发数量的，可由主管部门向供货单位退回多发数，或补发货款。在货物入库验收过程中发生的数量不符，可能是因为发货方在发货过程中出现了差错、误发了货物，或者是在运输过程中丢失了货物等。在货物验收过程中，如果对数量不进行严格的检验，就会给仓库造成经

济损失。

3）质量不符合规定时，应及时向供货单位办理退货、换货交涉，或征得供货单位同意代为修理，或在不影响使用前提下降价处理。货物规格不符或错发时，应先将规格对的予以入库，规格不对的做成验收记录交给主管部门办理换货。

4）证件未到或不齐时，应及时向供货单位索取，到库货物应作为待检验货物堆放在待验区，待证件到齐后再进行验收。证件未到之前，不能验收，不能入库，更不能发料。

5）凡属承运部门造成的货物数量短少或外观包装严重残损等，应凭借提货时索取的货运记录向承运部门索赔。

6）凡价格不符，供方多收部分应予拒付，少收部分经过检查核对后应主动联系供方，及时更正。

7）凡入库通知单或其他证件已到，在规定的时间未见货物到库时，应及时向主管部门反映，以便查询处理。

**4. 办理入库手续**

货物检验合格后，即应办理入库手续，进行上账、建卡、建档，这是货物验收入库阶段的最后环节。货物入库上账，除仓库的财务部门有货物明细账凭以结算外，仓库也要建立详细反映库存货物进、出和存的保管明细账，用以记录库存货物的动态，并为对账提供主要依据。签单和入库单流转也是这个阶段需要完成的工作。

（1）上账。

上账应遵循以下的规则：

1）使用管理信息系统的仓库。

上账必须以正式合法的凭证为依据，如货物入库单和调拨单、存料单等。保管员对入库货物检查清点后，经复核后在信息管理系统中调出对应仓库验收单据，按实收货物品项及数量作收货审核，系统数据成功生成后，打印一联仓库验收单据，加盖仓库收货专用章交厂商送货人作结算凭据，保管员打印一联留底保存。

2）未使用管理信息系统的仓库。

上账必须以正式合法的凭证为依据，如货物入库单和调拨单、存料单等。一律使用蓝、黑色墨水笔登账，用红墨水笔冲账。当发现登账错误时，不得刮擦、挖补、涂抹或用其他药水更改字迹，应在错处划一红线，表示注销，然后在其上方填上正确的文字或数字，并在更改处加盖更改者的印章，红线划过后的原来字迹必须仍可辨认。记账应连续、完整，依日期顺序记录，不能隔行、跳页，账页应依次编号，年末结存后转入新账，旧账页入档妥善保管。

3）记账时，其数字书写应占空格的 2/3 空间，便于改错。

（2）建卡。

货卡又叫料签、料卡、保管卡。它是一种实物标签，上面标明货物的名称、规格、数量或出入状态等内容，一般挂在上架货物的下方或放在堆垛货物的正面。货物保管卡包括标识卡和储存卡等。

货物标识卡，用于表明货物的名称、规格、供应商和批次等。根据ISO 9000质量体系认证的要求，在仓库中应根据货物的不同供应商和不同入库批次，按可追溯性要求，分别设置待检、不合格和合格等状态的标识卡，如图4－3所示。

| 待　检 | 合　格 | 不　合　格 |
| --- | --- | --- |
| 供应商名称＿＿＿＿ | 供应商名称＿＿＿＿ | 供应商名称＿＿＿＿ |
| 名称＿＿＿＿＿＿ | 名称＿＿＿＿＿＿ | 名称＿＿＿＿＿＿ |
| ＿＿＿＿＿＿ | ＿＿＿＿＿＿ | ＿＿＿＿＿＿ |
| 进货日期/批号/生产日期 | 进货日期/批号/生产日期 | 进货日期/批号/生产日期 |
| ＿＿＿＿＿＿＿＿ | ＿＿＿＿＿＿＿＿ | ＿＿＿＿＿＿＿＿ |
| 标记日期＿年＿月＿日 | 标记日期＿年＿月＿日 | 标记日期＿年＿月＿日 |
| 标记人： | 标记人： | 标记人： |
| 备注： | 备注： | 备注： |

**图4－3　货物标识卡**

储存卡是用于表明货物的入库、出库与库存动态的标识，如表4－1所示。

**表4－1　保管（储存）卡**

品名＿＿＿＿＿＿　规格＿＿＿＿＿＿

| 年 | | 入库数量 | 发出数量 | 结存数量 | 摘要 |
| --- | --- | --- | --- | --- | --- |
| 月 | 日 | | | | |
| | | | | | |
| | | | | | |
| | | | | | |
| | | | | | |
| | | | | | |
| | | | | | |
| | | | | | |
| | | | | | |

货物保管卡采用何种形式，应根据仓储业务需要来确定，基本要求：一货一卡。

（3）建立货物档案。

建立货物档案是为了对货物出入库凭证和技术资料进行分类归档保存。建立货物档案可以更好地管理货物的凭证和资料，防止散失，查阅方便，同时便于了解货物入库前后的活动全貌，有助于总结和积累仓库保管经验，研究管理规律，提高科学管理水平。建立货物档案的要求有：

1）货物档案应一物一档。

存档资料包括：货物出厂时的各种凭证和技术资料，如货物技术证明、合格证、装箱单、发货明细表等；货物运输单据、普通记录或货运记录、公路运输交接单等；货物验收

的入库通知单、验收记录、磅码单、技术检验报告；货物入库保管期间的检查、保养、损益、变动等情况的记录；库内外温湿度记载及对货物的影响情况；货物出库凭证。

2）货物档案统一编号。

在货物保管期间，可根据仓库情况，由业务机构统一管理或直接由保管员管理。某种货物全部出库后，除必要的技术证件必须随货同行不能抄发外，其余均应留在档案内，并将货物出库证件、动态记录等整理好一并归档。货物档案部分资料的保管期限，根据实际情况酌定，一般保存期限为3年。其中有些资料，如库区气候资料、货物储存保管的试验资料，应长期保留。

（4）签单。

货物验收入库后，应及时按照“仓库货物检验记录”的要求签回单据。签单有两个作用：一是向供货单位和货主表明收到货物的情况；二是如有短少等情况可作为货主向供货方交涉的依据。所以签单必须准确无误。

（5）入库单证流转。

货物验收工作由仓库保管员、计量员、复核员、业务受理员分工负责。仓库保管员负责作业的组织与货物的数量与外观质量的验收、计量、堆码、记录等，并向业务受理员提交货物验收的结果和记录。

1）业务受理员接收存货人的验收通知单（也可由存货人委托仓库开具）、货物资料（如质量保证书、磅码单、装箱单、说明书和合格证等），登建货物档案，并将存货人验收通知单作为《货物储存保管合同》附件的形式进行管理，其信息录入计算机中生成收货单。然后将存货人验收通知单作为验收资料和收货单及其他验收资料一并交仓库保管员。

2）仓库保管员根据业务受理员提供的收货单、验收资料、计量方式等确定验收方案、储存货位、堆码方式、所需人力、设备等，做好验收准备工作。

3）由仓库保管员进行作业安排，进行验收入库作业，做好有关记录和标识。

4）货物验收完毕后，仓库保管员手工出具验收码单一式一联，一并交给复核员，同时负责作业现场与货位的清理和货牌的制作、悬挂。

5）复核员依据收货单、验收码单对实物的品名、规格、件数、存放货位等逐项核对，签字确认后返回给仓库保管员。

6）仓库保管员在经复核员签字的收货单、验收码单诸联上加盖“货物验收专用章”后，将验收码单录入到计算机中，据此生成仓单附属码单，根据验收结果填写存货人验收通知和收货单，并与其他验收资料一并转回业务受理员处。

7）业务受理员对仓库保管员返回的单据和验收资料审核无误后，由计算机打印仓单附属码单一式两联，依据收货单、验收码单、计算机打印的仓单附属码单（1）（2）联、存货人验收通知，以及有关验收资料、记录，报经主管领导或授权签字后，连同存货人验收通知、收货单、仓库附属码单（1）（2）联转给收费员。

8）收费员依据仓单、《货物储存保管合同》约定的收费标准，结算有关入库费用并出具收费发票。

9）业务受理员将仓单正联、存货人验收通知、仓单附属码单（1）联及收费单据等一并转交（寄）给存货人；其余单证资料留存并归档管理。

入库环节会出现哪些异常？如何处理？

## （三）货运交接责任划分及事故处理

### 1. 责任划分的必要性

运输是由发货单位、收货单位（或中转单位）和承运单位共同协作完成的。要完成货物从发货单位到收货单位的运输，就需要三方面的密切配合。而三方面都有各自的职责范围和责任范围，都存在各自独立的经济利益。只有划清三方面的责任界限，才能确保各方分工的工作质量，当发生运输事故时，由责任方承担经济赔偿。

### 2. 责任划分的原则

（1）发货单位负责。货物在承运前造成的损失，以及由于发货单位工作差错、处理不当造成的损失，由发货单位负责。

（2）中转单位负责。从接收中转货物起，到交通运输部门转运时止，所发生的损失和由于中转单位工作差错发生的损失，由中转单位负责。

（3）收货单位负责。货物运到收货地，收货单位与交通运输部门办好交接手续后，发生的损失或由于收货单位问题发生的损失，由收货单位负责。

（4）自承运货物时起［承运前保管的货物，车站（港）从收货时起］，至货物交付给收货单位或依照规定移交其他单位时止，发生的损失，由承运单位负责，但由于自然灾害、货物本身性质和发、收、中转单位的责任造成的损失，承运单位不予负责。

### 3. 运输事故的处理

货物在运输中，由于各种原因造成货物的短缺、破损、受潮以及其他差错事故，不管责任属于哪一方，都应保护现场，做好事故记录，划清责任界限，并以此作为事故处理和索赔的依据。处理运输事故，有关各方面应本着实事求是、客观反映真实情况、互相协助的精神，认真、妥善地处理好各类运输事故。

运输事故记录是正确分析事故产生的原因和处理事故的依据。因此，在运输事故发生的时候，必须把运输事故的详细情况记录下来。记录内容应包括收货单位、送货地点、运输单位、运输车号、货物明细（规格、品名、数量、单价）、发生事故情况等。

如果入库作业环节发生异常事故，你如何撰写异常事故报告？报告中应包含哪些内容？

# 二、在库作业

## （一）货物的装卸搬运

### 1. 装卸搬运的概念

在同一地域范围内（如车站范围、工厂范围、仓库内部等）以改变"物"的存放、支承状态的活动称为装卸，以改变"物"的空间位置的活动称为搬运，两者统称装卸搬运。有时候或在特定场合，单称"装卸"或单称"搬运"也包含了"装卸搬运"的完整含义。

在习惯使用中，物流领域（如铁路运输）常将装卸搬运这一整体活动称作"货物装卸"；在生产领域中常将这一整体活动称作"物料搬运"。实际上，活动内容都是一样的，只是领域不同而已。

国家标准《物流术语》（GB/T 18354－2006）中对于装卸和搬运是这样定义的：装卸（loading and unloading）是指物品在指定地点以人力或机械实施垂直位移作业；搬运（handling carrying）是指在同一场所内，对物品进行水平移动为主的作业。

在实际操作中，装卸与搬运是密不可分的，两者是伴随在一起发生的。因此，在物流科学中并不过分强调两者差别而是作为一种活动来对待。

什么是装卸？什么是搬运？二者是否相同？

### 2. 装卸搬运的重要性

装卸活动的基本动作包括装车（船）、卸车（船）、堆垛、入库、出库以及联结上述各项动作的短程输送，是随运输和保管等活动而产生的必要活动。

在物流过程中，装卸活动是不断出现和反复进行的，它出现的频率高于其他各项物流活动，每次装卸活动都要花费很长时间，所以往往成为决定物流速度的关键。装卸活动所消耗的人力也很多，所以装卸费用在物流成本中所占的比重也较高。以我国为例，铁路运输的始发和到达的装卸作业费占运费的 20%左右，船运占 40%左右。因此，为了降低物流费用，装卸是个重要环节。

此外，进行装卸操作时往往需要接触货物，因此，这是在物流过程中造成货物破损、散失、损耗、混合等损失的主要环节。例如袋装水泥纸袋破损和水泥散失主要发生在装卸过程中，玻璃、机械、器皿、煤炭等产品在装卸时最容易造成损失。

由此可见，装卸活动是影响物流效率、决定物流技术经济效果的重要环节。

### 3. 装卸搬运的特点

（1）装卸搬运是附属性、伴生性的活动。装卸搬运是物流每一项活动开始及结束时必然发生的活动，因而常被人忽视，有时被看作其他操作时不可缺少的组成部分。例如，一般而言的“汽车运输”，就实际包含了相随的装卸搬运，仓库中泛指的保管活动，也含有装卸搬运活动。

（2）装卸搬运是支持、保障性活动。装卸搬运的附属性不能理解成被动的，实际上，装卸搬运对其他物流活动有一定决定性。装卸搬运会影响其他物流活动的质量和速度，例如，装车不当，会引起运输过程中的损失；卸放不当，会引起货物转换成下一步运动的困难。许多物流活动在有效的装卸搬运支持下，才能实现高水平。

（3）装卸搬运是衔接性的活动。在任何其他物流活动互相过渡时，都是以装卸搬运来衔接，因而，装卸搬运往往成为整个物流“瓶颈”，是物流各功能之间能否形成有机联系和紧密衔接的关键，而这又是一个系统的关键。建立一个有效的物流系统，关键看这一衔接是否有效。联合运输方式就是着力解决这种衔接而出现的。

**4. 如何提高装卸搬运效率**

为了提高物流质量和效率，装卸作业还应当注意以下几项要求：

（1）减少不必要的装卸环节。

从物流过程分析，装卸作业环节不仅不增加货物的价值和使用价值，反而有可能增加货物破损的可能性和相应的物流成本。系统地分析研究物流过程各个装卸作业环节的必要性，取消、合并装卸作业和次数，避免进行重复的或可进行也可不进行的装卸作业，是减少不必要装卸环节的重要保证。

（2）提高装卸作业的连续性。

必须进行的装卸作业应按流水作业原则运作，各工序间应密切衔接；必须进行的换装作业，也应尽可能采用直接换装方式。

（3）装卸地点相对集中。

装载、卸货地点的相对集中，可以提高装卸工作量，易于采用机械化作业方式。在货物堆场上，应将同类货物的作业集中在一起进行，以便于采用机械化、自动化作业。

（4）力求装卸设备、设施、工艺等标准化。

为了促进物流各环节的协调，就要求装卸作业各工艺阶段间的工艺装备、设施、效率与组织管理工作相协调。装卸作业的工艺、装备、设施、货物单元或包装、运载工具、集装工具、信息处理等作业的标准化、系列化、通用化，这是装卸作业实现机械化、自动化的基本前提。

（5）提高货物集装化或散装化作业水平。

成件货物集装化、粉粒状货物散装化是提高作业效率的重要方向。所以，成件货物尽可能集装成托盘系列、集装箱、货捆、货架、网袋等货物单元再进行装卸作业。各种粉粒状货物尽可能采用散装化作业，直接装入专用车、船、库。不宜大量化的粉粒状货物也可装入专用托盘箱、集装箱内，提高货物活化指数，便于采用机械设备进行装卸作业。

（6）做好装卸现场组织工作。

使装卸现场的作业场地、进出口通道、作业线长度、人机配置等布局设计合理，能使现有的和潜在的装卸能力充分发挥或发掘出来。避免由于组织管理工作不当造成装卸现场拥挤、阻塞、紊乱现象，确保装卸工作能够安全顺利地进行。

## （二）货物的堆码与苫垫

### 1. 货物堆码

堆码也称码垛，就是将存放的货物整齐、规划地摆放成货垛的作业，也就是根据货物的包装外形、重量、数量、性能和特点，结合地坪负荷、储存时间，将货物分别堆成各种垛形。苫垫是对货物苫盖和垫垛的简称。“苫”是指在货垛上加上遮盖物，避免直接受到风、雪、雨、雾、日晒的侵蚀；“垫”是指在货物垛底加衬垫物，防止受潮、受水浸。合理的堆码、妥善的苫垫是货物保管保养的一项重要工作，也是仓库做好货物管理的一个重要环节。

（1）货物堆码的原则。

货物堆码是根据货物的特性、形状、规格、重量及包装质量等情况，同时综合考虑地面的负荷、储存的要求，将货物分别叠堆成各种码垛。科学的货物堆码技术、合理的码垛，对提高入库货物的储存保管质量、提高仓容利用率、提高收发作业及养护工作的效率，都有着不可低估的重要作用。

货物在堆码过程中应符合下列各项要求：

1）合理。货物堆垛时选择的垛形必须适合货物的性能特点，同时要考虑仓库的设备、面积、条件等情况。对不同品质、规格、牌号、等级、批次、产地、单价的货物，均应分开堆码，以便合理保管。要合理确定墙距、垛距、柱距、灯距、顶距和走、支道的宽度。堆垛时要分清先后次序，贯彻“先进先出”的原则。

2）牢固。货垛必须不偏不斜、不倒不歪，不压坏底层货物和地坪，确保货物堆垛安全牢固。

3）定量。每行每层数量力求成整数，尽量做到“五五摆放”。过磅货物不能成整数时，每层应明显分隔，标明重量。这样便于清点和发货。

4）整齐。垛形应有一定规格，货垛排列整齐有序，横竖均成行、成列。货物的包装标记和标志一律朝外。

5）节省。堆垛时要考虑节省货位，提高仓容利用率，节约劳动消耗，节约苫垫材料。

6）方便。堆垛时必须考虑到检查、拆垛、分拣、发货等作业的方便和保证装卸作业的机械化水平。

（2）货物堆码方式。

1）散堆方式。

散堆即将无包装的散货在库场上堆成货堆的存放方式。这种方式特别适用于大宗散货，如煤炭、矿石、散粮和散化肥等，也可适用于库内的少量存放的谷物、碎料等散装货物。散堆法是直接用堆扬机或者铲车从确定的货位后端起，直接将货物堆高，到达预定高度后，逐步后退堆货，后端先形成立体梯形，最后成垛，整个垛形呈立体梯形状。由于散货具有流动、散落性，堆货时不能堆到太靠近垛位四边，以免散落使货物超出预定的货位。决不能采用先堆高后平垛的方法堆垛，因为堆超高时会对场地地面造成破坏。这种堆码方式简便，便于采用现代化的大型机械设备，节省包装费用，提高仓容的利用率，降低运费，因此是目前货物库场堆存的一种趋势。

2）货架方式。

即采用通用或者专用的货架进行货物堆码的方式，适合于存放小件货物或不宜堆高的货物。采用货架能够提高仓库的利用率，减少货物存取时的差错。

3）成组堆码方式。

采用成组工具可使货物的堆存单元扩大。常用的成组工具有货板、托盘和网络等。成组堆码一般每垛3～4层，这种方式可以提高仓库利用率，实现货物的安全搬运和堆存，提高劳动效率，加快货物流转。

4）垛堆方式。

垛堆方式指对有包装的货物（如箱、桶、袋、箩筐、捆、扎等）或长、大件货物进行堆码。其采用时应以增加堆高、提高仓容利用率、有利于保护货物质量为原则。

常见的货物堆码方式有重叠式、压缝式、通风式、缩脚式、纵横交错式、交叠式、仰伏相间式、衬垫式、宝塔式、牵制式、栽桩式、串联式以及鱼鳞式等。示例见图4-4。

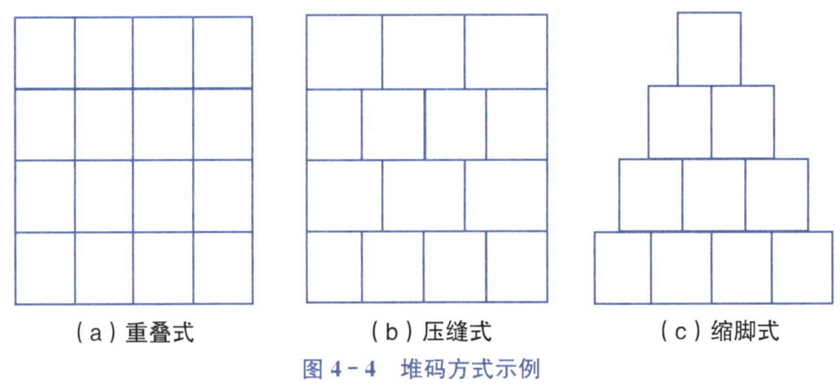


图4-4　堆码方式示例

a. 重叠式（见图4-5）。货物各层排列方式、数量完全相同，层间无交叉搭接，垛形整齐。这种垛形的优点是操作简单、计数容易、收发方便，缺点是稳定性差，易倒垛，因而常采用绳子、绳网、塑料弹性薄膜等辅助材料来防塌。

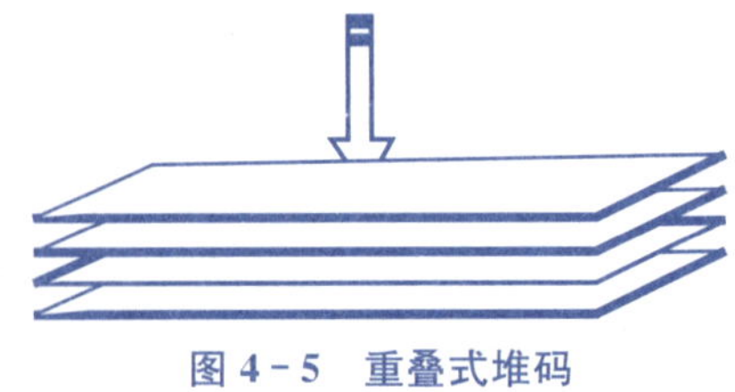

图4-5　重叠式堆码

此种垛形是机械化作业的主要垛形之一，适用于袋、箩筐、箱装货物、箱装货物及平板、片式货物、钢板、集装箱等。

b. 砌砖式。货垛上下两层排列的图谱正好旋转180°，层间互相搭接，因而稳定性较好，但是要求货物的长宽比为 2∶3 或 3∶4。

c. 纵横交错式（见图 4－6）。将长短一致、宽度排列能够与长度相等的货物，一层横放，一层竖放，纵横交错堆码，形成方形垛。长短一致的管材、棒材和狭长的箱装材料等均可用这种垛形。有些材料，如铸铁管、钢筋等，一头大、一头小的，要大、小头错开。这种货垛上下两层的货物的图谱正好旋转 90°，层间互相搭接，优点是稳定性较好，缺点是只能用于正方形托盘。这是机械化作业的主要垛形之一。

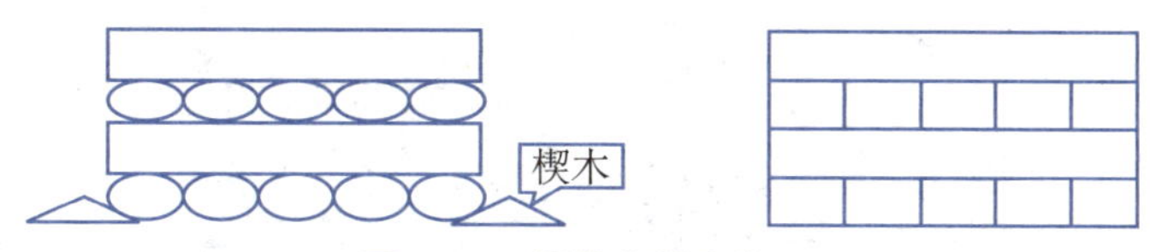

图 4－6　纵横交错式堆码

d. 中心留空通风式（见图 4－7）。需通风防潮的货物堆垛时，货物之间需留有一定的空隙。上下两层图谱方向对称，矩形、方形图谱均可采用。其优点是有利于通风、透气，适宜货物的保管养护，但是空间利用率较低。

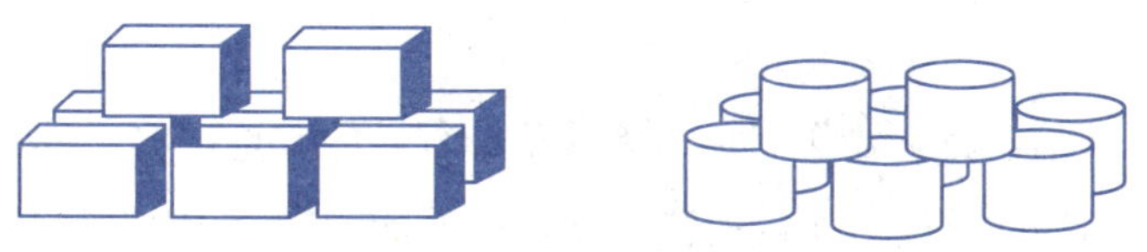
图 4－7　中心留空通风式堆码

e. 仰伏相间式。对上下两面有大小差别和凹凸的货物，如槽钢、钢轨、箩筐等，将货物仰放一层，再反一面伏放一层，相间相扣。此方式堆垛极为稳定，但操作不便。角钢和槽钢如果采用这种方式露天存放，应该是一头稍高，一头稍低，以利于排水。

f. 压缝式（见图 4－8）。这是一种较普遍使用的方法，它是将底层并排摆放，上层放在下层的两件货物之间。如果每层货物都不改变方向，则形成梯形，如果改变每层货物的方向，则类似于纵横交错式。常见的有“2 顶 1”“3 顶 2”“4 顶 1”“5 顶 3”等。它的优点是稳定性好、易苫盖、操作方便、节约仓容，缺点是不便清点货物。它主要适用于建筑陶瓷、阀门、桶形货物。

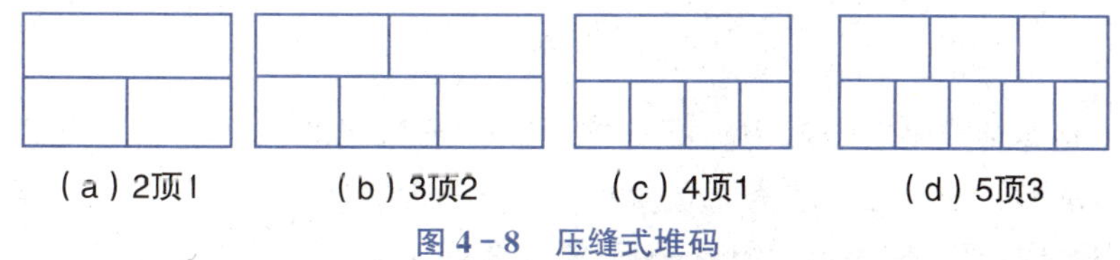

图 4－8　压缝式堆码

5）托盘堆码方式。

托盘码放的方式有重叠式、纵横交错式、旋转交错式和正反交错式四种，如图 4－9 所示。

（3）货物的堆垛设计。

为了达到货物堆垛的基本要求，必须根据保管场所的实际情况、货物本身的特点、装卸搬运条件和技术作业过程的要求，对货物堆垛进行总体设计。设计的内容是有垛基、垛

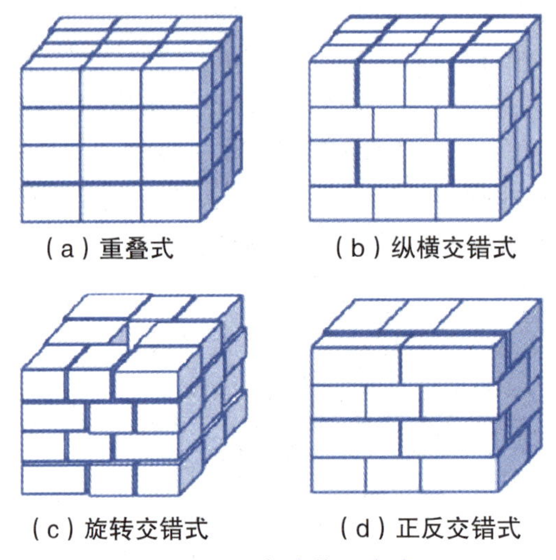


图 4-9　托盘堆码方式

形、货垛参数等。

1）垛基。

垛基是货垛的基础，其主要作用是，承受整个货垛的重量，将货物的垂直压力传递给地坪，将货物与地面隔离，起防水、防潮、通风的作用。垛基空间为搬运作业提供了方便条件。因此，对垛基提出以下要求：

a. 将整垛货物的重量均匀地传递给地坪。垛基本身要有足够的抗压强度和刚度。为了防止地坪被压陷，应扩大垛基同地坪的接触面积，衬垫物要有足够的密度。

b. 保证垛基上存放的货物不发生变形。露天场地应平整夯实，衬垫物应放平摆正，所有衬垫物要同时受力，且受力均匀，大型设备的重心部位应增加衬垫物。

c. 保证良好的防潮和通风。垛基应为敞开式，有利于空气流通。可适当增加垛基的高度，特别是露天货场的垛基，其高度应在 30～50 厘米，必要时可增设防潮层，露天货场的垛基应保持一定的坡度，以利排水。

垛基分为固定式和移动式两种。移动式又分为整体式和组合式，组合式垛基机动灵活，可根据需要进行拼装。

2）垛形。

垛形是指仓库场地码放的货物外部轮廓形状。按垛底的平面形状可分为矩形、正方形、三角形、圆形、环形等。按货垛立面的形状可分为矩形、正方形、三角形、梯形、半圆形，还可以组成矩形-三角形、矩形-梯形等复合形状。

各种不同的立面货垛的特点如下：

a. 矩形垛、正方形垛易于堆码，盘点计数方便、库容整齐，能充分利用仓库空间，但稳定性较差。

b. 梯形垛、三角形垛、半圆形垛的稳定性好、易苫盖、排水性能好，但不易堆码，不便于计数，不能充分利用仓库空间。

c. 矩形-三角形、矩形-梯形等复合形货垛恰好兼有两者的优点，多用于露天存货的堆垛。

垛形的确定需要根据货物的特性、保管的需要，实施作业方便、迅速，能充分利用仓容。仓库常见的垛形有平台垛、起脊垛、行列垛、立体梯形垛、井形垛、梅花形垛等。

a. 平台垛。

平台垛（见图 4-10）即先在底层以同一个方向平铺摆放一层货物，然后垂直继续向上堆积，每层货物的件数、方向相同，垛顶呈平面，垛形呈长方体。实际操作中并不都是采用层层加码的方式，往往是从一端开始，逐步后移。平台垛适用于同一包装规格整份批量的货物、大袋货物、规则的成组货物、托盘成组货物等，常用于仓库内和无须遮盖的堆场放的货物码垛。

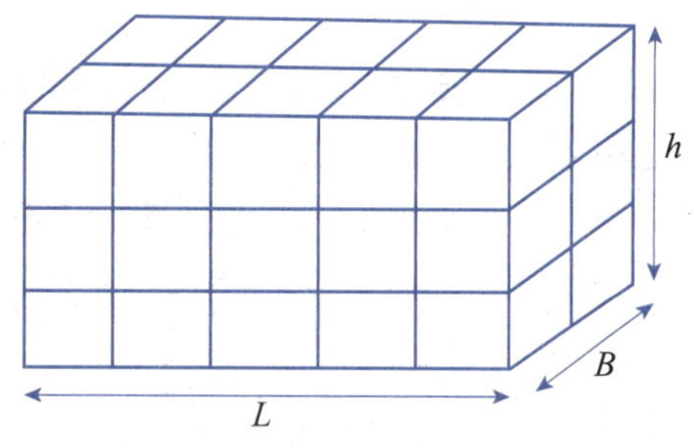


图 4-10 平台垛示意图

平台垛具有整齐、便于清点、占地面积小、方便堆垛操作的优点。但该垛形不具有很强的稳定性，特别是硬包装、小包装的货物有货垛端头倒塌的危险，所以在必要时（如太高、长期堆存、端头位于主要通道等）要在两端采取一定的加固措施。对于堆放很高的轻质货物，往往在堆码到一定高度后，向内收半件货物后再向上堆码，从而使货垛更加稳固。

标准平台垛的货物件数为：$A=L\times B\times h$。式中，$A$ 为总件数；$L$ 为长度方向件数；$B$ 为宽度方向件数；$h$ 为层数。

b. 起脊垛。

先按平台垛的方法码垛到一定的高度，以卡缝的方式将每层逐渐缩小，最后使顶部形成屋脊形。起脊垛（见图 4-11）是堆场场地堆货的主要垛形，货垛表面的防雨遮盖从中间起向下倾斜，方便排泄雨水，防止货物水湿。有些仓库由于陈旧或简陋有漏水现象，仓内的怕水货物也应采用起脊垛堆垛并遮盖。

起脊垛是平台垛为了适应遮盖、排水需要而做的变形，故具有平台垛操作方便、占地面积小的优点，适用平台垛的货物同样适用起脊垛。但是起脊垛由于顶部压缝缩小以及形状不规则，造成清点货物不便，顶部货物的清点需要在堆垛前以其他方式进行。另外，由于起脊的高度使货垛中间的压力大于两边，因而采用起脊垛时库场使用定额要以脊顶的高度来确定，以免中间底层货物或库场被压坏。

起脊垛的货物件数为：$A=L\times B\times h+$起脊件数。式中，$A$ 为总件数；$L$ 为长度方向

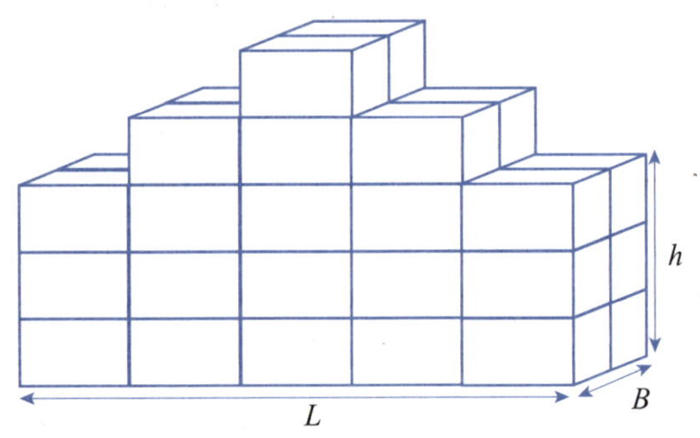

图 4-11　起脊垛示意图

件数；$B$ 为宽度方向件数；$h$ 为未起脊层数。

c. 行列垛。

行列垛（见图 4-12）将每批货物按行或列的方式进行排放，每行或列为一层或数层高。货垛呈长条形。行列垛适用于批量小的货物的码垛，如零担货物。为了避免混货，每批货物单独码放。长条形的货垛使每个货垛的端头都延伸到通道边，作业方便而且不受其他阻挡。但每垛货量较少，垛与垛之间都需留空，垛基小而不能堆高，因此占用较大的库场面积，库场利用率较低。

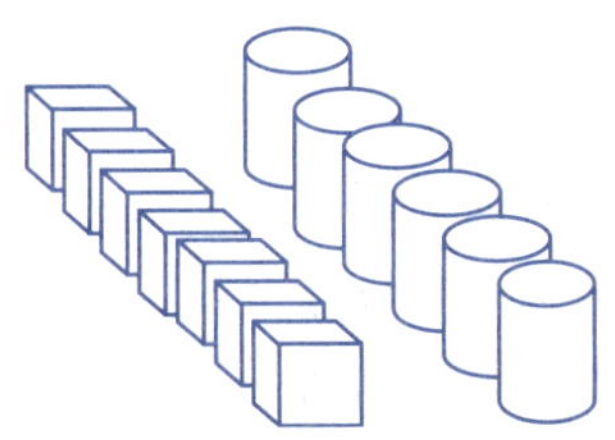
图 4-12　行列垛示意图

d. 立体梯形垛。

立体梯形垛（见图 4-13）是在最底层以同一方向排放货物的基础上，向上逐层同方向减数压缝堆码，垛顶呈平面，整个货垛呈下大上小的立体梯形状。立体梯形垛适用于包装松软的袋装货物和上层面非平面而无法垂直叠码的货物的堆码，如横放的卷形、桶装、捆包货物。立体梯形垛极为稳固，可以堆放得较高，充分发挥仓容利用率。对于在露天堆放的货物采用立体梯形垛，为了排水需要可以起脊变形。

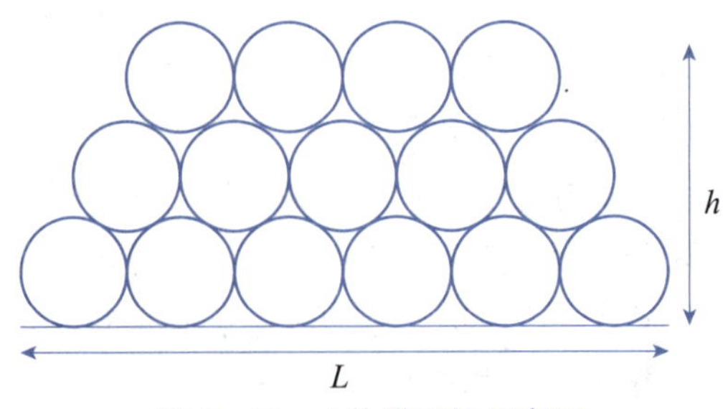

图 4-13　立体梯形垛示意图

为了增加立体梯形垛的空间利用率，在堆放可以立直的筐装、矮桶装货物时，底部数层可以采用平台垛的方式堆放，在码放一定高度后再使用立体梯形垛。

每层两侧面（长度方向）收半件（压缝）的立体梯形垛件数为：$A=(2\times L-h+1)\times h\times B/2$。式中，$A$ 为总件数；$L$ 为长度方向件数；$B$ 为宽度方向件数；$h$ 为层数。

e. 井形垛。

井形垛（见图 4-14）用于长形的钢管、钢材及木方的堆码。它是在以一个方向铺放一层货物后，以垂直方向进行第 2 层的码放，货物横竖隔层交错逐层堆放，垛顶呈平面。井形垛垛形稳固，但每垛边上的货物可能滚落，需要捆绑或者收进。井形垛不方便作业，需要不断改变作业方向。

井形垛总件数为：$A=(L+B)\times h/2$。式中，$A$ 为总件数；$L$ 为长度方向件数；$B$ 为宽度方向件数；$h$ 为层数。

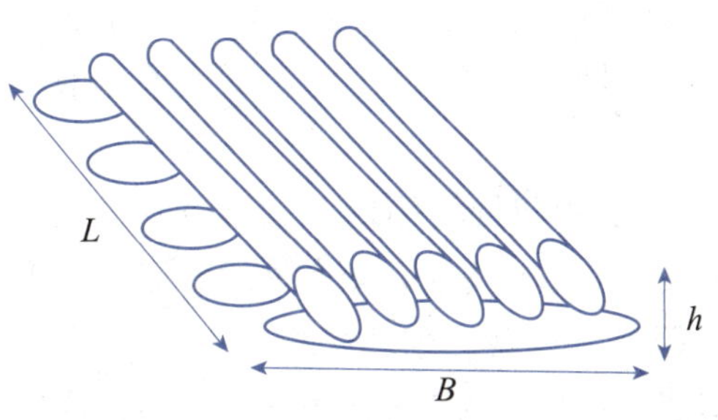


图 4-14 井形垛示意图

f. 梅花形垛。

对于需要立直存放的大桶装货物，将第 1 排（列）货物排成单排（列），第 2 排（列）的每件靠在第 1 排（列）的两件之间卡缝，第 3 排（列）同第 1 排（列）一样，然后每排（列）依次卡缝排放，形如梅花（见图 4-15）。这种垛形较为紧凑，充分利用了货件之间的空隙，更好地利用仓容面积。

对于能够多层堆码的桶装货物，在码放第 2 层时，将每件货物压放在下层的 3 件货物之间，四边都缩少半件，形成立体梅花形垛。

单层梅花形货垛总件数为：$A=(2\times B-1)\times L/2$。式中，$A$ 为总件数；$L$ 为长度方向件数；$B$ 为宽度方向件数。

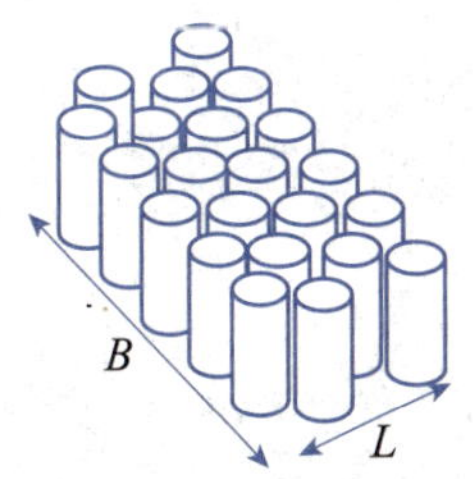


图 4-15 梅花形垛示意图

3）货垛参数。

货垛参数是指货垛的长、宽、高，即货垛的外形尺寸。通常情况下要先确定货垛的长度，例如，长形材料的定尺长度就是其货垛的长度，包装成件货物的垛长应为包装长度或宽度的整数倍。货垛的宽度应根据库存货物的性质、要求的保管条件、搬运方式、数量多少以及收发制度等确定，一般以 2 个或 5 个单位包装为货垛宽度。货垛高度主要根据库房高度、地坪承载能力、货物本身及包装的耐压能力、装卸搬运设备的类型和技术性能、货物的理化性质等确定。货垛的 3 个参数决定了货垛的大小，每个货垛不宜太大，以利于先进先出和加速货物的周转。

（4）货垛的规范要求。

货垛的规范要求主要是指“五距”，即垛距、墙距、柱距、顶距和灯距。叠垛时，不能依墙、靠柱、碰顶、贴灯，不能紧挨旁边的货垛，必须留有一定的间距。

1）垛距。货垛与货垛之间的必要距离，称为垛距，常以支道作为垛距。垛距能方便存取作业，起通风、散热的作用，方便消防工作。库房的垛距一般为 0.5～1 米，货场的垛距一般不少于 1.5 米。

2）墙距。为了防止库房墙壁和货场围墙上的潮气对货物的影响，也为了开窗通风、消防工作、建筑安全、收发作业，货垛必须留有墙距。墙距分为库房墙距和货场墙距，其中，库房墙距又分为内墙距和外墙距。内墙是指墙外还有建筑物相连的墙，潮气相对小些；外墙则是指墙外没有建筑物相连的墙，潮气相对大些。库房的外墙距为 0.3～0.5 米，内墙距为 0.1～0.2 米，货场只有外墙距，一般为 0.8～3 米。

3）柱距。为了防止库房柱子的潮气影响货物，也为了保护仓库建筑物的安全，必须留有柱距，一般为 0.1～0.3 米。

4）顶距。货垛堆放的最大高度与库房、货棚屋顶间的距离，称为顶距。顶距能便于搬运作业，能通风散热，有利于消防工作，也有利于收发、查点。顶距的一般规定是：平库房，0.2～0.5 米；人字形库房，以屋架下弦底为货垛的可堆高度；多层库房，底层与中层为 0.2～0.5 米，顶层须不小于 0.5 米。

5）灯距。货垛与照明灯之间的必要距离，称为灯距。为了确保储存货物的安全，防止照明灯发出的热量引起靠近货物的燃烧而发生火灾，货垛必须留有灯距。灯距严格规定不少于 0.5 米。

货垛“五距”的要求有什么作用?

（5）对某些特殊要求货物的堆码。

1）需要经常通风的货物堆码时，如潮湿的木板等，可在每件或每层的前后左右留出一定的空隙，码成通风垛，以散发货物的温度或水分。

2）堆码怕压的货物时，应根据货物承压力的大小，适当控制垛的高度。为了充分利用库容，最好利用架子摆放。

3）容易渗漏的货物堆码时，如油漆及桶装化工产品等，为了便于检查，货垛不宜过大，适宜排列成行，行与行之间留出适当空隙。

4）危险品（指易燃、易爆及爆炸物等）储放场所应干燥、阴凉、通风，库内电器、照明等设备要采用防爆装置，并设有安全消防设施。堆码不宜过高。

5）毒害品（氰化钾、氰化钠等）都应单独存放，严密保存。切忌与酸类货品相遇，储放场所也必须干燥、阴凉、通风。堆码不宜过高。

6）腐蚀品（各类酸、碱等）应单独存放。避免露天存放，适宜存放在干燥、阴凉、通风场所，堆码不宜过高。要经常检查，防止渗漏、腐蚀，切忌水浸。

**2. 货物苫垫**

苫垫是指对堆码成垛的货物上苫下垫。在堆码货物时，为了避免货物受到日光、雨水、冰雪、潮气、风露的损害，必须妥善放置苫垫，以保证储存养护货物的质量。

（1）货物垫垛。

垫垛就是在货物堆垛前，根据货垛的形状、底面积大小、货物保管养护的需要、负载重量等要求，预先铺好货垛物的作业。

1）垫垛目的。

垫垛是为了使货垛底部货物与地面垫隔并垫高，可隔离地面潮湿，避免潮气侵入货物而受损，使垛底通风透气，提高储存货物的保管养护质量。垫垛是仓储保管作业中不可缺少的一个环节。

2）垫垛材料。

通常采用水泥墩、条石、枕木、模板、垫架等垫高材料和苇席、防潮纸、塑料薄膜等垫隔材料。实务中根据不同的储存条件、货物的不同要求，采用不同的垫垛材料。

3）垫垛方法。

常用的垫垛方法主要有三种：

a. 码架式：采用若干个码架，拼成所需货垛底面积的大小和形状，以备堆垛。码架是用垫木为脚，上面钉着木条或木板的构架，专门用于垫垛。码架规格不一，常见的有长2米、宽1米、高0.2米或0.1米。不同储存条件，所需码架的高度不同。楼上库房使用的码架，高度一般为0.1米；平库房使用的码架，高度一般为0.2米；货棚、货场使用的码架高度一般在0.3～0.5米。

b. 垫木式：是采用规格相同的若干根枕木或垫石，按货位的大小、形状排列，作为垛垫。枕木和垫石一般都是长方体的，其宽和高相等，约为0.2米，枕木较长，约2米，而垫石较短，约0.3米。这种垫垛方法最大的优点是，拼拆方便，不用时节省储存空间，适用于底层库房及货棚、货场垫垛。

c. 防潮纸式：在垛底铺上一张防潮纸作为垛垫。常用芦席、油毡、防潮纸、塑料薄膜等防潮材料，适用于地面干燥的库房，同时储存的货物对通风要求又不高时。

此外，若采用货架存货，或采用自动化立体仓库的高层货架存货，则货垛下面可以不用垫垛。

4）衬垫面积的确定。

在进行货物堆码之前，要根据货物重量、货物底面受力情况及地坪载荷能力等因素选择合适的衬垫材料并计算所需衬垫物面积，以进行合理衬垫，避免由于衬垫不当造成的货物损坏及地面损坏等。

**【例 4－1】** 某仓库内要存放一台自重为 30t 的设备，该设备底架为两条 2m×0.2m 的钢架。该仓库库场单位面积技术定额为 3t/m²。

**问：**需不需要垫垛？如何采用 2m×1.5m、自重为 1.5t 的钢板进行垫垛？

**答：**货物对地面的压强为：30÷（2×2×0.2）＝37.5t/m²。远远超过库场单位面积技术定额，必须垫垛。

假设衬垫钢板为 $n$ 块，根据：重量（含衬垫重量）＝面积×库场单位面积技术定额，则：$30+n\times0.5=n\times2\times1.5\times3$，$n\approx3.3$ 块。

所以要用 4 块钢板衬垫。将 4 块钢板平铺展开，设备的每条支架均匀地压在 2 块钢板上。

（2）货物苫盖。

1）苫盖目的。

苫盖是为了防止货物直接受到风吹、雨打、日晒、冰冻的侵蚀。存放在露天货场的货物一般都需苫盖，因此货物在堆垛时必须堆成易苫盖的垛形，如起脊形、平台形等，并选择适当的苫盖物。对于某些不怕风吹、雨淋、日晒的货物，如生铁、石块等，如果货场排水性能好，可以不进行苫盖。

2）苫盖材料。

通常使用的苫盖材料有塑料布、席子、油毡纸、苫布等，也可以利用一些货物的旧包装材料改制成苫盖材料。若货垛需苫盖较长时间，一般可用两层席子中间夹一层油毡纸作为苫盖材料，这样既通风透气，又可防雨雪、日晒；若货垛只需临时苫盖，可用苫布。为了节省苫盖成本，还可以制成适当规格通用型的苫瓦，可以反复利用。

3）苫盖方法。

苫盖方法主要有以下三种：

a. 就垛苫盖法（见图 4－16）。

直接将大面积苫盖材料覆盖在货垛上遮盖，适用于起脊垛、平台垛及大件包装货物的苫盖，一般采用帆布、油布、塑料膜等。就垛苫盖法操作便利，但基本不具有通风条件。

b. 鱼鳞苫盖法（见图 4－17）。

即用席子、苫布等苫盖材料，自下而上、层层压茬围盖的一种苫盖方法，因从外形看酷似鱼鳞，故称鱼鳞苫盖法，适用于怕雨淋、日晒的货物。若货物还需要通风透气的储存条件，可将席子、苫布等苫盖材料的下端反卷起来，使空气流通。鱼鳞苫盖法具有较好的通风条件，但每件苫盖材料都需要固定，操作比较烦琐复杂。

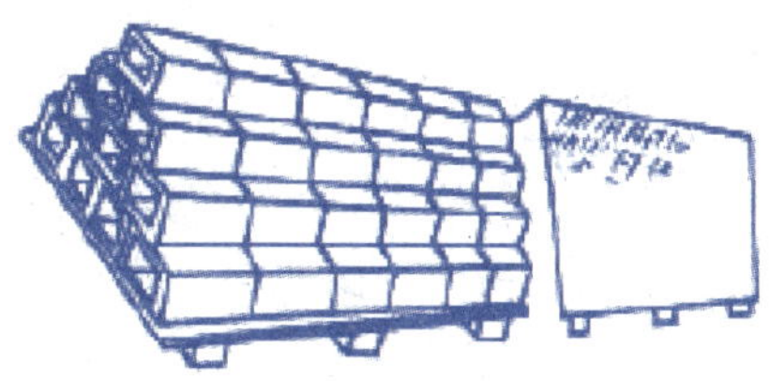


图 4-16　就垛苫盖法

图 4-17　鱼鳞苫盖法

c. 活动棚架苫盖法。

将苫盖物料制作成一定形状的棚架，棚架下还装有滑轮可以推动，在货物堆垛完毕后，移动棚架到货垛遮盖，或者采用即时安装活动棚架的方式苫盖。活动棚架需要时可以拼搭，并放置在货架上，用作苫盖，不需时则可以拆除，节省空间，较为快捷，具有良好的通风条件。但活动棚架本身需要占用仓库位置，成本较高。

4）苫盖的要求。

a. 选择合适的苫盖材料。选用符合防火、无害的安全苫盖材料，苫盖材料不会与货物发生不利影响，且成本低廉，不宜损坏，能重复利用，没有破损和腐烂。

b. 苫盖牢固。每张苫盖材料都需要牢固固定，必要时在苫盖物外用绳索、绳网绑扎或者采用重物镇压，确保刮风揭不开。

c. 苫盖的接口要有一定深度的互相叠盖，不能迎风叠口或留空隙，苫盖必须拉挺、平整，不得有折叠和凹陷，以防积水。

d. 苫盖的底部与垫垛平齐，不腾空或拖地，并牢固地绑扎外侧或地面的绳桩上，衬垫材料不露出垛外，以防雨水渗入垛内。

e. 使用旧的苫盖物或雨水丰沛季节时，垛顶或者封口需要加层苫盖，确保雨淋不透。

不同的苫盖方式各有什么特点?

## （三）货物的保管与养护

货物的保管与养护是指仓库根据货物自身的自然属性及变化规律，安排适当的储存场所，采取科学的储存保管方法和积极有效的维护保养措施，维护货物在储存期间的安全，最大限度地降低货物的损耗的工作。

**1. 保管保养的基本要求**

货物保管保养工作应贯彻“以防为主、防治结合”的方针，具体应做到：妥善保管，合理存放；降低损耗，账货相符。

（1）妥善保管，合理存放。

货物验收后，仓库要及时根据各种货物的不同自然属性、外形、尺寸、包装及质量变化规律，选择适当的保管场所，进行科学的堆码；尽可能做到不同材质、规格，有序堆放，货物规格不串、材质不混、数量准确。

货物保管存放要便于货物的收发、搬运工作，对存储区域必须进行科学的规划，分区分类，合理布局，做到库容整齐、堆码整齐、场区标示鲜明，并充分考虑配备适当的搬运工具，以求减少搬运量，加快搬运速度，快发快运，加快工作效率，降低成本。

货物保管存放应贯彻先进先出的原则，尽量减少因自然因素和人为因素的影响而造成存储货物数量减少、性能下降和损坏，杜绝因保管不善而导致的货物丢失、短少、污染和损坏的发生。

（2）降低损耗，账货相符。

货物在存储保管期间，要根据货物的性能特点及保管时间的长短，采取适当的维护保养方法，并经常检查，以防止各种有害因素对货物的影响。各类货物在存储过程中发生的质量变化，多数是由于受到空气温度、湿度等因素的影响，因此，货物的保管保养就需要掌握空气温湿度的变化规律，通过各种有效措施控制和调节存储过程中的温湿度，以保护货物的品质和使用价值，减少损耗。对货物的维护保养要针对货物的不同特点，采取不同的维护保养方法，如金属材料要注意防锈，粮油制品注意防霉变、防虫害等。

货物在存储保管过程中要求实物与账册（或管理信息系统的数据）上的数量一致，做到盈亏有原因、损坏有报告、记账有原始凭证、调整有依据。

**2. 货物养护技术**

（1）温湿度调节与控制。

1）通风。

自然通风：开启仓库通风口，与外界空气自然交换。

机械通风：利用通风机械，使库内外形成压力差，而发生空气交换。通风时应参考风向风力，结合室内室外温湿度的变化趋势，有计划、有时间地进行，不可随意进行空气自由交换。

2）密封。将整库、整垛或整件货物严密地密封起来以减少和阻止外界不良因素的影响，保证货物安全储存。密封时应根据当地的气候变化及货物性质来确定。

3）吸湿。利用化学和物理方法将库内潮湿空气中的部分水分除去。主要方法为吸湿剂吸湿和去湿机吸湿。吸湿剂主要包含生石灰（一般放置于墙四周及出入库门口处）、氯化钙（一般放置于竹筛或木板上）、硅胶（一般使用纱布或纸包放置于密封货架或包装物中）。

（2）防腐防霉。

防腐防霉主要针对纺织品、食品、皮革、纸张、竹木制品等。方式有如下几种：

1）药物：使用五氯酚钠、多聚甲醛等药物防腐防霉。

2）气调储藏：减少环境中的氧气，增加二氧化碳及降低环境温度；较佳的储藏环境：氧气3%，二氧化碳0～5%。

3）常规：选择合理场所，加强温湿度管理，做好日常清洁。

（3）防老化。

防老化主要针对橡胶和人工合成的高分子材料产品（油漆、化学纤维等）。要避免阳光直射，保持清洁、干燥的环境，不与油类、腐蚀性及含水量大的易燃品共同放置。

（4）防锈蚀。

防锈蚀主要针对金属制品。方式有如下几种：

1）控制和改善存储条件：保持库房干燥、清洁，保护材料防腐层和包装完整。

2）涂油防锈：在金属制品表面涂喷防油膜。

3）气相防锈：利用具有挥发性的化学药品（如氨水、尿素等）吸附和沉淀到金属制品的表面而阻止金属制品锈蚀。

（5）防虫蛀。

防虫蛀主要针对皮毛制品、纸制品、竹木制品。

1）杜绝仓库害虫来源。

2）利用日光曝晒、远红外线照射、捕鼠器械进行。

3）利用化学杀虫剂进行药物防治。

哪些方法可以避免库存货物的变质？

## （四）货物的盘点

### 1. 盘点的定义

所谓盘点，是指定期或临时对库存货物的实际数量进行清查、清点的作业，即为了掌握货物的流动情况（入库、在库、出库的流动状况），对仓库现有货物的实际数量与保管账上记录的数量相核对，以便准确地掌握库存数量。

在库存管理软件还未应用到企业时，所有的库存盘点都是通过手工记录，而随着软件行业的发展，开发出越来越多的库存管理软件并应用到现代化工业中，这大大提高了现代工业的生产效率。

### 2. 盘点的目的

盘点作业的目的主要表现为以下几个：

（1）核查实际库存数量。

盘点可以查清实际库存数量，并通过盈亏调整使库存账面数量与实际库存数量一致。

（2）清查库房账面损益。

库存货物总金额直接反映企业流动资产的使用情况，库存量过高，流动资金的正常运转将受到威胁，因此要想准确地计算出企业实际损益，必须通过盘点作业来实现。

（3）发现货物管理中存在的问题。

通过盘点可以查明盈亏的原因，发现作业与管理中存在的问题，并通过解决问题来改善作业流程和作业方式，提高人员素质和企业的管理水平。

**3. 盘点的主要内容**

（1）检查数量。

通过点数和计数，查清保管货物的实有数量，核对账实是否相符。核对数量是下一步对金额进行核对的前提，同时也是库存管理的需要。

（2）检查质量。

检查库存货物质量有无变化，核对库存期与保质期。

（3）检查保管条件。

检查现有保管条件是否符合各种货物的保管要求，例如是否符合货物包装的警告标志、堆码是否合理、有无混堆挤压现象。

（4）检查安全。

检查安全和消防设备、保管场所与设备是否处于安全状态等。

（5）检查物料的收发情况。

检查物料的收发情况以及是否按先进先出的原则发放等。

（6）检查常备物料的库存状况。

这应从时间和数量两个方面来进行检查。

对盘盈、盘亏应如何处理？

**4. 盘点的方法**

（1）按盘点的时间分。

1）动态盘点。

动态盘点也称永续盘点，是对发生过收、发的货物即时核对该批货物余额是否与账、卡相符的一种盘点方法。动态盘点有利于及时发现差错和及时处理。

2）循环盘点。

循环盘点是将库存货物分为若干部分，再按顺序一部分、一部分地进行盘点，到了月末或期末则对每部分货物至少完成一次盘点的方法。

3）定期盘点。

定期盘点是指在期末一起清点所有货物数量的方法。期末盘点必须关闭仓库作全面性货物的清点，因此对货物的核对十分方便和准确，可简化存货的日常核算工作。缺点是关闭仓库、停止业务会造成损失，并且动员大批员工从事盘点工作，加大了期末的工作量；不能随时反映存货收入、发出和结存的动态，不便于管理人员掌握情况；容易掩盖存货管理中存在的自然和人为的损失；不能随时结转成本。

（2）按盘点的范围分。

1）全面盘点。

全面盘点是指对在库货物进行全面的盘点清查，通常用于清仓查库或年终盘点。全面盘点的工作量大，检查的内容多，应把数量盘点、质量检查、安全检查结合在一起进行。

2）重点盘点。

重点盘点是指对进出动态频率高的、易损耗的、昂贵货物的一种盘点方法。

（3）按盘点的手段分。

1）手工盘点。

手工盘点是指主要靠人员手工记录盘点内容，然后跟电脑核对。

2）盘点机盘点。

盘点机又称条码数据采集器（barcode handheld terminal），其具有一体性、机动性、体积小、重量轻、高性能、适于手持等特点。它是将条码扫描装置与数据终端一体化，带有电池，可离线操作的终端电脑设备，具备实时采集、自动存储、即时显示、即时反馈、自动处理、自动传输功能，为现场数据的真实性、有效性、实时性、可用性提供了保证。

盘点机盘点是指利用数据采集器设备，把需要盘点的货物信息导入到采集器中，然后利用盘点机扫描货物条码，显示相应的信息，盘点人员根据实际数量录入采集，最后导入系统管理软件比对，生成盘盈盘亏单。

常用的盘点机有两种：

1）条码盘点机。

条码盘点机（见图 4－18）主要是通过扫描条码来进行货物的盘点，常用的是一维条码＋Wi-Fi 的配置。

2）RFID 盘点机。

RFID 盘点机是通过 RFID 标签读取来进行货物的盘点。RFID 盘点机具有工业级手持设备标志性的耐用设计和优异性能，配备了先进的高效能 RFID 读取器引擎，可实现更快的读取速度和更大的吞吐量。新的突破性的方位向迟钝性天线让它成为极其灵活多用的设备，在零售商店、医疗机构和办公室等各种面向客户的环境中都能应付自如。常用的是超高频盘点机（见图 4－19）。

**图 4－18　条码盘点机**

**图 4－19　超高频盘点机**

## （五）仓库的 5S 管理

仓库的 5S 管理是指整理（seiri）、整顿（seiton）、清扫（seiso）、清洁（seiketsu）、素养（shitsuke）。5S 是这 5 个日文单词的罗马拼音的第一个字母 S 的组合。开展以整理、整顿、清扫、清洁和素养为内容的活动，简称为 5S 活动。

5S 起源于日本，并在企业中广泛推行。5S 活动的对象是现场的“环境”。它对现场环境全局进行综合考虑，并制定切实可行的计划与措施，从而达到规范化管理。5S 活动的核心和前提是素养。如果没有职工素质的相应提高，5S 活动就难以开展和坚持下去。

**1. 整理**

整理是指将工作场所内的物品分类，并把不要的物品坚决清理掉。其目的是腾出更大的空间，防止物品混用、误用，创造一个干净的工作场所。

（1）经常用的物品。此类物品应放置在工作场所容易取到的位置，以便随时可以取到。

（2）不经常用的物品。此类物品应贮存在专用的固定位置。

（3）不再使用的物品。此类物品应坚决清理掉。

**2. 整顿**

整顿是指把有用的物品按规定分类摆放好，并做好适当的标识，杜绝乱堆、乱放，物品混淆不清，该找的东西找不到等无序现象的发生，以便使工作场所一目了然，有整齐明快的工作环境，减少寻找物品的时间，清除过多的积压物品。其方法如下：

（1）对放置物品的场所按物品的使用频率进行合理的规划，如经常使用物品区、不常使用物品区、废品区。

（2）将物品分类摆放在上述场所，并摆放整齐。

（3）对这些物品在显著位置做好适当的标识。

**3. 清扫**

清扫是指将工作场所内所有的地方及工作时使用的仪器、设备、工量夹具、货架、材料等打扫干净，使工作场所保持一个干净，宽敞、明亮的环境。其目的是维护生产安全，减少工业灾害，保证品质。其方法如下：

（1）清扫地面、墙上、天花板上的所有的杂物灰尘。

（2）对仪器、设备、工量夹具、模具等的清理、润滑，对破损的物品进行修理。

（3）对水源、噪声等污染源进行治理。

**4. 清洁**

清洁是指经常性地做整理、整顿、清扫工作，并对以上三项活动定期与不定期地监督检查。方法有：

（1）确定 5S 工作责任人以及相关的 5S 责任事项。

（2）每天上下班花 10～15 秒钟做好 5S 工作。

（3）经常性地自我检查与相互检查，专职定期或不定期检查。

### 5. 素养

素养是指让每个员工都养成良好的习惯，遵守规章制度，工作精神饱满、仪表整齐，保持环境的清洁。

广角镜

#### 5S管理的拓展：10S管理

10S管理是5S管理的深入拓展和升华。5S是通过培养个体的自觉意识，来促进工作环境的美化。而10S不仅包含了5S的全部内容，而且还通过增加5个S，使5S的核心思想得到了升华。10S既讲究个体素养的培养和提高，又强调相互间的团结协作，促进组织方方面面的满意。

**安全（safety）**

清除隐患，排除险情，预防事故的发生。目的是保障员工的人身安全，保证生产的连续安全正常的进行，同时减少因安全事故而带来的经济损失。

**节约（save）**

就是对时间、空间、能源等方面合理利用，以发挥它们的最大效能，从而创造一个高效率的，物尽其用的工作场所。实施时应该秉持三个观念：能用的东西尽可能利用；以自己就是主人的心态对待企业的资源；切勿随意丢弃，丢弃前要思考其剩余之使用价值。

**服务（service）**

服务是指要经常站在客户（外部客户、内部客户）的立场思考问题，并努力满足客户要求。作为一个企业，服务意识必须作为对其员工的基本素质要求来加以重视，每一个员工必须树立起自己的服务意识。

**满意度（satisfication）**

满意是指客户（外部客户、内部客户）接受有形产品和无形服务后感到需求得到满足的状态。

**速度（speed）**

速度是指工作要迅速才能发挥经济与效率，以最少时间与费用换取最大效能，反应敏捷，接到任务后不超过1小时做出反应，提前或按时完成任务。

10S管理系统强调人的因素、人的意识，同时又体现了诸如ISO9000、ISO14001及OSHMS18001等管理体系要求中强调的“规范化”或“文件化”的因素。环境的改变使员工心情变、观念变，反之又推进高标准的环境建设，这种良性循环会极大促进10S活动向纵深发展，使管理效率明显提高，市场竞争力进一步增强，同时也培养了所有员工的节约、服务意识，形成良好的习惯和团队精神。

## 三、出库作业

### (一) 出库要求及形式

货物出库业务是仓库根据使用单位或业务部门开出的货物出库凭证（提货单、领料单、调拨单），按其所列的货物名称、规格、数量和时间、地点等项目，组织货物出库、登账、配货、复检、点交清理、送货一系列工作的总称。

**1. 货物出库的基本要求**

（1）三不、三核、五检查。

1）三不：未接单据不翻账，未经审单不备货，未经复核不出库。

2）三核：在发货时，要核实凭证，核对账卡，核对实物。

3）五检查：对单据和实物要进行品名检查、规格检查、包装检查、件数检查、重量检查。

（2）先进先出原则。

先进先出就是根据货物入库时间先后，先入库的货物先出库，以保持库存货物的质量完好状态。尤其对于易变质、易破损、易腐败的货物，机能易退化、老化的货物，应加快周转，对变质、失效的货物不准出库。

（3）出库凭证和手续必须符合要求。

出库凭证不论采用何种形式都必须真实、有效。出库凭证若不符合要求，仓库不得擅自发货。特殊情况发货必须经领导批准，按照仓库有关规定执行。

（4）要严格遵守仓库有关出库的各项规则制度。

1）发出货物必须与提货单、领料单或调拨单上所列的名称、规格、型号、单价、数量相符合。

2）未验收的货物以及有问题的货物不得发出仓库。

3）货物入库检验与出库检验方法应保持一致，以避免造成库存“盈亏”。

4）超过提货单有效期尚未办理提货手续的，不得发货。

（5）提高服务质量，满足顾客用户需要。

及时、准确、保质、保量地将货物发放给收货单位，防止差错事故发生；工作尽量一次完成，提高作业效率；为用户提货创造各种方便条件，协助用户解决实际问题。

**2. 货物出库的主要形式**

（1）送货。

仓库根据货主单位预先送来的“货物调拨通知单”，通过发货作业，把应发货物交由运输部门送达收货单位，这种发货形式就是通常所说的送货制。仓库实行送货，要划清交接责任。仓储部门与运输部门的交接手续，是在仓库现场办理完毕的；运输部门与收货单位的交接手续，是根据货主单位与收货单位签订的协议，一般在收货单位指定的到货地办理。

仓库实行送货具有多方面的好处：仓库可预先安排作业，缩短发货时间；收货单位可

避免因人力、车辆等不便而发生的取货困难；在运输上，可合理使用运输工具，减少运费。仓库开展送货业务，应考虑到货主单位不同的经营方式和供应地区的远近，既可向外地送货，也可向本地送货。

（2）自提。

由收货人或其代理持“货物调拨通知单”直接到库提取，仓库凭单发货，这种发货形式就是通常所说的提货制。它具有“提单到库，随到随发，自提自运”的特点。为划清交接责任，仓库发货人与提货人在仓库现场，对出库货物当面交接清楚并办理签收手续。

（3）过户。

过户，是一种就地划拨的形式，货物虽未出库，但是所有权已从原存货户转移到新存货户。仓库必须根据原存货单位开出的正式过户凭证，才予办理过户手续。

（4）取样。

货主单位出于对货物质量检验、样品陈列等需要，到仓库提取货样。仓库必须根据正式取样凭证才予发给样品，并做好账务记载。

（5）转仓。

货主单位为了业务方便或改变储存条件，需要将某批库存货物自甲库转移到乙库，这就是转仓的发货形式。仓库必须根据货主单位开出的正式转仓单，才予办理转仓手续。

不同出库形式的区别和各自的注意事项是什么？

## （二）出库作业的基本流程

物品出库是仓储作业管理的最后一个环节，它使仓储作业与运输部门、物品使用单位直接发生联系。因此，做好出库作业对改善仓储经营管理、降低作业费用、提高服务质量有重要的作用。物品出库是仓储经营人根据存货人或仓单持有人所持有的仓单，按其所列物品的编号、名称、规格、型号、数量等项目，组织物品出库的一系列活动（见图 4－20）。对物品出库，要求将货物准确、及时、保质保量地交给仓单持有人；出库的物品必须包装完整、标记清楚、数量准确。要杜绝凭信誉或无正式手续的发货。在任何情况下，仓库都不得擅自动用或变相动用、外借货主的库存物品。

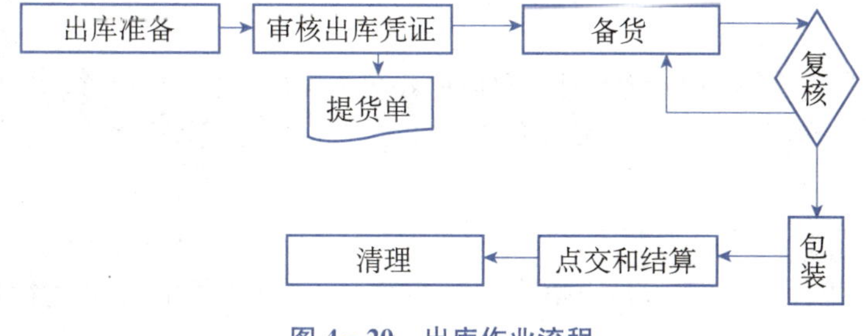


图 4－20　出库作业流程

**1. 出库准备**

按先后顺序分轻、重、缓、急，合理安排当日的出库配装计划，并提前做好分单、分拣、理货及待运工作，使仓库作业有计划地均衡进行，避免忙闲不均。选择发货的货区、货位；检查出库货物，拆除货垛苫盖物；安排好出库货物的堆放场地；安排好人力和机械设备；准备好包装材料等。送货上门的货物要备好运输车辆，代办托运的要与铁路、公路、水路等承运部门联系。

**2. 审核出库凭证**

仓库接到出库凭证（如提货单、领料单）后，必须对出库凭证进行审核。首先要审核货主开出的提货单的合法性和真实性或审核领料单上是否有其部门主管或指定的专人签章，手续不全不予出库，如遇特殊情况，则需经有关负责人同意，出库后需补办手续；其次要核对货物的品名、型号、规格、单价、数量；再次要核对收货单位、到站、开户行和账号是否齐全和准确。如属客户自提出库，则要核查提货单有无财务部门准许发货的签章。提货单必须是符合财务制度要求的具有法律效力的凭证。

出库凭证审核的内容有哪些?

**3. 备货**

备货要按出库凭证所列项目和数量进行，不得随意变更。备货计量一般依据货物入库验收单上的数量，不再重新过磅，对被拆散、零星货物的备货应重新过磅。备好的货应放于相应的区域，等待出库。同时，出库货物应附有质量证明书或抄件、磅码单、装箱单等附件。机电设备、仪器仪表等产品的说明书及合格证应随货同行。进口货物还要附海关证明、货物检验报告等。

**4. 复核**

为避免出库货物出错，备料后应进行复核。复核可由专人复核，也可保管员互核。复核的内容包括：名称、规格、型号、批次、数量、单价等项目是否同出库凭证所列内容一致，机械设备等的配件是否齐全，所附证件是否齐备，外观质量、包装是否完好等。复核人员复核无误后，应在提货单上签名，以示负责。

**5. 包装**

包装是为了保护货物在运输途中不受损坏。对货物的包装一般需符合以下要求：

（1）根据货物的外形特点，选择适宜的包装材料，包装尺寸要便于货物的装卸和搬运。

（2）要符合货物运输的要求。

1）包装应牢固，怕潮的货物应垫一层防潮纸，易碎的货物应垫软质衬垫物。

2）包装的外部要有明显标志，标明对装卸搬运的要求及其他标志，危险品必须严格按规定进行包装，并在包装外部标明危险品有关标志。

3）不同运价的货物应尽量不包装在一起，以免增加运输成本。

（3）严禁性能抵触、互相影响的货物混合包装。

（4）包装的容器应与被包装货物体积相适应。

（5）要节约使用包装材料，注意节约代用、修旧利废。

**6. 点交和结算**

出库货物经复核、包装后，要向提货人员点交。应将出库货物及随行证件逐笔向提货人员当面点交。在点交过程中，对于有些重要货物的运输技术要求、使用方法、注意事项，保管员应主动向提货人员交代清楚，做好技术咨询服务工作。货物移交清楚后，提货人员应在出库凭证上签名。货物点交后，保管员应在出库凭证上填写“实发数”“发货日期”“提货单位”等内容并签名，然后将出库凭证有关联次同有关证件即时送交货主，以便办理货款结算。

**7. 清理**

货物出库后，有的货垛拆开，有的货位被打乱，有的现场还留有垃圾、杂物。保管员应根据储存规划要求，该并垛的并垛，该挪位的挪位，并及时清扫发货现场，保持清洁整齐，腾出新的货位、库房以备新的入库货物之用；清查发货的设备和工具有无丢失、损坏等。同时，一批货物发完后，要收集整理该批货物的出入库情况、保管保养情况及盈亏数据等情况，然后存入货物档案，妥善保管，以备查用。

## （三）货物出库时的问题处理

**1. 出库凭证问题的处理**

（1）出库凭证假冒、复制、涂改。

出库凭证发现有假冒、复制、涂改的，应及时与仓库保卫部门及领导联系，妥善处理。

凡出库凭证超过提货期限，用户前来提货的，必须先办理手续，按规定缴足逾期仓储保管费，然后方可发货。跨年度的或超过一个月不来提货的，出库凭证作废。如需要可重新办理开票手续。

（2）凭证有疑点或问题。

凡发现出库凭证有疑点，或者情况不清楚时，应及时与制票员联系，迅速查明和更正。货物虽然进库但因某些原因未检验完毕或期货未到库的凭证，一般可暂缓发货，提期顺延，保管员不能以发代验；任何白条都不能作为发货凭证，严禁无证、电话、口授发货，任何人不能强制保管员将库存货物借用、试用；若规格开错或印鉴不符，保管员不得调换规格发货，必须通过制票员重新开票方可发货；凡出库凭证指定厂家的，仓库保管员必须照发，未注明的，可按发货原则处理，同型号、同规格、不同颜色的货物，凭证上注明的按凭证要求发货，未注明的，由保管员安排。

（3）凭证遗失。

如客户因各种原因将出库凭证遗失，客户单位必须出具证明，持证明到制票员处挂失，制票员签字作为旁证，然后到仓库找保管员报案挂失；如果报案时货已提走，保管员不负责任，但须协助破案；如果货还没有提走，经保管员查实后，凭上述证明，做好挂失登记，将原凭证作废，缓期发货。保管员必须时刻保持警惕，如再有人持作废凭证要求发货，应立即与保卫部门联系处理。

**2. 货物出库后问题的处理**

（1）货物品种混串。

货物出库后，客户反映品种规格混串、数量不符等问题，如确属保管员发货差错，应予以纠正并致歉；如不属保管员差错，应耐心向用户解释清楚，请用户另行查找原因。

（2）货物型号规格开错。

凡属客户原因，型号规格开错，制票员同意退货，保管员应按入库验收程序重新验收入库，如果包装损坏、产品损坏，保管员不予退货，待修好后，按入库质量要求重新入库。

（3）货物内在质量问题。

凡属货物内在质量问题，客户要求退货和换货，应由国家指定的质检部门出具检查证明、试验记录，经货物主管部门同意，才可以退货或换货。

（4）易碎货物发货后，客户要求调换。

凡属易碎货物，发货后客户要求调换，应以礼相待，婉言谢绝。如果要求帮助解决易碎配件，要协助联系解决。

（5）保管员发现账实不符。

货物出库后，保管员发现账实不符，要及时向上级汇报，派专人及时查找追回，以减少损失，不可久拖不决。

**3. 退货的处理**

货物退货有各种原因，有的是发货人员在按订单发货时发生了错误；有的是运输途中货物受到损坏，负责赔偿的运输单位要求发货人确定所需修理费用；有的是顾客订货有误等。以上三种情况处理起来比较简单。最难办的是如何正确处理有缺陷的退货，使有关方面维持良好关系。

退货处理的一般程序是：

（1）客户退货时应填写“退货申请表”，并按约定的运输方式办理运输。

（2）仓库在收到客户的退货时，应尽快清点完毕，如有异议必须以书面的形式提出。退回的货品与退货申请表是否相符，以仓库清点为准。

（3）仓库应将退入仓库的物品，根据其退货原因，分别存放、标识。对由供应商所造成的不合格品，应与采购部门联系，催促供应商及时提回。对于由仓库造成的不合格品且不能修复的，每月应申报一次，及时进行处理。

（4）登记入账。对于已发放的货品和退回的货品，要及时入账，并按时向其他部门报送有关资料。

## 四、库存管理

### （一）库存与库存管理

库存是指为达到多种目的而维持的货物和物料的存货，它主要用于满足正常的需求。在生产过程中，库存作为一种缓冲可以调节成以一种方式到达而以另一种方式使用的物品。国家标准《物流术语》（GB/T 18354－2006）中对于库存是这样定义的：库存（stock）是指储存作为今后按预定的目的使用而处于闲置或非生产状态的物品。

库存管理是指优化物资的存储，以便使企业在恰当的时候，以最低的成本满足其用户对特定数量和质量的产品需求的方法。库存管理的内容包括：分析和评价供应链对保持库存的需求及所需库存的数量，预测原材料和零配件需求量，以及建立库存监控和供应计划与控制机制。除内部物流管理活动外，库存管理还涉及库存实物搬运的场所和设施。

### （二）库存管理的重要性

高效的库存管理对企业至关重要。这主要是由库存在运营资金周转（或发出订单至接受现金周转）的地位所决定的。库存所占用的资金不可能再用于其他用途，例如购置新设备、提高采购品质量、改善营销和分销系统等，这种资金是不能用于增加企业的赢利的"死钱"。因此，控制库存量非常重要。很多本可以生存的企业都是由于不良库存管理而失败。除成本损失外，保持过量库存还会导致库存过期并严重降低企业的灵活性。一般而言，企业库存水平越低，赢利越多，对市场条件变化的响应能力也越强。尽管要将库存数量降低到最低限度，但实际上在绝大多数企业中，仍不可避免地要保持一定的库存。

如果库存是不可避免的，那么库存管理就必须要能够确定在供应链的哪个环节保持库存，并指导如何对库存量进行准确的度量和控制。这里需要的不是一次性的决策，而是根据市场条件的变化、企业的战略以及商业环境与技术条件而持续地进行检查和调整。

库存管理的目标可以概括为：在保持特定产出数量、产品质量和用户服务水平的前提下实现成本的最小化。

为什么要进行库存控制?

## （三）库存管理方法

### 1. 订货点控制法

特定时间的订货量是库存管理长期关注的一个问题。典型的库存订货批量问题，即经济订货量（economic order quantity，EOQ），涉及按照库存持有成本和订货成本这两项成本，计算合理的订货批量问题。

如果没有库存持有成本，顾客将持有巨大的库存，以避免反复订货。另外，如果没有订货成本，顾客将不停订货，除了安全库存外，不存在其他库存。然而，库存持有成本和订货成本是存在的。库存持有成本与订货批量成正比，即订货批量越大，库存持有成本越高。订货费用则相反，往往随着订货批量的增大而下降，但不呈线性关系。库存持有成本和订货成本的性质如图 4－21 所示。

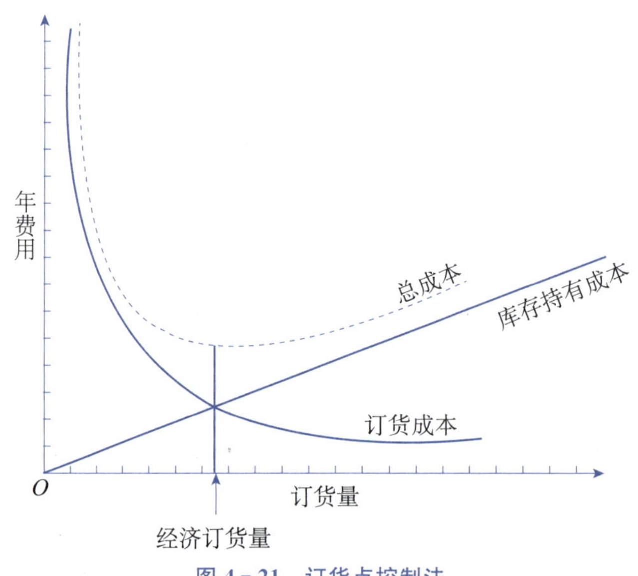


图 4－21　订货点控制法

持有成本和订货成本之和最小，或持有成本与订货成本相等时，对应的就是经济订货量（见图 4－21）。如果持有成本与订货成本是准确的，经济订货量就是使目前运营成本最低的订货量。

计算经济订货量的方式有两种：一种是以人民币元计，另一种是以单位计。如果以元计，假设每年某种库存物品金额为 1 000 元，每次订货费为 25 元，年持有成本与库存物品金额的比率为 20%。计算经济订货量的公式为：

$$EOQ=\sqrt{\frac{2AB}{C}}$$

式中：$EOQ$——经济订货量（以人民币元表示）；

$A$——年库存物品金额；

$B$——平均每次订货成本；

$C$——库存持有成本（表示为年持有成本与库存物品金额的比率）。

所以，有

$$EOQ=\sqrt{\frac{2\times 1\ 000\times 25}{0.2}}=\sqrt{250\ 000}=500\text{ 元}$$

另外，$EOQ$ 也可以通过订货的单位来计算。如前例，假设该库存物品的单位成本为 5 元，则计算公式为：

$$EOQ=\sqrt{\frac{2DB}{IC}}$$

式中：$EOQ$——经济订货量（以单位表示）；

$D$——年需求量（以单位表示，如 200 个单位，库存物品价值 1 000 元/单位，库存物品 5 元）；

$B$——平均每次订货成本；

$C$——库存持有成本（表示为年持有成本与库存物品金额的比率）；

$I$——库存物品的单价。

所以，有

$$EOQ=\sqrt{\frac{2\times 200\times 25}{0.20\times 5}}=\sqrt{\frac{10\ 000}{1}}=100\text{ 单位}$$

在计算经济订货量时需要注意以下几点：第一，经济订货量并不一定等于产品每次的购买量和销售量；第二，简单的经济订货量公式并没有考虑为鼓励大宗订货或增大业务量所提供的特别折扣优惠；第三，存在一个关于需求确定性的隐含假设，即需求随着时间的推移是连续的和不变的。其中的任何一点发生变化都将改变经济订货量的计算。

订货点控制法要确定几个量?

**2. ABC 分类法**

ABC 分类法有多种不同的应用方式，该方法认为库存物品对企业来说价值是不相等的，所以应以不同的方式管理库存。各公司存储货物的品种可能高达数百或数千种，所以确定每种货物的相对重要性对企业来说的确很重要。一个常用的经验法则是 80/20 规则，即公司 80%的销售额来自 20%的产品（反过来，20%的销售额来自 80%的产品）。从管理者的角度来看，企业应该着重关注产生了 80%销售额的那 20%的产品。例如，公司不会在其仓储设施中储存滞销货物，因为这会使库存持有成本增加，并可能降低库存周转率。

为什么要对物品进行 ABC 分类管理?

ABC 分类法是对 80/20 法则的一种应用，它不是将对象分为两类，而是按照价值或支出的重要性将其分为 A、B、C 三类。各个公司对各类品项的准确划分标准有所不同。

（1）A 类品项。

“相当少量”的品项被划分为 A 类品项。一般而言，这类品项将占公司总采购支出的 60%～70%，但却仅占总库存品项数的 10%～15%。由于所涉及的高支出，A 类品项的库存应当保持在最低水平。正因为如此，需要对其实行最为严格的库存控制。必须经常地检查该类品项的库存，以保证避免可能发生的缺货。可使用最为复杂的预测技术对该类品项定期进行需求分析和监视。简而言之，对于 A 类品项，企业要通过投入更多的努力和使用更好的控制系统，而不是靠更多的库存来保持高服务水平。

（2）C 类品项。

处于另一极端的是 C 类品项，即很多不重要的品项。这类品项通常只占企业支出的 10%～15%，但却占库存品项总数的 60%～70%。对 C 类品项管理方法与对 A 类的正相反。为了节约精力和成本，对这类品项的控制度应保持在最低水平。另一方面，其库存水平可以保持在高水平，因为库存成本很低。大批量进货减少了交易次数与缺货风险。

（3）B 类品项。

处于以上两类品项之间的是 B 类品项，该类品项的支出和库存品项数比例通常都在 20%～30%。在库存水平与管理和控制程度两方面，B 类品项都处于 A 类与 C 类品项之间。

在使用 ABC 分类法时，要注意以下几个问题：

（1）ABC 的分类标准是什么？确定库存货物分类的标准有多个，包括销售金额、销售量、销售速度、货物收益率或货物的重要性。

（2）如何确定 A、B、C 类物品在库存总体中所占的百分比？虽然这个问题既没有正确答案，也没有错误答案，但我们要清楚地知道，A 类物品所占百分比太高或太低都可能降低该分类方法的效率。

（3）管理者应该如何使用 ABC 分类法？一种使用方法是通过 ABC 分类法确定仓储设施中的存储模式。此外，可以使用 ABC 分类法来确定库存监测频率。因此，A 类物品的检查频率为每天甚至每小时，B 类物品为每周，而 C 类物品则为每月。

另外，目前一些企业发展了 ABC 分类法，在 A、B、C 三类物品的基础上增加了 D 类物品。D 类物品或者代表“瘦狗产品”，或者代表滞销库存，也就是没有需求的库存。这些库存增加了库存持有成本，降低了库存周转率。

**3. 准时制（JIT）方法**

现代库存管理一个最流行的方法是准时制（just-in-time，JIT）方法。很多人认为，JIT 起源于日本制造商，但其理念实际上始于 20 世纪 20 年代美国福特汽车制造工厂。日本制造商，尤其是丰田汽车公司，完善了 JIT 方法，从而使采取 JIT 方法的企业能够获得超过竞争对手的明显优势。

JIT 方法的重点是最大限度地减少库存，所以与库存管理密切相关，但其结果将远远超出库存管理的范围。JIT 方法对物流及供应链效率都有重要的影响。供应商必须为生产线提供高品质的材料，因为 JIT 方法的重点是降低（或消除）安全库存，而有缺陷的材料会导致生产线停顿。在生产过程中，将供应商当作合作伙伴而不是敌人，有利于促进产品质量的提高。

前面探讨了订货成本和库存持有成本之间的平衡：随着订货成本的上涨，库存持有成本将下降，反之亦然。因为 JIT 方法强调最低的库存水平，所以顾客订货的批量较小，而订货的次数则较频繁。因此，当务之急是供应商的订货系统能够无差错地处理日益增多的客户订单。此外，由于远距离交易时间的可靠性呈下降趋势，所以供应商的选址必须相对接近他们的客户。

小规模、高频率发运及供应商位置邻近表明货车运输是 JIT 方法的一种重要的运输模式。所以，生产和配送设施的设计要支持卡车装运，也就是说，为方便货物装卸应建有卡车月台。事实上，一些实施 JIT 方法的公司都改进了它们的生产场地，使卡车可以驶入，从而能够从最接近实际生产的地点运送产品。

虽然 JIT 仍然是现代物流的一个关键概念，但很多事件表明，企业在采取 JIT 时应谨慎。JIT 的理念形成于一个特殊的环境——低燃料价格、最低限度的交通拥堵、过剩的运输能力，这远远不同于今天的环境，燃料价格的暴涨、燃油附加费的征收、拥堵的交通运输网络都将影响 JIT 更小批、更频繁地准时装运的特点。

**4. 供应商管理库存**

在传统的库存管理中，补充订货的数量和时间是由诸多分销商或零售商等库存使用者决定的。相比之下，在供方管理库存（vendor-managed inventory，VMI）模式下，补充订货的数量和时间则是由制造商决定的。在运作过程中，VMI 使得制造商有机会通过电子数据交换（EDI）或互联网获得分销商或零售商的销售及库存数据。VMI 不仅运用于消费品，也已应用于工业产品如飞机、建筑设备、紧固件（如螺栓、螺丝钉）以及加热和冷却系统等。

VMI 是企业经营理念的一个巨大转变，因为在 VMI 模式下企业将允许另外一方控制自己的库存。VMI 对于分销商和零售商的益处是可以降低库存，减少库存短缺，获得更高收入，而对于制造商，则因提前获取相关数据，可以提高其需求预测水平。VMI 的一个潜在缺点是信任和控制缺失所导致的有关各方面之间分享数据不充分，而且某些不道德的制造商可能滥用系统将不需要的库存推向下游企业。

**5. 呆滞库存管理**

呆滞库存（dead inventory）指至少在目前的销售中没有需求的产品。因为呆滞库存增加了库存持有成本，降低了库存周转率，占用了仓储设施空间，所以需要采取结构化的方法管理它。例如，由于呆滞库存是客户不需要的生产过剩的产品，因此对其应该进行订购，而不是储存。然而，最近几年越来越多的呆滞库存来源于特殊、高度定制化的订单，虽然顾客不再需要该产品，却不会主动结束这项订货。所以，建议企业采取由客户部分（或全部）预付且无退款的方式来处理这种情况。

公司可以采取更积极的方式来销售呆滞库存，如大幅降价或将其与更具吸引力的商品捆绑销售。公司同样可以尝试拍卖，互联网中的某些网站就是专门拍卖呆滞库存的。一些呆滞库存也可以部分免税的方式捐献给慈善事业。企业如果为了释放仓储设施空间，也可以扔掉呆滞库存。不过，这个“解决方案”应该是最后的手段，因为企业这样做实际上就是在扔钱。

## 知识点梳理

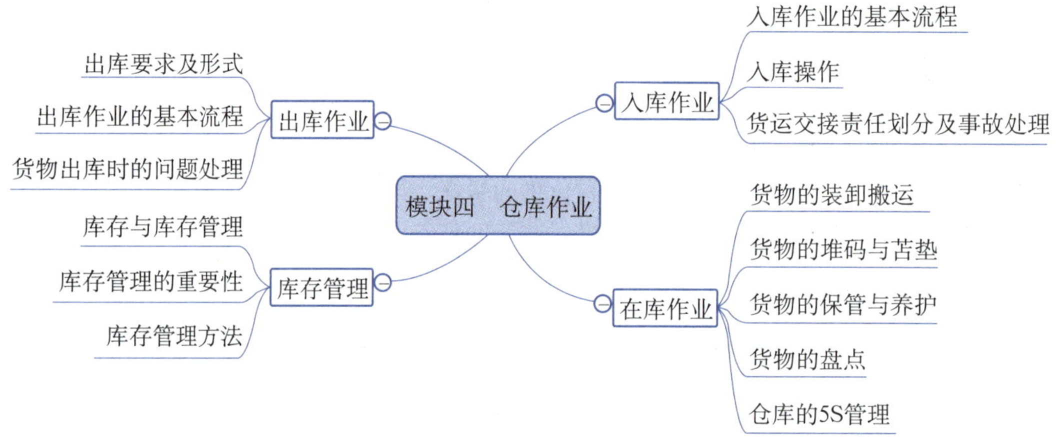


## 课后思考题

1. 出入库的基本流程是什么？
2. 货物堆码的方法有哪些？
3. 商品保管保养工作应贯彻的方针是什么？
4. 什么是库存？你是怎样理解库存的？
5. 库存管理的重要性体现在哪些方面？

## 议一议

工匠精神，是一种职业精神，它是职业道德、职业能力、职业品质的体现，是从业者的一种职业价值取向和行为的表现。工匠精神是社会文明进步的重要尺度，是中国制造前行的精神源泉，是企业竞争发展的品牌资本，是员工个人成长的道德指引。工匠精神就是追求卓越的创造精神、精益求精的品质精神、用户至上的服务精神。

请查阅工匠精神的相关资料并阐述工匠精神的基本内涵包括什么，请举例说明工匠精神的思想精髓如何体现在仓储作业过程当中。

# 模块五

# 仓储经营管理

## 知识目标

1. 了解仓储商务管理的内容及特征。
2. 了解仓储合同的格式和主要条款、仓储合同纠纷的处理方式。
3. 具备仓储安全常识。

## 技能目标

1. 能够根据客户需求草拟仓储合同，能够审核仓储合同条款。
2. 能够正确操作仓库安全器材。

## 情感目标

1. 能够具备一定的责任意识和服务意识。
2. 能够具备一定的风险防范意识。
3. 能够具备诚信的商务意识。

## 重难点

1. 仓储合同的拟订。
2. 仓库安全管理注意事项。

## 案例导入

### 国家储备棉库突发火灾　近万吨进口棉花受损

某地一座建筑面积约 2 万平方米、储存有近万吨进口棉的巨型国家储备棉仓库，2000 年 11 月 13 日凌晨零时 45 分发生火灾。至当晚 10 时左右，经市消防局出动 52 辆消防车、近 500 名消防战士连续扑救，火势基本得到控制，但棉花阴燃现象仍在发生。

13 日零时 45 分，值班人员发现仓库三楼有火情，但并未立即报警，而是先向值班领导作了汇报后才拨打“119”报警，延误了火灾初期紧要的 20 分钟时间。

据目击者称，火灾现场浓烟滚滚，1 千米外就能看见，仓库 3、4、5 层均被火龙包围。下午三四时，大火烧穿了仓库楼顶，由于承受大量的消防用水，仓库墙壁出现裂缝，有倒塌的危险，但无人员伤亡事故发生。

据消防局有关人员介绍，该棉花仓库存在重大火情隐患。按规定，储存棉花的仓库面积不得超过 4 000 平方米，每个防火分区的面积不得超过 1 000 平方米。但该仓库总面积达 20 000 平方米，防火分区面积近 1 800 平方米；同时，仓库消防用水不足，消防泵房被擅自改为储藏室，进水管道直径仅 10 厘米，远未达到应有 20 厘米的基本要求，无法维持水枪喷射，近 10 辆消防车被迫到黄浦江边抽水应急；仓库内未装火警报警装置，没有喷水灭火器，且消防栓仅有两个，是规定应有最低限度的1/3。更严重的是，只有四五千吨储存量的仓库竟存放有近万吨棉花，严重违反了有关消防安全防火的规定。据消防人员介绍，这个棉花仓库 3 个楼面起火，而且两侧窗户紧闭，不易透风，对灭火不利。消防队员到场后，先是用高压水枪包围、喷射，控制火情后，再将玻璃打碎，让烟雾及时排放。而后，再派出突击队，分赴各楼面进入房间内部灭火。上午 10 点，仓库 2～5 层明火已得到控制。11 点，仓库 4 层再度火光冲天。指挥员解释，棉花表层火虽不难扑灭，但隐藏在棉花中心的高温暗火极易复燃。记者在截稿前得知，为彻底灭火，13 日晚有超过 300 名消防战士坚守火线彻夜作战。

**问题：**

1. 该仓库的火灾隐患有哪些？
2. 究竟是什么原因使火灾蔓延得如此迅速？为什么损失如此巨大？
3. 火灾发生后应如何正确处理？
4. 如何做好火灾的防范工作？

# 一、仓储商务管理

## （一）仓储商务管理的概念

仓储商务是指仓储经营人利用所具有的仓储保管能力向社会提供仓储保管产品和获得经济收益所进行的交换行为，是一种商业性行为，发生在公共仓储和营业仓储之间。仓储商务管理是指仓储经营人对仓储商务所进行的计划、组织、指挥和控制的过程，是独立经营的仓储企业对外商务行为的内部管理，属于企业管理的一个方面。

## （二）仓储商务管理的目的

仓储商务管理的目的是有效利用仓储资源，最大限度地获得经济收益和提高经济效益。具体表现在以下几个方面：

（1）满足社会需要。

仓储企业的商务管理就是为了通过仓储服务，向社会提供尽可能多的仓储产品，满足社会对仓储产品的需要。其主要任务就是积极开发市场，适应市场需求的变化，提供多样化的服务，提高服务水平，降低产品价格，提高产品竞争力。

（2）充分利用企业资源。

在有效合理的仓储管理活动之下，仓储企业在获得大量商业机会的同时，也承担起按时提供仓储服务的义务。这需要仓储企业充分利用企业的人力、物力、财力资源，完成仓储任务。

（3）降低成本。

成本的高低是决定企业竞争力的关键因素。仓储商务管理不仅要尽可能地提高交易回报，在激烈的市场竞争形势下，更重要的是采取先进的经济管理理论、现代化技术和有效的经营手段来控制和减少成本，借以提高企业竞争力。

（4）降低风险。

一般来讲，企业的经营风险绝大部分来自商务风险。高水平的商务管理应尽可能避免商务风险与责任事故的发生，规避经营风险。所以，建立有效的风险防范机制，妥善地处理协议纠纷，构建仓储商务质量管理体系，是仓储商务管理的重要任务。

（5）塑造企业形象。

商务的每一项工作都会对企业形象产生直接的影响，例如，商务人员在对外交往的过程中，其一言一行常常代表着企业的形象，关系到客户对企业的信赖程度。因此，仓储商务管理要以以人为本、用人为贤、权责分明为原则，建立一支精明能干、业务熟练的商务人员队伍，提倡合作和服务的精神，融合企业守合同、讲信用的商务管理，并逐步树立起仓储企业可信赖和高水平的企业形象。

（6）提高效益。

一方面，通过有效的成本管理和经营风险管理使成本降低，进而实现仓储企业效益的提高；另一方面，良好的企业形象也将促进仓储企业社会效益的提高。

### （三）仓储商务管理的内容

仓储商务管理是仓储企业管理的一部分，包括对参与商务工作的人、财、物等资源的管理，其目的在于创造最大的经济效益。具体而言，仓储商务管理包括以下内容：

（1）市场管理。

仓储企业要广泛开展市场调查和研究，加强市场监督和管理，广泛开展市场宣传，使仓储服务能切合市场需求。

（2）资源管理。

仓储企业需要充分利用仓储资源，为企业创造和实现更多的商业机会。因此，要合理利用仓储资源，做到人尽其才、物尽其用。

（3）成本管理。

一方面，企业应该准确进行成本核算，确定合适的价格，提高产品的竞争力；另一方面，企业应该通过科学合理的管理，充分利用先进的技术降低交易成本。

（4）制度管理。

高效的商务管理离不开规范、合理的管理制度。仓储企业应该在资源配置、市场管理、合同管理等方面建立和健全规范的管理制度，做到权利、职责明确。

（5）合同管理。

仓储企业应该加强商务谈判和合同履行的管理，做到诚实守信、依约办事，创造良好的商业信誉。

（6）风险管理。

仓储企业通过细致的市场调研和分析、严格的合同管理、完善的制度，妥善处理商务纠纷和冲突，防范和减少商务风险。

（7）人员管理。

商务人员的业务素质和服务态度在很大程度上影响着企业的整体形象，因此，商务管理还应该包含对商务人员的管理。仓储企业应该以人为本，重视商务人员的素质培训和提高，通过合理的激励机制调动商务人员的积极性和聪明才智，同时还要加强对商务人员的监督管理，创建一支高效、负责的商务队伍。

## 二、仓储合同管理

《中华人民共和国合同法》第 2 条规定：合同是平等主体的自然人、法人、其他组织之间设立、变更、终止民事权利义务关系的协议。《中华人民共和国民法总则》第 119 条规定：依法成立的合同，对当事人具有法律约束力。广义合同指所有法律部门中确定权

利、义务关系的协议。狭义合同指一切民事合同。最狭义的合同仅指民事合同中的债权合同。

你知道的常见合同有哪些？

## （一）仓储合同概述

### 1. 仓储合同的定义

仓储合同又称仓储保管合同，是指保管人储存存货人交付的仓储物，存货人支付仓储费的合同。提供仓储保管服务的一方为仓储保管人，简称保管人。将仓储物交由保管人仓储保管的一方为存货人。保管的货物被称为仓储物。保管人因保管获得的报酬是仓储费。

### 2. 仓储合同的形式

根据《合同法》的规定，合同可以采用书面形式、口头形式或其他形式。

由于仓储的货量较大、存期较长，可能进行配送、加工等作业，还会涉及作为仓单持有人的第三人，仓储合同使用完整的书面合同较为合适。完整的书面合同有利于合同的保存、履行和发生争议时的处理。

合同的其他形式包括：通过行为订立合同、签发格式合同等。在订立合同之前，存货人将货物交给仓储保管人，保管人接收货物，则表明事实上合同已成立。在周转极为频繁的公共仓储中，保管人可以采用预先已制定好条件的格式合同。在格式合同中，存货人只有签署或者不签署合同的权利，而没有商定格式合同条款的权利。

### 3. 仓储合同的主要特征

仓储合同具有以下特征：

（1）保管人必须是具有仓库营业资质的人，即具有仓储设施、仓储设备，专事仓储保管业务的人。这是仓储合同主体上的重要特征。

（2）仓储合同的对象仅为动产，不动产不可能成为仓储合同的对象。

（3）仓储合同为诺成合同。仓储合同自成立时起生效。

（4）仓储合同为不要式合同，可以是书面形式，也可以是口头形式。

（5）仓储合同为双务、有偿合同。保管人提供储存、保管的义务，存货人承担支付仓储费的义务。

（6）仓单是仓储合同的重要特征。

## （二）仓储合同的主要条款

根据《仓储保管合同实施细则》的要求，签订仓储合同一般应具备以下主要条款：

**1. 货物的品名和品种**

仓储保管合同中储存保管的货物是特定物或特定化的种类物，是保管方接受存货方的委托代为保管的，其所有权属于存货方，在合同有效期届满时，保管方必须将原货物完好无损地归还存货方，因此合同中对货物的品名和品种，应作出明确的规定。同时，仓储保管合同的标的物以动产为限。

**2. 货物的数量、质量、包装**

货物的包装由存货方负责。其标准，有国家标准或行业标准的，按国家标准和行业标准执行；没有国家标准或行业标准的，在保证运输和储存安全的前提下，由合同当事人议定。

**3. 货物验收的内容、标准、方法、时间**

保管方的正常验收项目为：货物的品名、规格、数量、外包装状况，以及无须开箱拆捆、直观可见可辨的质量情况。包装内的货物品名、规格、数量，以外包装或货物上的标记为准；外包装或货物上无标记的，以供货方提供的验收资料为准。散装货物按国家有关规定或合同规定验收。验收期限，国内货物不超过 10 天，国外到货不超过 30 天，法律或合同另有规定的除外。货物验收期限，是指自货物和验收资料全部送达保管方之日起，至验收报告送出之日止。

**4. 货物保管条件和保管要求**

仓储保管合同中的货物种类繁多，不少货物由于本身的性质需要特殊的保管条件或保管方法，所以在合同中必须明确规定保管条件和保管要求。

**5. 货物进出库手续、时间、地点、运输方式**

入库是指货物进入仓库时所进行的清点检验和接收工作。它是仓储保管合同业务的第一道环节，是履行储存保管合同的基础。仓库入库储存业务，要根据合同规定的数量、质量、品种、规格等进行安排。对大宗物资和危险物品的新品种入库，存货方应当将其数量和特性提前告知保管方，以便做好接收准备。货物入库的基本要求是：必须有业务部门的正式入库凭证或合同副本；凡是入库货物都要进行认真检查，一般商品要验收品种、规格、数量、质量、包装等，技术性强、感官不易识别和分等论价的货物，要由有关业务部门专门验收货物质量，入库时仓库只验数量和包装；验收中发现问题要由共同交付入库的有关人员详细记录，分清责任，并通知存货方及时处理。货物经检验无误后方可入库。

货物出库须按照先进先出或易坏先出（易坏只限合同中申明的或货物外部显露出来的）原则发货，否则由此造成的损失由保管方负责。货物出库有存货方自提、用户自提、保管方送货上门三种方式，都须当面办理交接手续。保管方没有按合同规定的时间、数量交货，应承担违约责任；存货方已通知货物出库或合同期已到，由于存货方的原因不能如期出库，应承担违约责任；由于存货方调拨凭证上的差错所造成的实际损失，由存货方负责。由保管方代办运输的，保管方负责向运输部门申报运输计划，办理托运费和发运手续。

**6. 货物损耗标准和损耗的处理**

损耗标准是指货物在储存、运输过程中，由于自然因素（如干燥、风化、散失、挥发、黏结等）、货物本身的性质和度量衡的误差等原因，不可避免地要发生一定数量的减少、破损或计量误差。有关主管部门对此作出规定或者由合同当事人商定货物自然减量标准和合理磅差（一般以百分比或千分比表示），统称为损耗标准。

损耗的处理是指实际发生的损耗，超过标准或者没有超过标准规定时，如何划分经济责任，以及对实物如何进行处理。比如，在货物验收过程中，如在途损耗不超过货物自然减量标准和损耗在规定磅差范围内的，仓库可按实际验收数验收入库，如果超过规定的，应核实作出验收记录，按照规定处理。

**7. 保管期限**

保管期限是指双方约定的仓储物的储存时间。如储存 5 个月，自货物验收合格入库起算。保管人根据保管期限计收仓储费，安排库容使用计划，并承担责任，对不能遵守保管期限条款的存货人，保管人有权要求其承担违约责任。存货方过期不取走货物的，应承担违约责任。但有的存储保管合同也可以不规定期限，双方约定只要存货方按日或按月支付保管费用，即可继续存放。

**8. 费用负担和结算办法**

确定仓储费的费率、结算方法、支付方法和支付时间的条款。货物储存过程中的费用项目，应按仓储保管部门制定的标准执行，也可由当事人双方协商确定。存货方一般应按月支付保管费用。

**9. 违约责任**

《仓储保管合同实施细则》规定：保管人不能全部或部分按合同议定的品名、时间、数量接货的；存货方不能全部或部分按合同议定的品名、时间、数量入库（含超议定储存量储存）的；保管方没有按合同规定时间、数量交货的，存货方已通知货物出库或合同期已到，由于存货方的原因不能如期出库的，均应承担违约责任，当事人必须向对方支付违约金，合同另有规定的除外。违约金的数额为违约所涉及的那一部分货物的 3 个月保管费（或租金）或 3 倍的劳务费，合同另有规定的除外。因违约使对方遭受经济损失的，如违约金不足以抵偿实际损失，还应以赔偿金的形式补偿其差额部分。

其他违约行为给对方造成经济损失的，一律赔偿实际损失。赔偿货物的损失，一律按进货价或国家批准调整后的价格计算；有残值的，应扣除残值部分或残值归赔偿方；不负责赔偿实物。

**10. 变更和解除合同期限**

保管方或存货方如需要对合同进行变更或解除，必须事先通知对方，以便做好相应的准备工作。因此，仓储保管中应当明确规定提出变更或解除合同的期限。

## （三）仓储合同双方的责任与义务

仓储合同当事人的权利与义务是合同当事人在履行合同过程中有权要求对方采取的行为和自身需要进行的行为或不行为。当事人的权利和义务来自合同的约定和法律的规定。

**1. 存货人的权利与义务**

（1）存货人的权利。

1）查验、取样权。在仓储保管期间存货人有对仓储物进行查验、取样查验的权利，能提取合理数量的样品进行查验。由于查验，当然会影响保管人的工作，取样还会造成仓储物的减量，但存货人合理进行的查验和取样，保管人不得拒绝。

2）保管物的领取权。当事人对保管期限没有约定或约定不明确的，保管人可以随时要求存货人领取保管物；约定明确的，保管人无特别事由，不得要求存货人提前领取保管物，但存货人随时可以领取保管物。

3）获取仓储物孳息的权利。《合同法》第 377 条规定："保管期间届满或者寄存人提前领取保管物的，保管人应当将原物及其孳息归还寄存人。"可见，如果仓储物在保管期间产生了孳息，存货人有权获取该孳息。

（2）存货人的义务。

1）告知义务。存货人的告知义务包括两个方面：对仓储物的完整告知和瑕疵告知。所谓完整告知，是指在订立合同时存货人要完整细致地告知保管人仓储物的准确名称、数量、包装方式、性质、作业保管要求等涉及验收、作业、仓储保管、交付的资料，特别是危险货物，存货人还要提供详细的说明资料。存货人寄存货币、有价证券或者其他贵重物品的，应当向保管人声明，由保管人验收或者封存，存货人未声明的，该物品毁损、灭失后，保管人可以按照一般物品予以赔偿。存货人未明确告知的仓储物属于夹带品，保管人可以拒绝接受。

2）妥善处理和交存货物。存货人应对仓储物进行妥善处理，根据性质进行分类、分储，根据合同约定妥善包装，使仓储物适合仓储作业和保管。存货人应在合同约定的时间向保管人交存仓储物，并提供验收单证。交存仓储物不是仓储合同生效的条件，而是存货人履行合同的义务。存货人未按照约定交存仓储物的，构成违约。

3）支付仓储费和偿付必要费用。存货人应根据合同约定按时、按量地支付仓储费，否则构成违约。如果存货人提前提取仓储物，保管人不减收仓储费。如果存货人逾期提取，应加收仓储费。如果存货人未支付仓储费，保管人有对仓储物行使留置的权利，即有权拒绝将仓储物交还存货人或应付款人，并可通过拍卖留置的仓储物等方式获得款项。

4）及时提货。存货人应按照合同的约定，按时将仓储物提离。保管人根据合同的约定安排仓库的使用计划，如果存货人未将仓储物提离，会使得保管人已签订的下一个仓储合同无法履行。

上述内容可简要归纳为图 5－1。

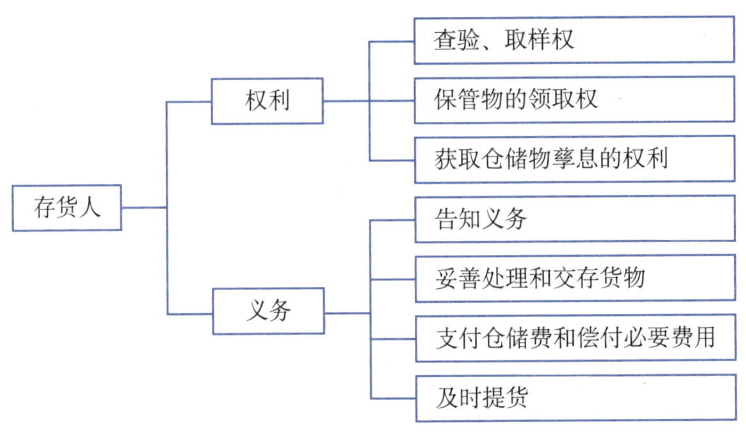


图 5－1　存货人的权利和义务

**2. 保管人的权利和义务**

（1）保管人的权利。

1）收取仓储费的权利。仓储费是保管人订立合同的目的，是对仓储物进行保管所获得的报酬，是保管人的合同权利。保管人有权按照合同约定收取仓储费或在存货人提货时收取仓储费。

2）提存权。储存期届满，存货人或者仓单持有人不提取货物的，保管人可以催告其在合理期限内提取，逾期不提取的，保管人可以提存仓储物。所谓提存，是指债权人无正当理由拒绝接受履行，或下落不明，或数人就同一债权主张权利，债权人一时无法确定，致使债务人难于履行债务，经公证机关证明或法院的裁决，债务人可将履行的标的物提交有关部门保存。一经提存即认为债务人已经履行了其义务，债权债务关系即行终止。债权人享有向提存物的保管机关要求提取标的物请求权，但须承担提存期间标的物损毁灭失的风险并支付因提存所需要的保管或拍卖等费用，且提取请求权自提存之日起 5 年内不行使而消灭。

3）验收货物的权利。验收货物不仅是保管人的义务，也是保管人的一项权利。保管人有权对货物进行验收，在验收中发现货物溢短，对溢出部分可以拒收，对于短少的有权向存货人主张违约责任。对于货物存在的不良状况，有权要求存货人更换、修理或拒绝接受，否则需如实编制记录，以明确责任。

（2）保管人的义务。

1）提供合适的仓储条件。仓储保管人经营仓储保管的先决条件就是具有合适的仓储保管条件，有从事保管货物的保管设施和设备。仓储条件包括适合的场地、容器、仓库、货架、作业搬运设备、计量设备、保管设备、安全保卫设施等，同时还应配备一定的保管人员、商品养护人员，制定有效的管理制度和操作规程等。保管人所具有的仓储保管条件还要适合所要进行保管的仓储物的相对仓储保管要求，如保存粮食的粮仓、保存冷藏货物的冷库等。保管人若不具有仓储保管条件，则构成根本违约。

2）验收货物。保管人应该在接受仓储物时对货物进行理货、计数、查验，在合同约定的期限内检验货物质量，并签发验货单证。验收货物按照合同约定的标准和方法，或者按照习惯的、合理的方法进行。保管人未验收货物推定为存货人所交存的货物完好，保管人要返还完好无损的货物。

3）签发仓单。保管人在接受货物后，根据合同的约定或者存货人的要求，及时向存货人签发仓单。在存期届满，保管人根据仓单的记载向仓单持有人交付货物，并承担仓单所明确的责任。保管人应根据实际收取的货物情况签发仓单，并根据合同条款确定仓单的责任事项，避免将来向仓单持有人承担超出仓储合同所约定的责任。

4）合理化仓储。保管人应在合同约定的仓储地点存放仓储物，并充分使用先进的技术、科学的方法、严格的制度，高质量地做好仓储管理。使用适合于仓储物保管的仓储设施和设备，如容器、货架、货仓等，从谨慎操作、妥善处理、科学保管和合理维护等各方面做到合理化仓储。保管人对于仓储物的保管承担严格责任，因其保管不善所造成的仓储物在仓储期间发生损害、灭失，除非保管人能证明损害是由于货物性质、包装不当、超期等以及其他免责原因造成的，否则保管人要承担赔偿责任。

5）返还仓储物及其孳息的义务。保管人应在约定的时间和地点向存货人或仓单持有人交还约定的仓储物。仓储合同没有明确存期和交还地点的，存货人或仓单持有人可以随时要求提取，保管人应在合理的时间内交还存储物。作为一般仓储合同，保管人在交返仓储物时，应将原物及其孳息、残余物一同交还。

6）危险告知义务。当仓储物出现危险时，保管人应及时通知存货人或仓单持有人，并有义务采取紧急措施处置，防止危害扩大。包括在货物验收时发现不良情况、发生不可抗力损害、仓储物的变质、仓储事故的损坏以及其他涉及仓储物所有权的情况，都应该告知存货人或仓单持有人。

上述内容可简要归纳为图 5－2。

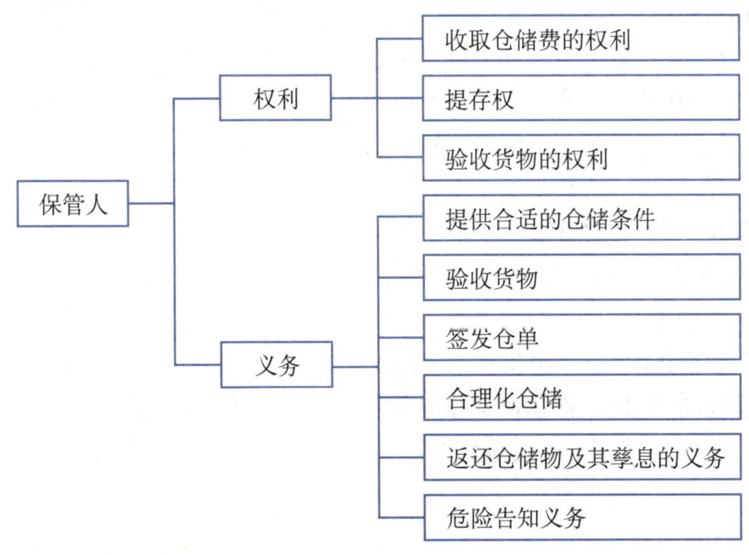


图 5－2　保管人的权利和义务

## （四）仓储合同的变更及解除

**1. 仓储合同的变更**

仓储合同的变更是指对已生效的仓储合同的内容进行修改或补充，不改变原合同的关系和本质事项。仓储合同当事人一方因利益需要，向另一方提出变更合同的要求，并要求另一方在限期内答复，若另一方在期限内答复同意变更，或者在期限内未作答复，则合同变更成立，双方需按变更后的条件履行。如果另一方在期限内明确拒绝变更，则合同变更不成立。合同变更后按变更后的合同履行，对变更前已履行的部分没有追溯力，但因为不完全履行发生的利益损害，可以作为请求赔偿的原因，或者变更合同的条件。

**2. 仓储合同的解除**

仓储合同的解除是将未履行的合同或合同还未履行部分不再履行，发生的权利义务关系消亡，合同履行终止。

（1）仓储合同解除的方式。

1）存货人与保管人协议解除合同。协议解除合同和协议订立合同一样，是双方意见一致的结果，具有至高的效力。解除合同协议可以在合同生效后、履行完毕前双方协商达成解除合同的协议；也可以在订立合同时订立解除合同的条款，当约定的解除合同的条件出现时，一方通知另一方解除合同。

2）出现法律规定的仓储合同解除条件而解除合同。这是当事人一方依照《合同法》规定的有权采取解除合同的法律规定的行为。《合同法》规定：因不可抗力致使合同的目的不能实现，任何一方可通知对方解除合同；一方当事人逾期违约，另一方可以行使合同解除权；仓储合同的一方当事人延迟履行合同义务，经催告后在合理期限内仍未履行，另一方可以解除合同。仓储合同一方当事人延迟履行义务或者有其他违约行为，致使合同目的不能实现，另一方可以解除合同，一方选择依法解除合同的，只要书面向对方发出解除合同的通知，当通知达到对方，合同解除。有权解除合同方也可以要求人民法院或仲裁机构确定解除合同。

（2）仓储合同解除后的后果。

仓储合同解除后，因合同所产生的存货人和保管人的权利义务关系消灭，未履行的合同部分当然地终止履行。合同解除并不影响合同的清算条款的效力，双方仍需要按照清算条款的约定承担责任和赔偿损失，需承担违约责任的，一方仍要依据合同约定承担违约责任、采取补救措施和赔偿损失的责任。如违约的存货人需要对仓库空置给予补偿，造成合同解除的保管人要承担运输费、转仓费、仓储费差额等损失赔偿。

## 三、仓库安全管理

### （一）库场治安

**1. 治安保卫管理的内容**

治安保卫管理是仓库管理的重要组成部分，是仓库为了防范、制止恶性侵权行为的发生，意外事故对仓库及仓储财产造成的破坏和侵害，维护稳定安全的仓库环境，保证仓储生产经营的顺利开展所进行的管理工作。它不仅涉及财产安全、人身安全，执行国家的治安保卫管理法规和政策，同时也涉及仓库能否按照合同如约履行各项义务，降低和防止经营风险等。

仓库的治安保卫管理和治安保卫工作的具体内容包括：执行国家治安保卫规章制度，防盗、防抢、防破坏、防骗以及防止财产侵害、防火，维持仓库内秩序，防止意外事故等仓库治安灾难事故，协调与外部的治安保卫关系，保证库内人员生命安全与物资安全等。仓库治安保卫管理的原则是：坚持预防为主、严格管理、确保重点、保障安全和主管负责制。

**2. 治安保卫管理组织**

治安保卫的管理机构由仓库的整个管理机构组成，高层领导对整个仓库的安全负全责；各部门、机构的领导是本部门的治安责任人，负责本部门的治安保卫管理工作，对本部门的治安保卫工作负责；治安保卫的职能机构协助领导的管理工作，指导各部门，领导其执行机构。仓库治安保卫执行机构采用由专职保卫机构和兼职安全员相结合的组织方式。

专职保卫机构既执行整个仓库的保卫工作，同时也负责治安管理。专职保卫机构根据仓库规模的大小、人员的多少、任务的繁重程度、仓库所在地的社会环境确定机构设置、人员配备。一般设置保卫部、保卫队、门卫队等。专职保卫机构在仓库高层领导的领导下，制定仓库治安保卫规章制度、工作计划；督促各部门领导的治安保卫工作，组织全员的治安保卫学习和宣传，做好仓库内的治安保卫工作；与当地公安部门保持密切联系，协助公安部门在仓库内的治安管理活动，管理治安保卫的器具，管理专职保卫员工。

治安保卫的兼职制度是实行治安保卫群众管理制度的体现，兼职保安员主要承担所在部门和组织的治安保卫工作，协助部门领导的管理工作，督促部门执行仓库治安保卫管理制度，组织治安保卫学习、组织各项检查工作。

**3. 治安保卫工作的内容**

仓库的治安保卫工作主要有防盗、防火、防抢、防破坏、防骗以及员工人身安全保护、保密等内容。治安保卫工作不仅有专职保安员承担的工作（如门卫管理、治安巡查、安全值班等），还有大量的可由在岗员工负责的治安工作（如办公室防火防盗、财务防骗、商务保密、仓库员防火、锁门关窗等）。仓库主要的治安保卫工作有：

（1）守卫大门和要害部门。大门守卫是维持仓库治安的第一道防线。大门守卫除了要负责开关大门，限制无关人员入内，接待入库办事人员，并及时审核身份与登记以外，还要检查入库人员是否携带火源、易燃易爆物品，检查入库车辆的防火条件，放行条内容是否相符，收留放行条，查问和登记出库人员随身携带的物品，特殊情况下有权检查当事者物品、封闭大门。对于危险品仓、贵重品仓、特殊品仓等要害部位，需要安排专职守卫看守，限制无关人员接近，防止危害、破坏和失窃。

（2）治安检查。治安责任人应按规章准则经常检查治安保卫工作。治安检查实行定期检查与不定期检查相结合的制度。班组每日检查、部门每周检查、仓库每月检查，及时发现治安保卫漏洞、安全隐患，通过有效手段消除各种隐患。

（3）巡逻检查。巡逻检查一般由两名保安员共同进行，携带保安器械和强力手电筒不定时、不定线、经常地巡视整个仓库的安全保卫工作。保安员应查问可疑人员，检查各部门的防卫工作，关闭无人办公的办公室，关好仓库门窗，关闭电源，禁止挪用消防器材，检查仓库内有无异常现象，停留在仓库内过夜的车辆是否符合规定等。巡逻检查中发现不符合治安保卫制度要求的情况，应采取相应的措施处理或者告知主管部门处理。

（4）防盗设施、设备的使用。仓库的防盗设施大至围墙、大门、防盗门，小到门锁、窗。仓库应该根据法规规定和治安保管的需要设置和安装这些设施。仓库使用的防盗设备除了专职保安员的警械外，主要有视频监控设备、自动警报设备、人工报警设备，仓库应按照规定合理利用配置的设备，专人负责操作和管理，确保其有效运作。

（5）治安应急。治安应急是指仓库发生治安事件时，采取紧急措施，防止和减少事件造成损失的制度。治安应急需要通过制定应急方案，明确确定应急人员的职责，规定发生事件时的信息（信号）发布和传递方法。这些应急方案要在平时经常进行演习。

**4. 治安保卫管理制度**

仓库应通过规章制度明确工作规范、工作行为，划分岗位责任；通过制度建立管理系统，及时顺畅地交流信息，随时堵塞保卫漏洞，确保工作进行得及时有效。仓库治安规章制度有安全防火责任制度，安全设施设备保管使用制度，门卫值班制度，人员、车辆进出库管理制度，保卫人员值班巡查制度等。

为了治安保卫规章制度得以有效执行，规章制度需要有相对的稳定性，使每一位员工都清楚，以便依照规章制度严格行事。随着形势的发展、技术的革新、环境的变化，规章制度也要适应新的需要进行相应修改。

仓库需要依据国家法律、法规，结合仓库治安保卫的实际需要，以保证仓储生产高效率进行、确保仓储安全、防止治安事故的发生为目的，科学地制定治安保卫规章制度。仓库的规章制度不得违反法律规定，不能侵害公民人身权或者其他合法权益，避免或者最低限度地减少对社会秩序造成的妨碍。

保障库场安全的具体方法有哪些?

## (二) 库场消防

从仓库不安全的因素及其危害程度来看，火灾造成的损失最大，它可以在很短的时间内使整个仓库变成一片废墟（见图 5－3），对国家财产和人民生命安全造成极大的损失。对于火灾要防患于未然。仓库必须认真贯彻“预防为主，防消结合”的消防方针，坚决执行《消防法》和公安部制定的《仓库防火安全管理规则》。

图 5－3 火灾过后的汽车场

**1. 仓库防火的工作要点**

(1) 仓库的防火工作要依法办事，根据企业法人是第一责任人的规定，遵循“谁主管谁负责”的原则，成立防火灭火安全委员会（领导小组），全面负责仓库的消防安全工作。

(2) 建立以岗位责任制为中心的三级防火责任制，把防火安全工作具体落实到各级组织和责任人。

(3) 建立健全各工种的安全操作制度和安全操作规程，特别是各种用电设备的安全作业规程，经常进行安全教育，坚持做到职工考核合格、持证上岗的制度。

(4) 定期开展防火灭火的消防安全检查，消除各种火灾隐患，落实各项消防措施，及时处理各类事故，做到“三不放过”，即“事故原因分析不清不放过，事故责任者和群众没有受到教育不放过，没有采取切实可行的防范措施不放过”。

**2. 防火工作的措施**

（1）普及防火知识。坚持经常性的防火宣传教育，普及消防知识，不断提高全体仓库职工防火的警惕性，让每个职工都学会基本的防火灭火方法。

（2）遵守“建筑设计防火规范”。新建改建的仓库要严格遵照“建筑设计防火规范”的规定，不得擅自搭建违章建筑，也不得随意改变建筑的使用性质。仓库的防火间距内不得堆放可燃物品，不得破坏建筑物内已有的消防安全设施、消防通道、安全门、疏散楼梯、走道，要经常保持畅通。

（3）易燃、易爆的危险品仓库必须符合防火防爆要求。凡是储存易燃、易爆物品的危险品仓库，进出的车辆和人员必须严禁烟火；储存危险品应专库专储，性能相抵触的商品必须严格分开储存和运输，专库须由专人管理，防止剧烈震动和撞击。易燃、易爆危险品仓库内，应选用不会产生电火花的电器开关。

（4）电气设备应始终符合规范的要求。仓库中的电气设备不仅安装时要符合规定要求，而且要经常检查，一旦发现绝缘损坏要及时更换，不应超负荷，不应使用不合规格的保险装置。电气设备附近不能堆放可燃物品，工作结束应及时切断电源。

（5）明火作业须经消防部门批准，方可动火。若需电焊、气割、烘烤取暖、炉灶、安装锅炉等须经有关的消防部门批准，才能动火工作。

（6）配备适量的消防设备和火灾报警装置，要有防火安全措施。根据仓库的规模、性质、特点，配备一定数量的防火灭火设备及火灾报警器，按防火灭火的要求，分别布置在明显和便于使用的地点，并定期进行维护和保养，使之始终保持完好状态。

（7）遇火警或爆炸应立即报警。如遇仓库发生火情或爆炸事故，必须立即向当地的公安消防部门报警。事故过后，应根据“三不放过”的原则，认真追查原因，严肃处理事故责任者，并以此教育广大职工。

**3. 常用的灭火器材、设备及使用范围**

灭火器材主要有灭火器、水和砂土等，还有消火栓、消防泵、消防车等。

（1）常用的灭火器有：干粉灭火器、二氧化碳灭火器、卤代烷灭火器、泡沫灭火器和1211灭火器（见图5-4）。干粉灭火器不导电、不腐蚀、毒性低，可用于扑救易燃液体、有机溶剂、可燃气体和电气设备的初起火灾；二氧化碳灭火器不导电、不含水分、不污损仪器和设备，可用于扑灭贵重仪器、电气设备及其他忌水物资的初起火灾，但不能用于含碳商品的灭火，如木材、棉、毛、纸张；卤代烷灭火器不导电、不腐蚀、不污损仪器和设备；泡沫灭火器可导电，不能用于电器设备灭火，可用于扑救汽油、煤油等油类，香蕉水、松香水等易燃液体，木材及一般货物的初起火灾；1211灭火器主要用于扑救可燃气体、可燃液体、带电设备及一般物资的初起火灾。

（2）水是仓库消防的主要灭火剂。仓库中应有足以保证消防用水的给水、蓄水、泵水的设备以及水塔、消防供水管道、消防车等。当库场中无自来水设备、距自然水源又远时，则必须修建水池，以储备消防用水。有自来水设备的仓库，按面积大小，合理设置消

（a）干粉灭火器　（b）二氧化碳灭火器　（c）泡沫灭火器

图 5－4　部分常用灭火器

火栓，应保证在每一个可能着火点上，有不少于两个水龙头可进行灭火。但不能用水对反应剧烈的化学危险品，如电石、金属钾、保险粉等进行灭火，也不能将水用于比水轻、不溶于水的易燃液体如汽油、苯类物品的灭火。

（3）砂土。砂土可用以扑救电气设备及液体燃料的初起火灾，也可用于扑灭酸碱性物质的火灾和过氧化剂及遇水燃烧的液体和化学危险品的火灾。因此，仓库中应备有砂土箱。但须注意的是，爆炸性物品（如硫酸铵等）不可用砂土灭火，而应用冷却法灭火，可用水浸湿旧棉絮、旧麻袋覆盖在燃烧物上。

（4）自动消防设备。常见的自动消防设备有离子烟感火灾探测报警器、光电烟感报警器、温感报警器、紫外火焰光感报警器、红外火焰光感报警器和自动喷洒灭火装置等。

危险品保管的关键点是什么?

## （三）仓储生产安全管理

### 1. 安全作业基本要求

（1）人力作业安全。

1）人力作业仅限制在轻负荷的作业。男工人力搬举货物每件不超过 80 千克，距离不大于 60 米；集体搬运时每个人的负荷不超过 40 千克；女工的负荷不超过 25 千克。

2）尽可能采用人力机械作业。人力机械承重也应在限定的范围内，如人力绞车、滑车、拖车、手推车等不超过 500 千克。

3）只在适合作业的安全环境里进行作业。作业前应使作业人员清楚明白作业要求，让其了解作业环境，指明危险因素和危险位置。

4）作业人员按要求穿戴相应的安全防护用具，使用合适的作业工具进行作业。采

用安全的作业方法，不采用自然滑动和滚动、推倒垛、挖角、挖井、超高等不安全作业，人员在滚动货物的侧面作业。注意人员与操作机械的配合，在机械移动作业时人员需避开。

5）合理安排工间休息。每作业 2 小时至少有 10 分钟休息时间，每作业 4 小时有 1 小时休息时间，并合理安排生理需要时间。

6）必须有专人在现场指挥和安全指导，严格按照安全规范进行作业指挥。人员避开不稳定货垛的正面、塌陷、散落的位置，运行设备的下方等不安全位置作业；在作业设备调位时暂停作业；发现安全隐患时及时停止作业，消除安全隐患后方可恢复作业。

（2）机械安全作业。

1）使用合适的机械、设备进行作业。尽可能采用专用设备作业，或者使用专用工具。使用通用设备，必须满足作业需要，并进行必要的防护，如货物绑扎、限位等。

2）使用的设备应无损坏。设备不得带“病”作业，特别是设备的承重机件，更应无损坏，符合使用的要求。应在设备的使用负荷范围内进行作业，决不超负荷运行。危险品作业时还需减低负荷 25%作业。

3）设备作业要有专人进行指挥。采用规定的指挥信号，按作业规范进行作业指挥。

4）汽车装卸时，注意保持安全间距。汽车与堆物距离不小于 2 米，与滚动物品距离不得小于 3 米。多辆汽车同时进行装卸时，直线停放的前后车距不得小于 2 米，并排停放的两车侧板距离不得小于 1.5 米。汽车装载应固定妥当、绑扎牢固。

5）移动吊车必须在停放稳定后方可作业。叉车不得直接叉运压力容器和未包装货物；移动设备在载货时需控制行驶速度，不可高速行驶。货物不能超出车辆两侧 0.2 米，禁止两车共载一物。

6）载货移动设备上不得载人运行。除了连续运转设备外如自动输送线，其他设备需停止稳定后方可作业，不得在运行中作业。

**2. 安全作业管理内容**

仓储作业安全管理是经济效益管理的组成部分，作业安全涉及货物的安全、作业人员人身安全、作业设备和仓库设施的安全。仓库的安全作业管理应包括以下内容：

（1）安全操作管理制度化。安全作业管理应成为仓库日常管理的重要项目，通过制度化的管理保证管理的效果，制定科学合理的各种作业安全制度、操作规程和安全责任制度，并通过严格的监督，确保管理制度得以有效和充分的执行。

（2）加强劳动安全保护。劳动安全保护包括直接和间接施行于员工人身的保护措施。仓库要遵守《劳动法》的劳动时间和休息规定，每日 8 小时、每周不超过 44 小时的工时制，依法安排加班，保证员工有足够的休息时间，包括合适的工间休息。提供合适和足够的劳动防护用品，如高强度工作鞋、安全帽、手套、工作服等，并督促作业人员使用和穿戴。

采用具有较高安全系数的作业设备、作业机械，作业工具应适合作业要求，作

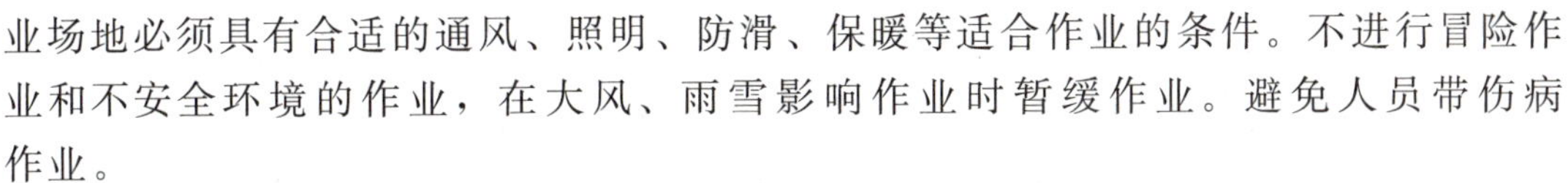

业场地必须具有合适的通风、照明、防滑、保暖等适合作业的条件。不进行冒险作业和不安全环境的作业，在大风、雨雪影响作业时暂缓作业。避免人员带伤病作业。

(3) 重视作业人员资质管理和业务培训、安全教育。新参加仓库工作和转岗的员工，应进行仓库安全作业教育，对所从事的作业进行安全作业和操作培训，确保熟练掌握岗位的安全作业技能和规范。从事特种作业的员工必须经过专门培训并取得特种作业资格，方可进行作业，且仅能从事其资格证书限定的作业项目操作，不能混岗作业。安全作业宣传和教育是仓库的长期性工作，作业安全检查是仓库安全作业管理的日常性工作，通过不断地宣传、严格地检查，严厉惩罚违章和忽视安全的行为，强化作业人员的安全责任心。

## 四、仓储成本管理

仓储是以改变"物"的时间状态为目的的活动，克服产需之间的时间差异，从而获得更好的效用。因此，在物流系统中，仓储是一个不可或缺的构成部分。它能保证生产和经营过程的顺利进行，创造"时间效用"。但是，作为一种停滞，不合理的仓储活动会带来物流成本的增加，也常常会冲减物流系统效益，恶化物流系统运行，从而冲减企业利润。因此，企业在日常生产经营过程中，应该运用科学的管理方法对仓储成本进行控制。

### (一) 仓储成本的含义及构成

仓储成本是指仓储企业在开展仓储业务活动中各种要素投入以货币计算的总和。仓储成本是物流成本的重要组成部分，对物流成本的高低有直接影响。仓储成本还体现了仓储企业管理水平的高低。企业的管理水平越高，各种仓储设施设备利用越合理、越充分，则仓储成本越低；反之，则仓储成本越高。

仓储成本主要包括：仓储持有成本、订货成本或生产准备成本、缺货成本和在途库存持有成本等。

**1. 仓储持有成本**

仓储持有成本是指为保持适当的库存而发生的成本。根据是否与仓储数量的多少有关，仓储持有成本可分为固定成本和变动成本。

固定成本与一定限度内的仓储数量无关，如仓储设备折旧、仓储设备的维护费用和仓库职工工资等。

变动成本与仓储数量的多少相关，如库存占用资金的利息费用、仓储物品的毁损和变质损失、保险费用、搬运装卸费用和挑选整理费用等。变动成本主要包括以下四项成本：资金占用成本、仓储维护成本、仓储运作成本和仓储风险成本。

**2. 订货成本或生产准备成本**

订货成本是指企业为了实现一次订货而进行的各种活动的费用，包括处理订货的差旅费、办公费等支出。订货成本中有一部分与订货次数无关，如常设机构的基本开支等，称为订货的固定成本；另一部分与订货的次数有关，如差旅费、通行费等，称为订货的变动成本。

生产准备成本，是指当库存的某些产品不由外部供应商而是由企业自行生产时，企业为生产一批货物而进行准备的成本。其中，更换模具、增添某些专用设备等属于与生产物品数量无关的固定成本；与生产产品的数量有关的费用如材料费、加工费和人工费等属于变动成本。

**3. 缺货成本**

缺货成本是指由于库存供应中断而造成的损失，包括原材料中断造成的停工损失、产成品库存缺货造成的延迟发货损失和丧失销售机会损失等。当缺货发生时，对该物品的需求或者被取消，或者必须等到再次补充库存后才能得到满足，此时，往往会导致延期交货、失去销售机会和失去客户的情况发生。

（1）延期交货。延期交货可以有两种形式：一种是在下次订货时得到补充；另一种是快速延期交货。如果是前者则企业实际上没什么损失，但如果经常缺货，客户可能就会转向其他供应商。如果是后者，快速延期交货则会发生特殊订单处理和额外运输费用，从而提高物流成本。

（2）失去销售机会。当供应商没有客户所需商品时，客户就会从其他供应商那里订货。这时企业将会失去销售机会，直接损失就是商品的利润损失，同时，还会对未来的销售造成不良的影响。

（3）失去客户。第三种可能发生的情况是由于缺货而失去客户，也就是说，客户永远转向另一个供应商。如果失去了客户，企业也就失去了未来一系列的收入，这种缺货造成的损失很难估计，需要用科学的管理技术以及市场营销的研究方法来分析和计算。除了利润损失，还有由于缺货造成的商誉损失。商誉很难度量，在仓储决策中常被忽略，但它对未来销售及企业经营活动非常重要。

**4. 在途库存持有成本**

当企业以目的地交货销售商品时，企业要负责将货物送达客户。当客户收到商品后，商品的所有权才转移给购买者。这种在途货物在交给客户之前仍属于企业所有，是企业库存的一部分，企业应该对在途库存持有成本进行分析。一般来说，在途库存持有成本主要包括库存的资金占用成本和保险费用。在实际业务中，企业需要对在途库存持有成本进行仔细分析。

### （二）仓储成本的核算

仓储成本是伴随着物流仓储活动而发生的各种费用，仓储成本的高低直接影响着企业的利润水平，因此仓储成本管理是企业物流管理的一项重要内容。

**1. 仓储成本核算的目的**

从企业经营的总体上看，仓储成本计算获得的数据，主要为了满足以下几个方面的需要：

（1）为各层次的经营管理者提供物流管理所需的成本资料；

（2）为编制物流预算以及预算控制提供所需的成本资料；

（3）为制订物流计划提供所需的成本资料；

（4）提供价格计算所需的成本资料。

为达到以上目的，仓储成本除了按物流活动领域、支付形态等类别分类外，还应根据管理上的需要进行分类，而且要通过不同期间成本的比较、实际发生费用与预算标准的比较，并结合仓储周转数量和仓储服务水平，对仓储成本进行分析比较。

**2. 仓储成本核算的项目**

核算仓储成本时，由于原始数据主要来自财务部门提供的数据，因此，仓储成本核算首先要按成本费用的支付形态确定各成本核算项目。在这种情况下，对外支付的保管费可以直接作为仓储物流成本全额统计。而企业内发生的仓储费用是与其他部门发生的费用混合在一起的，需要将仓储成本从中剥离出来。具体来讲包括以下几个方面：

（1）材料费。

材料费是指与仓储有关的包装材料、消耗工具、器具备品、燃料等费用，可以根据材料的出入库记录，将此期间与仓储有关的消耗量计算出来，再分别乘以单价，便可得出仓储材料费。

（2）人工费。

人工费是指从事仓储作业的操作工人与其他有关人员的工资、奖金、津贴、福利、五险一金等职工薪酬。人工费可以从仓储人员的工资、奖金、补贴等报酬的实际支付金额得到，以及由企业统一负担部分按人数分配后得到的金额计算出来。

（3）维护费。

维护费是指与仓库即保管货物有关的费用。具体包括设施设备维修保养费、租赁费、保险费、税金等。维护费应根据本期实际发生额计算，对于经过多个期间统一支付的费用（如保险费、租赁费等），可按期间分摊计入本期相应的费用中。

（4）管理费用。

管理费用指仓储企业或部门为管理仓储活动或开展仓储业务而发生的各种间接费用，主要包括办公费、人员培训费、差旅费、招待费、营销费、水电费等。

（5）营业外费用。

营业外费用包括仓储设施设备的折旧费、利息等。折旧可根据设施设备的折旧年限、折旧率来计算；利息可根据仓储相关资产的贷款利率计算。

### 3. 仓储成本的核算方法

一般来讲，仓储成本的核算可以采用以下三种方法：

（1）按支付形态核算仓储成本。

先将企业发生的各项管理等费用按仓储搬运费、仓储保管费、材料消耗费、人工费、仓储管理费、仓储占用资金利息等支付形态分类，然后将各项目费用乘以一定的比例计算出仓储成本的总额。这种方法是从月度损益表中“管理费用、财务费用、营业费用”等各个科目中取出一定数值乘以一定的比率（物流部门比率，分别按人数平均、台数平均、面积平均、时间平均等）算出仓储部门的费用。

**【例 5-1】** 甲物流公司现有员工 100 人，仓储作业人员 21 人；全公司面积为 3 137 平方米，仓储设施面积为 1 600 平方米，该公司 2018 年 8 月按支付形态划分的仓储成本核算表如表 5-1 所示。

表 5-1　甲物流公司 2018 年 8 月按支付形态核算的仓储成本核算表　（单位：元）

| 序号 | 仓储成本形态 | 管理等费用 | 仓储成本 | 计算基础 | 备注 |
|---|---|---|---|---|---|
| 1 | 仓库租赁费 | 115 000 | 115 000 | 100% | 全额 |
| 2 | 材料消耗费 | 35 400 | 35 400 | 100% | 全额 |
| 3 | 工资津贴费 | 561 200 | 117 852 | 21% | 人数比率 |
| 4 | 燃料动力费 | 18 300 | 9 333 | 51% | 面积比率 |
| 5 | 保险费 | 9 800 | 4 998 | 51% | 面积比率 |
| 6 | 维修费 | 17 400 | 8 874 | 51% | 面积比率 |
| 7 | 仓储搬运费 | 30 100 | 15 351 | 51% | 面积比率 |
| 8 | 仓储保管费 | 31 400 | 16 014 | 51% | 面积比率 |
| 9 | 仓储管理费 | 17 600 | 6 934 | 39.4% | 仓储费比率 |
| 10 | 易耗品费 | 18 400 | 7 250 | 39.4% | 仓储费比率 |
| 11 | 资金占用利息 | 26 500 | 10 441 | 39.4% | 仓储费比率 |
| 12 | 税金等 | 35 400 | 13 948 | 39.4% | 仓储费比率 |
| 仓储成本合计 | | 916 500 | 361 395 | 39.4% | 仓储费占费用总额比率 |

核算基准的计算如下：

人数比率＝（仓储作业人员数÷全公司人数）×100%
　　　　＝（21÷100）×100%
　　　　＝21%

面积比率＝（仓储设施面积÷全公司面积）×100%
　　　　＝（1 600÷3 137）×100%
　　　　＝51%

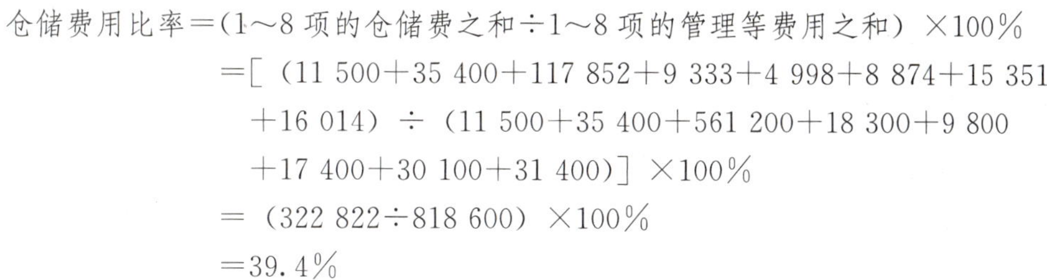

仓储费用比率＝(1～8 项的仓储费之和÷1～8 项的管理等费用之和）×100%
＝[（11 500＋35 400＋117 852＋9 333＋4 998＋8 874＋15 351＋16 014）÷（11 500＋35 400＋561 200＋18 300＋9 800＋17 400＋30 100＋31 400)］×100%
＝（322 822÷818 600）×100%
＝39.4%

（2）按仓储项目核算仓储成本。

企业按仓储成本的支付形态进行仓储成本分析，虽然可以得出总额，但还不能充分地说明仓储成本各组成费用的分布情况。企业想真正降低仓储成本，就应该把这个仓储总额按照项目详细区分开来，以便掌握仓储的实际状态，找出企业在哪些费用上有浪费，没有控制好，以达到控制成本的目的。这就是按仓储项目计算仓储成本的方法。

与按形态核算成本的方法相比，按仓储项目核算仓储成本的方法可以核算出标准仓储成本（单位个数、质量、容器的成本），也能进一步找出妨碍现实仓储合理化的情况。示例如表 5－2 所示。

表 5－2　乙物流公司 2018 年 8 月按仓储项目核算仓储成本核算表　（单位：元）

| 序号 | 项目 | 管理等费用 | 项目 | | | | |
|---|---|---|---|---|---|---|---|
| | | | 仓储租赁费 | 仓储保管费 | 仓储管理费 | 材料消耗费 | 搬运费等 |
| 1 | 仓储租赁费 | 50 040 | 50 040 | | | | |
| 2 | 材料消耗费 | 15 092 | 4 307 | 6 202 | 2 445 | 2 408 | |
| 3 | 工资津贴费 | 315 668 | 1 652 | 219 015 | 45 000 | | 50 000 |
| 4 | 燃料动力费 | 6 322 | 1 350 | | 3 622 | 1 350 | |
| 5 | 保险费 | 5 124 | 2 567 | 2 582 | 25 | | |
| 6 | 维修费 | 9 798 | 3 704 | | 2 390 | 3 704 | |
| 7 | 仓储搬运费 | 14 057 | | | | 3 558 | 10 498 |
| 8 | 仓储保管费 | 19 902 | | 19 902 | | | |
| 9 | 仓储管理费 | 9 638 | 1 496 | 1 496 | 1 496 | 5 152 | |
| 10 | 易耗品费 | 10 658 | | | | 10 658 | |
| 11 | 资金占用利息 | 11 930 | 5 022 | 6 908 | | | |
| 12 | 税金 | 16 533 | 1 666 | 6 908 | | | |
| 合计 | | 434 782 | 71 534 | 263 013 | 54 978 | 26 830 | 60 498 |
| 物流成本构成 | | 100% | 16.45% | 60.49% | 12.64% | 6.17% | 13.91% |

（3）按适用对象核算仓储成本。

按适用对象核算仓储成本是指把各项目计算出来的仓储费，以各自不同的基准，分配给各类货物，以此核算出仓储成本。这种方法可以用来分析各类货物的盈亏。

## 知识点梳理

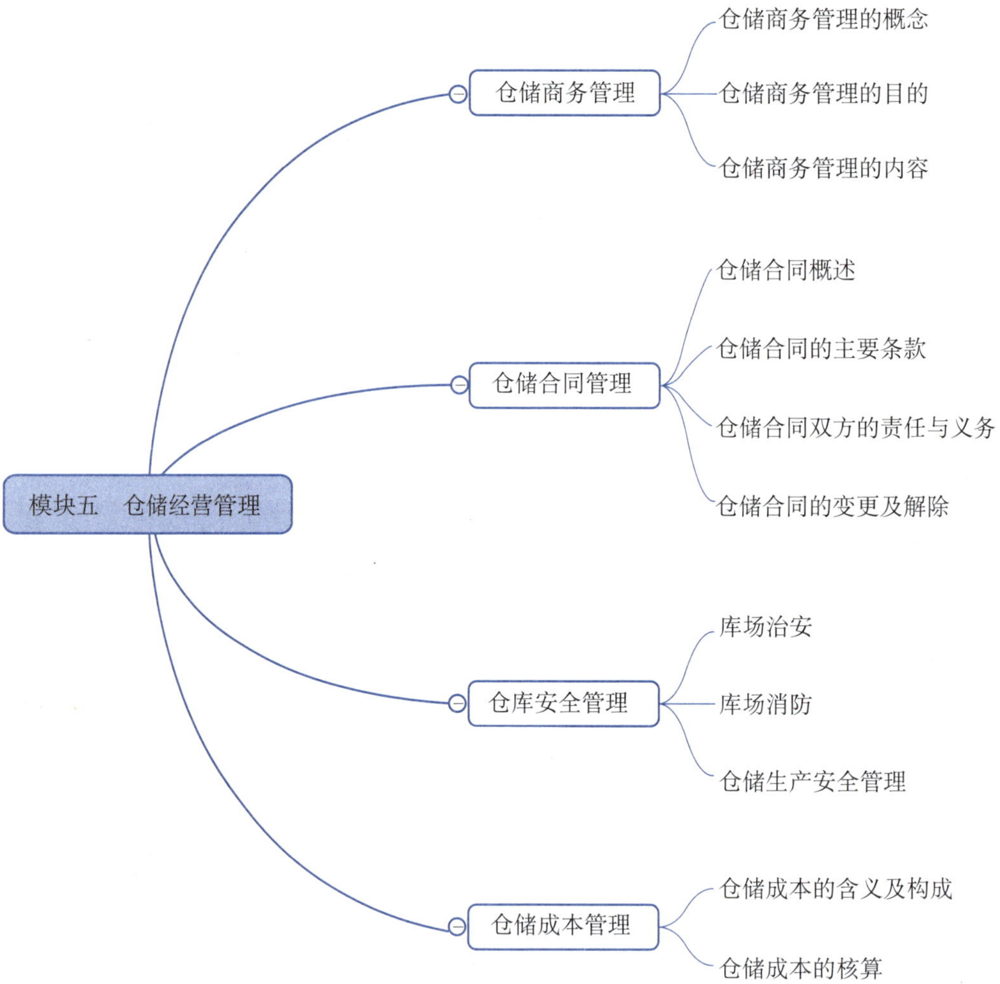

- 模块五　仓储经营管理
  - 仓储商务管理
    - 仓储商务管理的概念
    - 仓储商务管理的目的
    - 仓储商务管理的内容
  - 仓储合同管理
    - 仓储合同概述
    - 仓储合同的主要条款
    - 仓储合同双方的责任与义务
    - 仓储合同的变更及解除
  - 仓库安全管理
    - 库场治安
    - 库场消防
    - 仓储生产安全管理
  - 仓储成本管理
    - 仓储成本的含义及构成
    - 仓储成本的核算

## 课后思考题

1. 仓储商务管理的目的和内容是什么?
2. 一份完整的仓储合同应包括哪些内容?
3. 哪些仓储合同可以变更和解除? 应如何变更和解除?
4. 仓储合同的当事人双方分别有哪些权利和义务?
5. 搞好仓库消防应做好哪些工作?
6. 如何计算仓储成本?

社会主义核心价值观是社会主义核心价值体系的内核，体现社会主义核心价值体系的根本性质和基本特征，反映社会主义核心价值体系的丰富内涵和实践要求，是社会主义核心价值体系的高度凝练和集中表达。党的十八大以来，中央高度重视培育和践行社会主义核心价值观。

请查阅社会主义核心价值观的相关资料并阐述社会主义核心价值观包含哪些内容。如果你是一名物流仓储从业人员，你会如何将社会主义核心价值观体现在仓储经营管理过程当中？

# 模块六 配送及配送中心认知

**知识目标**

1. 掌握配送的概念、功能与作用。
2. 理解配送中心的概念及功能。
3. 了解配送中心的类型。
4. 了解国内外配送中心的发展趋势。

**技能目标**

1. 能认识不同配送类型。
2. 能识别不同类型的配送企业。
3. 能根据配送中心现状提出合理化建议。

**情感目标**

1. 能够与时俱进，时刻关注新科技、新动态。
2. 能够具备自主探究的能力。
3. 能够具备积极进取、细致周到的职业素养。

**重难点**

1. 配送的功能与作用。
2. 不同类型配送中心的特点。

中海物流的 IBM 配送业务

中海物流（深圳）有限公司（以下简称中海物流）坐落在深圳福田保税区，是一家为高科技电子产品生产企业提供物流配送服务的第三方物流企业。

它承接了 IBM 公司在我国境内生产厂的电子料件的配送业务，将 IBM 分布在全球的 140 家供应商的料件通过海陆空物流网络连接起来。

料件集装箱抵达香港机场或码头后，由中海物流配送中心进行报关、接运、质检、分拆、进货、配套、集成、结算、制单、信息传递、运输及装卸等作业，将上千种电子料件在 24 小时内安全、准确地完成“香港—保税区—IBM 工厂生产线”的物流过程。

另外，中海物流还要把不合格的料件在规定的时间内准确无误地退还给 IBM 在各地的供应商，并完成 IBM、中海物流和供应商之间的三者结算。

**问题：**

1. 中海物流对 IBM 公司的配送业务需要经过哪些流程？
2. IBM 委托中海物流提供物流配送服务可以给 IBM 带来什么好处？

## 一、配送认知

### （一）配送的概念

第二次世界大战结束以后，一些发达国家通过一系列的经济发展措施，开始大力发展经济，出现了经济的高速增长，但随之也出现了流通结构与商流无法配合的现象：商业网点分散，布局不合理、不协调，流通渠道结构繁杂庞大，运输成本高，库存费用大。这些问题严重阻碍了生产的进一步发展和企业利润的提高。因此，这种传统的物流方式已远远不能适应现代经济的发展。针对上述问题，日本企业界开始寻求解决矛盾的方法。它们成立了物流中心和物流团体，还积极推行“共同配送制度”，扩大和强化仓储业功能，统一了装卸、搬运等物流作业标准，将物流中的装卸、搬运、保管、运输等功能一体化和连贯化，主动为客户提供“门到门”服务。至此，经过不断的改革，一种被日本企业界称为“配送”的现代化物流方式和流通体制便应运而生了。

国家标准《物流术语》（GB/T 18354－2006）中对于配送是这样定义的：配送（distribution）是指在经济合理区域范围内，根据客户要求，对物品进行拣选、加工、包装、分割、组配等作业，并按时送达指定地点的物流活动。

除上述配送的概念之外，配送还包含下述含义（如图 6－1 所示）：

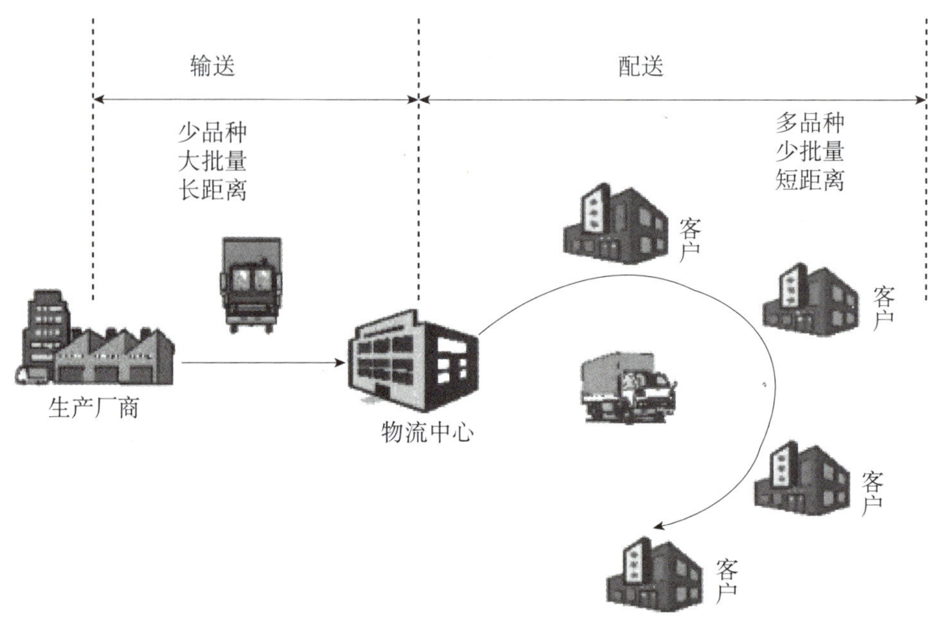


图 6-1 配送的含义

(1) 配送是按用户的要求进行的。它明确了用户的主导地位。配送是从用户利益出发、按用户要求进行的一种活动，因此，在观念上必须明确“用户第一”“质量第一”，配送企业的地位是服务地位而不是主导地位，因此不能从本企业利益出发而应从用户利益出发，在满足用户利益基础上取得本企业的利益。更重要的是，不能利用配送伤害或控制用户，不能利用配送作为部门分割、行业分割、割据市场的手段。

(2) 配送是由物流据点完成的。物流据点可以是物流配送中心、物资仓库，也可以是商店或其他物资集散地。

(3) 配送是“配”和“送”的有机结合。所谓“配”就是指配货，对不同客户的货物进行有组织的配载，使送货达到一定的规模，以利用规模优势取得较低的送货成本。“送”就是送货。配送与一般送货的重要区别在于，配送是有组织有计划的配送，有专门的装备和管理力量、技术力量，以及与之相配套的制度。所以，配送是高水平的送货形式。

(4) 配送是一种“中转”形式。配送是从物流据点至用户的一种特殊送货形式。从送货功能看，其特殊性表现为：从事送货的是专职流通企业，而不是生产企业；配送是“中转”型送货，而一般送货尤其是从工厂至用户的送货往往是直达型；一般送货是生产什么送什么、有什么送什么，配送则是企业需要什么送什么。所以，要做到需要什么送什么，就必须在一定中转环节筹集这种需要，从而使配送必然以中转的形式出现。当然，广义上，许多人也将非中转型送货纳入配送范围，将配送外延从中转扩大到非中转，仅以“送”为标志来划分配送外延，也是有一定道理的。

(5) 物流配送是流通加工、拣选、配货、送货等一系列活动的集合。

配送与送货的区别是什么？配送与运输的区别是什么？

## （二）配送的作用

配送与运输、储存、装卸搬运、流通加工、包装、物流信息等一起构成了物流系统的功能体系，它有以下几个方面的作用：

**1. 完善了输送及整个物流系统**

第二次世界大战之后，由于大吨位、高效率运输工具的出现，干线运输在铁路、海运或公路方面都达到了较高水平，长距离、大批量的运输实现了低成本化，但在干线运输之后，往往还要以支线转运或小搬运，这种支线运输及小搬运成了物流过程中的一个薄弱环节。这个环节与干线运输相比有特殊要求，即灵活性、适应性、服务性。而干线运输往往不能得到充分利用，成本过高等问题总是难以解决。采用配送方式，从范围上来讲，将支线运输、小搬运统一起来，使输送过程得以优化和完善。

**2. 提高了物流系统末端的经济效益**

采取配送方式，通过配货和集中送货，增大订货量，可以提高物流系统末端的经济效益。

**3. 通过集中库存使企业实现“低库存”或“零库存”**

配送通过集中库存，在同样的满足水平上，可使系统总库存水平降低，既降低了储存成本，也节约了运力和其他物流费用。尤其是采用准时制配送方式后，生产企业可以依靠配送中心准时送货而无须保持自己的库存，或者只需保持少量的保险储备，就可以实现生产企业的“零库存”或“低库存”，减少资金占用，改善企业的财务状况。

**4. 简化订货程序，方便用户**

由于配送可提供全方位的物流服务，采用配送方式后，用户只需向配送提供商进行一次委托，就可以得到全过程、多功能的物流服务，从而简化了委托手续和工作量，也节省了开支。

**5. 提高企业保证供应的程度**

采用配送方式，配送中心比任何单独供货企业都有更强的物流能力，可使用户降低缺货风险。配送中心的储备量大，因而对每个企业而言，中断供应、影响生产的风险便相对减小，使顾客免去短缺之忧。

配送还有哪些作用？

## （三）配送的类型

**1. 按配送商品的种类和数量分类**

（1）少品种（单品种）、大批量配送。

当生产企业所需的物资品种较少或只需要某个品种的物资，而需求量较大、较稳定时，可实行这种配送方式。这种配送方式数量大，又不必与其他物资进行配装，可使用大吨位车辆进行整车运输，因而配送成本一般较低。

（2）多品种、小批量配送。

现代企业除了生产大量需要的少数几种主要物资外，也需要生产品种更多、但数量较少的其他非主要物资。如果采用大批量、少批次配送，必然会造成用户增大库存量。相反，若采用少批量、多批次的配送则有利于企业合理安排生产。这种配送方式在现代化生产趋于消费多样化、要求多样化的发展中，具有明显的优势。

配送中要实现这种多品种、小批量的配送，必须具备较强的配送能力。配送中心设备复杂，配货、送货计划难度大，要有高水平的组织工作作为保证和配合。

（3）成套配套配送。

按企业生产需要，尤其是装配型企业生产需要，将生产每一件产品所需全部零部件配齐，按生产节奏定时送达生产企业，随即可将此成套零部件送入生产线装配产品。这种配送方式中，配送中心承担了生产企业大部分供应工作，有利于生产企业实现"零库存"，从而专门致力于生产。

**2. 按配送时间及数量分类**

（1）定时配送。

这是一种按规定的时间间隔进行的配送，比如数天或数小时一次等。这里的时间间隔是由配送中心和生产企业相互研究决定的，可以是数天，也可以是数小时。每个时间间隔配送的品种及数量可按计划执行，也可在配送之前以商定的联络方式（电话、计算机终端联系等）通知配送品种及数量。这种配送方式时间固定，易于安排工作计划，易于计划使用设备，也利于安排接运人员和接运作业。但由于配送物品种类经常变化，配货配装工作难度较大。如果再进一步划分，可分为小时配、日配、周配、旬配和月配等形式。

（2）定量配送。

定量配送是按规定的批量在一个指定的时间范围内进行的配送。由于数量的相对固定，备货工作相对简单，可以根据托盘、集装箱及车辆的装载能力规定配送量，能够有效利用托盘、集装箱等集装方式，也可做到整车配送，配送效率较高。由于时间不严格限定，因此可以将不同用户所需的物品凑成整车后配送，运力利用也较好。对于用户来讲，每次接货都处理同等数量的货物，有利于人力、物力的准备工作。

（3）定时定量配送。

定时定量配送是指按照所规定的配送时间和配送数量进行配送。这种方式兼有定时、定量两种方式的优点，但是其特殊性强，计划难度大，因此适合采用的对象不多，不是一种普遍的方式。

定时定量配送方式主要应用在大量而且稳定生产的如汽车、家用电器、机电产品等产品的供应物流里。这种方式的管理和运作，可以按配送双方事先签订的协议进行，也可采用“看板方式”来决定配送的时间和数量。

（4）定时定路线配送。

定时定路线配送是指在规定的运行路线上，制定运行时间表，按运行时间表进行配送，用户则可以按规定的路线站点及规定的时间接货以及提出配送要求。采用这种方式有利于配送企业计划安排车辆及驾驶人员，可以依次对多个用户实行共同配送，无须每次决定货物配装、配送路线、配车计划等问题，因此比较易于管理，配送成本较低。对用户而言，可以在确定的路线、确定的时间表上进行选择，又可以有计划地安排接货力量，虽然配送路线可能与用户还有一段距离，但由于成本较低，用户也乐于接受这种服务方式。

这种方式特别适合对小商业集中区的商业企业的配送。商业集中区交通较为拥挤，街道又比较狭窄，难以实现配送车辆“到门”的配送，如果在某一站点将相当多商家的货物送达，然后再用小型人力车辆将货物运回，这项操作往往在非营业时间内完成，可以避免上述矛盾对配送造成的影响。

（5）即时配送。

这是一种完全按用户突然提出的物资配送时间、配送数量进行配送的方式。这种配送方式主要应对用户由于事故、灾害、生产计划的突然变化等因素所产生的突发性需求，也应对一般消费者经常出现的突发性需求。这是有很高灵活性的一种应急方式，也是大型配送企业应当具备的应急能力。有了这种应急能力，就能够支持和保障配送企业的经营活动。需要指出的是，这种配送服务实际成本很高，难以用作经常性的服务方式。

**3. 按配送的组织形式不同分类**

（1）集中配送。

集中配送是由几个物流据点共同协作制订计划，共同组织车辆设备，对某一地区用户的货物进行配送。在具体执行配送作业计划时，可以共同使用配送车辆，提高车辆实载率，提高配送经济效益和效率，有利于降低配送成本。

集中配送的品种多、数量大，一次可同时对同一线路中几家用户进行配送，配送效益明显，这是配送的主要形式。

（2）共同配送。

共同配送是指为提高物流效率，对某一地区的用户进行配送时，由许多个配送企业联合在一起进行的配送。它是在配送中心的统一计划、统一调度下展开的。有两种运作形式：一是由一个配送企业对多家用户进行配送。即由一个配送企业综合某一地区内多个用户的要求，统筹安排配送时间、次数、路线和货物数量，全面进行配送。二是仅在送货环节上将多家用户待运送的货物混载于同一辆车上，然后按照用户的要求分别将货物运送到各个接货点，或者运到多家用户联合设立的配送货物接收点。这种配送有利于节省运力和提高运输车辆的货物满载率。

（3）分散配送。

小量、零星货物或临时需要的配送业务一般由商业销售网点进行。

商业销售网点具有分布广、数量多、服务面宽等特点，比较适合对距离近、品种繁多而用量小的货物进行配送。

**4. 按经营形式分类**

（1）销售配送。

销售配送是指配送企业是销售性企业或者是指销售企业作为销售战略一环所进行的促销型配送。一般来讲，这种配送的配送对象是不固定的，用户也往往是不固定的，配送对象和用户往往是根据对市场的占有情况而定。其配送的经营状况也取决于市场状况，因此，这种形式的配送随机性较强，而计划性较差。各种类型的商店配送多属于销售配送。

销售配送中心大体有三种类型：第一种是生产企业为了将本企业产品直接销售给消费者而建立的配送中心，在国外这种类型的配送中心很多；第二种是流通企业建立配送中心以扩大销售，我国目前拟建的配送中心大多属于这种类型，国外的例证也很多；第三种是流通企业和生产企业联合的协作性配送中心。

（2）供应配送。

供应配送是指用户为了自己的供应需要所采取的配送形式。在这种配送形式下，一般来讲是由用户或用户集团组建配送据点，集中组织大批量进货（以便取得批量折扣），然后向本企业配送或向本企业集团内的若干企业配送。在大型企业或企业集团或联合公司中，常常采用这种配送形式组织对本企业的供应，例如商业中广泛采用的连锁商店，就常常采用这种方式。用配送方式进行供应，是保证供应水平、提高供应能力、降低供应成本的重要方式。

（3）销售与供应一体化配送。

销售与供应一体化配送是指对于基本固定的用户和基本确定的配送产品，销售企业可以在自己销售的同时，承担用户有计划供应者的职能，既是销售者同时又成为用户的供应代理人。

采用销售与供应一体化配送方式，对销售者来讲，能获得稳定的用户和销售渠道，能直接获取客户偏好的信息，及时调整生产销售计划，有利于企业自身的稳定持续发展和扩大销售数量；对用户来讲，能获得稳定的供应，可大大节约本身为组织供应所耗用的人力、物力、财力。

不同类型的配送各自的特点是什么？

## （四）配送业的现状与发展

**1. 发达国家的配送现状**

一般的送货形态在西方国家已有相当长的历史，可以说是随市场而诞生的一种必然市

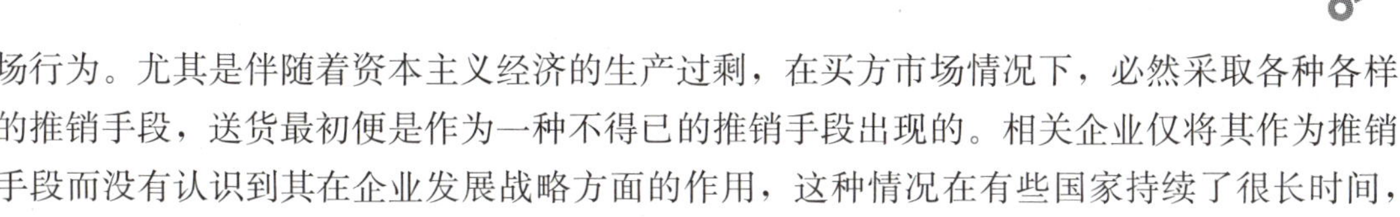

场行为。尤其是伴随着资本主义经济的生产过剩，在买方市场情况下，必然采取各种各样的推销手段，送货最初便是作为一种不得已的推销手段出现的。相关企业仅将其作为推销手段而没有认识到其在企业发展战略方面的作用，这种情况在有些国家持续了很长时间，甚至在经济发展的高峰期时也是如此。

从一般送货发展到以高技术方式支持，作为企业发展战略手段的配送，也是近一二十年的事情。许多国家甚至到 20 世纪 80 年代才真正认识到这一点。企业界普遍认识到配送是企业经营活动的主要组成部分，它能给企业创造出更多盈利，是企业增强自身竞争能力的手段。这种认识的转变有着深厚的社会根源。

(1) 科学技术的进步和生产力的发展，可以为企业界提供省力且高效的管理方式与技术装备方式，将无法回避、令人讨厌且费力低效的活动转变为刻意追求、容易接受且省力高效的活动。

(2) 生产领域劳动生产率的提高，越发使人看出流通和物流过程中的潜力。不少实践证明，包括配送在内的物流领域开发，可以取得很高的经济效益。

(3) 生产力发展大大促进了社会分工，服务性生产大大发展，服务性社会的出现使人们增强了进行主动配送服务的观念，配送成为企业“增强自身竞争能力的手段”。

在观念发生变化的同时，配送方式和手段也有很大发展，尤其突出反映在以下几方面：

(1) 配送共同化的进展。初期送货，是以单独企业为主体，为满足用户配送要求，出现了配送企业车辆利用率低、不同配送企业之间交错运输、交通紧张、事故频繁等许多方面的不合理现象。例如，日本于 20 世纪 60 年代开始的“共同配送”，是在各个公司效率低而且难以解决的情况下才被采用的，如果在本公司就能建立合理化配送系统，也就没有必要考虑共同配送了。但近来的发展已上升到从大范围考虑共同配送合理化，致力于推行整个城市所有企业的共同配送。

(2) 配送计划化的进展。初期配送，强调即时较多，即完全按顾客要求办事，而并不是按顾客的合理要求办事。制订合理计划而不是完全按顾客要求那样进行配送，是高水平的计划配送的一大进展。计划有效地促进了配送合理化，由于可采用大量发货来减少收费，也受到用户的欢迎。

(3) 配送区域的扩大。近些年，配送已突破了一个城市范围，在更大范围中找到了优势。美国已开展了州际配送，日本不少配送是在全国范围或很大区域范围内进行的，如日本东京的三味株式会社的全国性配送系统、日本 Asica 配送系统、日本资生堂配送系统等都是全国性的配送系统。

(4) 直达配送的进展。不经过物流据点中转，在有足够批量且不增加用户库存的情况下，配送在直达领域中也找到了优势，因而突破了配送的原来概念，有了新的发展，对于生产资料而言，直达配送有更广泛的应用。

(5) 计算机管理配送的进展。随着配送规模的扩大和计算机的微型化，计算机管理配送取得很大进展，这个进展突出表现在以下三个方面：一是信息传递与处理，甚至建立了

EDI系统。二是计算机辅助决策，如辅助进货决策、辅助配货决策、辅助选址决策等，美国IBM公司率先开发了配送车辆计划和配送路线的计算机软件。三是计算机与其他自动化装置的操作控制，如无人搬运车、配送中心的自动分拣系统等。有一篇名为《日本制造业行业配送系统变革》的文章认为，配送领域“技术条件的核心，就是信息系统和建立在该系统上的分拣系统”，反映了这一进展已形成了配送技术条件的核心。

（6）配送劳动手段的进展。配送劳动手段作为支撑配送的生产力要素，是进展很大的领域。到20世纪80年代，发达国家配送中心已普遍采用了计算机系统、自动搬运系统、大规模分拣系统、光电识别系统、条形码等。

**2. 中国的配送现状**

物流配送是现代流通业的重要组成部分，20世纪80年代中后期在我国流通领域出现，呈现以下特点：

（1）各级政府部门采取措施积极推动物流配送的发展，不少省市已经把发展现代物流列入了日程，如上海、天津、深圳都把物流作为支柱产业，还有许多省市开始制定物流规划。

（2）在生活资料领域和生产资料领域出现了各具特色的不同类型的现代物流企业，一些传统的流通企业，包括运输和仓储业通过改造变成了物流企业，如中远集团、中外运集团和中储集团等；一些生产企业开始介入现代物流，如青岛海尔集团；一批专业化的物流企业得到较快发展，物流配送的社会化、专业化发展趋势日益明显，如广州宝供、深圳中海物流都是比较成功的第三方物流公司。这些企业根据各自特点，发挥特长优势，积极开拓物流服务领域，形成了服务模式多样、多种经济成分并存的现代物流企业群体。

（3）连锁企业内部的配送中心在硬件设施、管理水平、管理信息系统建设等方面的建设获得较大发展，有些已经达到较先进的水平。如华联超市在上海桃浦镇建立的配送中心，占地面积2.8万平方米，商品库存量60万箱，日均吞吐能力在14万箱左右。配送中心全面采用了计算机管理，并应用先进的无线网技术，实现了无纸化收货验货、拣货理货和仓储保管盘点。

（4）现代物流技术的开发研究取得一定进展。一些物流配送企业在研究开发物流信息技术和物流配送管理技术上取得了许多成果，对于推动我国现代物流发展发挥了积极作用。

尽管我国物流配送业近几年发展很快，但与发达国家相比还处在起步阶段：一是许多重要基础设施仍然处于垄断经营状态，不适应社会主义市场经济的要求；二是在规划、管理和实际运作上，条块分割，自成体系，制约了物流配送的社会化；三是物流行业整体上存量资产大，但布局分散，企业规模小，技术力量薄弱，管理落后，资产利用率不高，运行方式陈旧。

试比较我国配送业与国外配送业各自的特点。

### 3. 配送的现代化趋势

作为一种新型的物流活动，配送的变革和发展在某种意义上是指仓储业和运输业的强化，配送可以看作一个模型设计，即仓库＋运输。

(1) 一贯托盘化运输下的配送发展。

一贯托盘化运输是以托盘为基本单位，把不同尺寸的货物统一起来，使同一托盘在运输、储存、装卸、搬运等过程中连续使用，不需要更换，以提高物流效率，降低物流成本。

目前，世界上一些经济发达国家使用托盘已普及化，美国、欧洲和澳大利亚的标准托盘利用率分别达到 55％、70％和 95％，欧洲使用标准化的托盘已成为常识。在澳大利亚、美国的托盘可原封不动地用于国内的物流。

按照等效采用国际标准的原则，一贯托盘化运输促使配送朝着标准化发展，提高了物流效率。通过使用上述国际标准规格托盘，一贯托盘化运输下的配送满足了现代国际包裹快递业的发展需要。

但是，企业实际使用的托盘尺寸多达 32 种，而真正进入流通领域的托盘不多，主要是在生产车间或仓库作垫板使用。托盘化的另一难题是托盘回收，因为不同流向的货源不平衡，造成不同方向上托盘的使用量不均衡，返回比较困难。

(2) 智能化配送发展。

所谓智能化，主要是数字交换技术（EDI）、地理信息系统（GIS）和全球定位系统（GPS）在货物运输和配送中的应用。这些技术的应用，有利于提高运输和配送的作业效率，降低营运成本，对第三方物流企业来说，也是实施差异化战略、形成差异化服务优势的重要手段。

(3) 配送增值服务功能发展。

配送增值服务是在基本服务的基础上，根据用户的特殊要求而增加的服务，是一种“定制”服务，是物流企业实施差异化战略的重要手段。物流企业为了取得竞争优势，不断增强增值服务功能。如为零售商提供商品配送时，除按质、按量、准时将商品送达指定地点外，还将送达的商品按营业要求进行合理摆放，以减少营业人员的营业准备时间；宅急便配送不仅进行物资产品的输送，还为用户提供修理、检查等服务项目，使用户在接受配送服务的同时也获得修理服务的满足。

(4) 新型“绿色”配送发展。

物流的发展，使运输工具增多，而现在的汽车等运输工具都是主要的环境污染源，特别是实行小批量、多批次、准时制配送，会使环境污染更加严重。这些运输工具的污染主要表现在两个方面：一是排气造成的大气污染；二是噪声、振动造成的污染。为了减少环境污染，研究人员正在开发新的运输工具，有些已经面世，如电动汽车、以甲醇为原料的汽车、电力和汽油两用车等，有的因经济问题还未大量投入使用。

## 二、配送中心认知

### （一）配送中心的概念

配送中心是物流系统中一种现代化的物流节点，尤其是在城市物流领域，配送中心对于进行城市和区域范围的配送、优化城市和区域范围的物流系统起到很大的作用。在连锁商业和连锁服务业领域，配送中心已经成为这个商业系统的有机成分，上海华联的配送中心可以支持1 000个连锁超市，商业发展在很大程度上也依托于配送中心的建设。

关于配送中心的定义，目前有以下几种不同的解释。

日本《市场术语辞典》对配送中心的解释是："一种物流节点，它不以贮藏仓库的这种单一的形式出现，而是发挥配送职能的流通仓库，也称作基地、据点或流通中心。配送中心的目的是降低运输成本、减少销售机会的损失，为此建立设施、设备并开展经营管理工作。"

美国国内的《物流手册》对现代物流配送中心的定义是："现代物流配送中心是从供应者手中接收多种大量的货物，进行倒装、分类、保管、流通加工、情报处理等作业，然后按照众多需要者的订货要求备齐货物，以令人满意的服务水平进行配送的综合设施。"

我国国家标准《物流术语》（GB/T 18354－2006）中对于配送中心是这样定义的：配送中心（distribution center）是指从事配送业务且具有完善信息网络的场所或组织，应基本符合下列要求：（1）主要为特定客户或末端客户提供服务；（2）配送功能健全；（3）辐射范围小；（4）提供高频率、小批量、多批次配送服务。

不论国内外如何认识配送中心、定义如何不同，对于配送中心的现实功能目的的认识都是一致的，就是配送中心是配送业务活动的聚集地和发源地，其功能目的是按照客户的要求为客户提供高水平的供货服务。至于配送中心是一种物流设施还是物流活动组织则要看配送的经济功能定位。

### （二）配送中心的功能

配送中心是专业从事货物配送活动的物流场所或经济组织，它是集加工、理货、送货等多种职能于一体的物流节点，也可以说，配送中心是集货中心、分货中心、加工中心功能的综合（如图6－2所示）。因此，配送中心具有以下一些功能：

**1. 备货功能**

备货是配送中心根据客户的需要，为配送业务的顺利实施从事的组织商品货源的活动。它是配送的准备工作或基础工作。备货工作包括采购订货、集货进货、合理配货及有关的质量检查、结算、交接等活动。配送的优势之一，就是可以集中用户的需求进行一定规模的备货。备货是决定配送成败的初期工作，如果备货成本太高，会大大降低配送的效益。

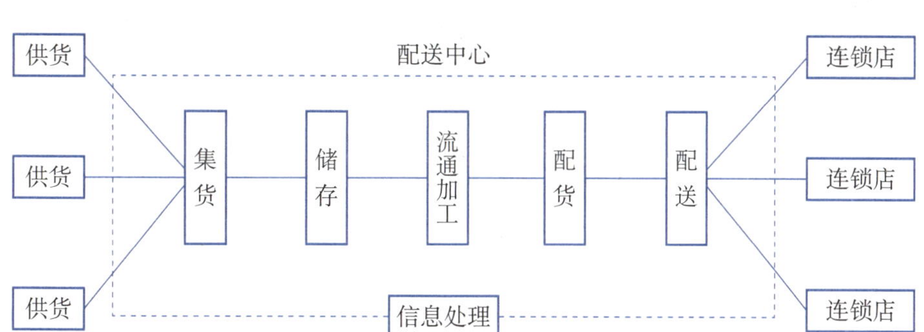


图 6－2 配送中心功能

**2. 储存功能**

配送中心的储存有储备及暂存两种形态。配送储备是按一定时期的配送经营要求形成的对配送的资源保证。这种类型的储备数量较大，储备结构也较完善，视货源到货情况，可以有计划地确定周转设备及保险储备结构及数量。配送的储备保证有时在配送中心附近单独设库解决。

另一种储存形态是暂存，是具体执行日配送时，按分拣配货要求，在理货场地所作的少量储存准备。由于总体储存效益取决于储存总量，所以，这部分暂存数量只会对工作方便与否造成影响，而不会影响储存的综合效益，因而在数量上控制并不严格。

还有另一种形式的暂存，即分拣、配货之后形成的发送货载的暂存，这个暂存主要是调节配货与送货的节奏，暂存时间不长。

**3. 分拣功能**

分拣是依据顾客的订货要求或配送中心的送货计划，迅速、准确地将商品从其储位或其他区域拣取出来，并按一定的方式进行分类、集中，等待配装送货的作业过程。在配送作业的各环节中，分拣作业是非常重要的环节，是配送中心不同于其他物流形式的功能要素。分拣是完善送货、支持送货的准备性工作，也是配送成败的一项重要支持性工作。同时，分拣技术水平的高低也是决定整个配送系统水平的关键要素。

**4. 集散功能**

在一个大的物流系统中，配送中心凭借其特殊的地位和拥有的各种先进设备、完善的物流管理信息系统，能够将分散在各个生产企业的产品集中在一起，通过分拣、配货等环节向多个用户进行发送。同时，配送中心也可以把各个用户所需要的多种货物有效地组合或配装在一起，形成经济、合理的批量，来实现高效率、低成本的商品流通。配送中心在流通实践中所表现出的这种功能就称为货物的集散功能。

**5. 加工功能**

配送加工虽不是普遍的，但往往是有着重要作用的功能要素，它可以大大提高客户的满意程度。国内外许多配送中心都很重视提升自己的配送加工能力，通过按照客户的要求开展配送加工可以使配送的效率和满意程度提高。配送加工有别于一般的流通加工，它一般取决于客户的要求，销售型配送中心有时也根据市场要求进行简单的配送加工。

**6. 信息处理**

配送中心有相当完整的信息处理系统，能有效地为整个流通过程的控制、决策和运转提供依据。无论是集货、储存、拣选、流通加工、配送等一系列环节的控制，还是物流管理和费用、成本、结算方面，均可实现信息共享。而且，配送中心与销售商店建立信息直接交流平台，可及时得到商店的销售信息，有利于合理组织货源，控制最佳库存。同时，还可将销售和库存信息迅速、及时地反馈给制造商，以指导商品生产计划的安排。配送中心成了这个流通过程的信息中枢。

配送中心还具有哪些功能?

## （三）配送中心的类型

配送中心是专门从事货物配送活动的经济实体。随着商品流通规模日益扩大，配送中心的数量也在不断增加。为满足不同产品、不同企业、不同流通环境的要求，可以采用各种形式的配送。配送形式大致有以下几种：

**1. 按配送中心的职能分类**

（1）供应型配送中心。

供应型配送中心是向用户提供货物，行使供应职能的配送中心。它的服务对象一般有两类：一类是组装、配装型生产企业，为这类企业提供零部件、原材料或半成品；另一类是大型商业机构、连锁企业等。

供应型配送中心的特点是：用户比较稳定，用户的要求范围也比较明确、固定。所以，这种配送中心一般专门为固定用户，如连锁商店、便利店提供配送服务，一般是定期、定时向连锁店和便利店配送原材料、食品或零配件。由于供应型配送中心担负着向多家用户供应商品的任务，因此，为了保证生产和经营活动能正常进行，该类配送中心一般都建有大型的现代化仓库并能储存一定数量的商品。所以供应型配送中心的占地面积一般都比较大。

（2）销售型配送中心。

销售型配送中心是执行销售的职能，以销售经营为目的，以配送为手段的配送中心。销售型配送中心大体有两种类型：一种是生产企业为了将自产产品直接销售给消费者而建的配送中心，在国外，这种类型的配送中心很多；另一种是流通企业所建立的配送中心。

销售型配送中心的用户一般是不确定的，而且用户的数量很大，每一个用户购买的数量又较少，属于消费者型用户。这种配送中心很难像供应型配送中心那样实行计划配送，计划性较差。

销售型配送中心一般由立体自动化仓库、货架仓库、分类机械、分拣设备、传送辊道、识别装置、无线数据传输、无人搬运小车、托盘堆码机以及计算机控制操作系统构成。而且销售型配送中心往往采用共同配送方法才能够取得比较好的经营效果。

(3) 储存型配送中心。

储存型配送中心是为了保障生产和流通得以正常进行而出现的。这种配送中心具有较强的储存功能，它主要可满足三个方面的需要：一是企业在销售产品时，或多或少地出现生产滞后现象，若要满足市场的需求，客观上需要一定的产品储备；二是在生产过程中，生产企业也需要储备一定数量的生产资料，以保证生产系统的连续性和应付急需之用；三是如果配送的范围较大、距离较远，或要满足即时配送的需要，在客观上也要求储存一定数量的物质资料。

储存型配送中心的特点是：储存仓库规模大、库型多、储存量大。我国目前拟建的一些配送中心，都采用集中库存形式，库存量较大，多为储存型。瑞士 GIBA-GEIGY 公司的配送中心拥有世界上规模居于前列的储存库，可储存 4 万个托盘；美国赫马克配送中心拥有一个有 163 000 个货位的储存区，可见存储能力之大。

(4) 流通型配送中心。

流通型配送中心是基本上没有长期储存功能，仅以暂存或随进随出方式进行配货、送货的配送中心。这种配送中心的典型方式是，大量货物整进并按一定批量零出，采用大型分货机，进货时直接进入分货机传送带，分送到各用户货位或直接分送到配送汽车上，货物在配送中心仅做少许停滞。日本的阪神配送中心即是如此，中心内只能暂存货物，大量储存则依靠一个大型补给仓库。

(5) 加工型配送中心。

加工型配送中心是具有加工职能，根据用户的需要或者市场竞争的需要，对配送物进行加工之后进行配送的配送中心。在这种配送中心内，可进行分装、包装、初级加工、集中下料、组装产品等加工活动。

世界著名连锁服务店肯德基和麦当劳的配送中心，就属于这种类型的配送中心。在工业、建筑领域，生混凝土搅拌的配送中心也属于这种类型的配送中心。

**2. 按照配送中心的配送范围分类**

(1) 城市配送中心。

城市配送中心是以城市范围为配送范围的配送中心，由于城市范围一般处于汽车运输的经济里程，这种配送中心可直接配送到最终用户，且采用汽车进行配送。所以，这种配送中心往往和零售经营相结合，由于运距短，反应能力强，因而从事多品种、少批量、多用户的配送较有优势。

城市配送中心一般采用日配方式，在网络经济时代，为了配合和执行电子商务的配送，也会采取时配方式。

(2) 区域配送中心。

区域配送中心是以较强的辐射能力和库存准备，向省（州）际乃至全国范围的用户配送的配送中心。这种配送中心的配送规模较大，一般而言，用户也较多，配送批量也较大，而且往往是配送给下一级的城市配送中心和大型商业企业，也配送给商店、批发商和企业用户，虽然也从事零星的配送，但不是主体形式。

一般而言，区域型配送中心的区域范围是有限的，往往是采用日配和隔日配可以覆盖的地区。如果地域范围太广阔，往往建立物流中心来衔接城市配送中心，进行分层次的分销和配送，而不由一个区域配送中心作大范围的覆盖。

（3）国际配送中心。

国际配送中心是一种向国际范围内用户提供配送服务的配送中心。其主要特征是：经营规模大，辐射范围广，配送设施和设备的机械化、自动化程度高；配送方式采用大批量、少批次和集装单元；配送对象主要是超大型用户，如区域配送中心和跨国工商企业集团；存储吞吐能力强。

**3. 按配送中心的拥有者分类**

（1）生产企业配送中心。

大型生产企业为了促进销售，加强客户服务，一般都构筑了自己的销售网络和配送网络。中小型企业因资金有限，自行投资构筑配送网络不经济，更不符合社会分工细化的趋势，所以大都委托给第三方物流公司或专业物流企业进行配送。而大型生产企业特别是超大型生产企业的做法是：在生产厂集中的地区建一个物流基地，在消费者集中地区建若干个配送中心。各工厂生产的商品大批量、少批次、低频度地先运给物流基地，然后再根据各个消费地区的用量把商品从物流基地运至配送中心，配送中心再一次分拣、组装、加工、配齐后，用小型卡车，多品种、小批量、高频度地送达最终用户。这类配送中心能反映企业的销售状况和市场需求状况，所以企业能够通过对配送过程中各种数据的分析制订生产计划，采购原材料，安排生产，以避免盲目生产造成的浪费。生产企业自己建设配送中心有一定的投资风险，季节性波动和销售波动问题难以自行解决。

（2）流通企业配送中心。

建设配送中心的流通企业一般是大型第三方物流企业、仓储企业、批发商和经销商。流通企业为社会各行业提供服务，项目多、范围广，但由于客户不固定、变动性大，所以配送中心的规模不宜过大，不宜过分专用化。我国仓储企业的配送中心不少是由原来的保管型仓库演变而成的，建设成本小，地理位置优越，但需要加强设施、设备改造和提高服务意识。流通企业配送中心应该进一步向生产领域延伸，与生产企业融合，提供全方位的服务；同时，必须树立良好的企业形象，重合同、守信誉。

不同类型的配送中心有什么特点？

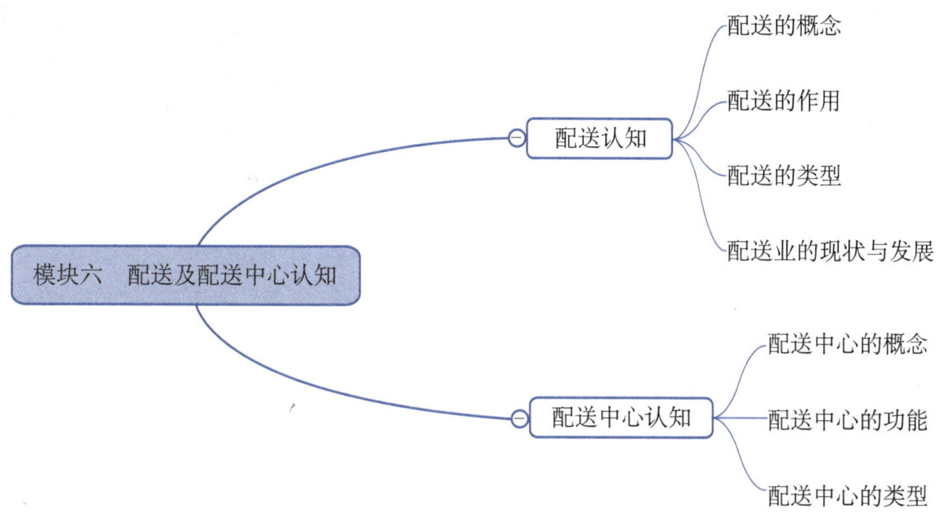


## 课后思考题

1. 说说配送在物流中的地位与作用。
2. 配送有哪些不同的形式?
3. 配送与送货与运输的区别在哪?
4. 配送的发展经历了哪几个阶段?
5. 简述我国未来配送业的发展趋势。

2014年12月，“中国制造2025”这一概念被首次提出。“中国制造2025”是中国政府实施制造强国战略的第一个十年的行动纲领。“中国制造2025”提出，坚持“创新驱动、质量为先、绿色发展、结构优化、人才为本”的基本方针，坚持“市场主导、政府引导，立足当前、着眼长远，整体推进、重点突破，自主发展、开放合作”的基本原则。

请查阅“中国制造2025”的相关资料并阐述实现制造强国的“三步走”战略目标是什么。结合我国配送行业的发展现状，思考配送行业如何与“中国制造2025”相结合。

# 模块七

# 配送中心规划与布局

知识目标

1. 了解配送中心规划的含义及目标。
2. 了解配送中心设计的原则及步骤。
3. 理解影响配送中心选址的主要因素。
4. 掌握基本的配送中心选址方法。

技能目标

1. 能运用重心法进行配送中心选址。
2. 能根据配送中心的特点选择合适的配送中心网点形式。

情感目标

1. 能够具备一定的分析与解决问题的能力。
2. 能够具备积极主动思考的能力。
3. 能够具备自主探究的能力。

## 重难点

1. 运用合理方式制定配送中心选址方案。
2. 影响配送中心选址的因素。

## 案例导入

### 家乐福的选址

"每次家乐福进入一个新的地方，都只派一个人来开拓市场。进入台湾时家乐福只派了一个人，到中国大陆也只派了一个人。"家乐福的企划行销部总监罗定中用这句令记者吃惊不已的话作为他的开场白。罗解释说，这第一个人就是这个地区的总经理，他所做的第一件事就是招一位本地人做他的助理。然后，这位空投到市场上的光杆总经理和他唯一的员工，做的第一件事就是开始市场调查。他们会仔细地去调查当时其他商店里有哪些本地的商品出售，哪些产品的流通量很大，然后再去与各类供应商谈判，决定哪些商品会在将来的家乐福店里出现。

这种进入市场的方式粗看难以理解，但却是家乐福在世界各地开店的标准操作手法。这样做背后的逻辑是，一个国家的生活形态与另一个国家的生活形态经常是大大不同的。在法国超市到处可见的奶酪，在中国很难找到供应商；在台湾十分热销的槟榔，可能在上海一个都卖不掉。所以，国外家乐福成熟有效的供应链，对于本地家乐福来说其实意义不大。最简单有效的方法，就是了解当地，从当地组织采购本地人熟悉的产品。

**十字路口的商圈**

这个"空降兵"的落点注定是十字路口，因为Carrefour的法文意思就是十字路口，而家乐福的选址也不折不扣地体现这一个标准——所有的店都开在了路口，巨大的招牌在500米开外都可以看得一清二楚。而一个投资几千万元的店，当然不会是拍脑袋想出的店址，其背后精密和复杂的计算，常令行业外的人士大吃一惊。

根据经典的零售学理论，一个大卖场的选址需要经过几个方面的详细测算：

第一就是商圈内的人口消费能力。中国目前并没有现有的资料（GIS人口地理系统）可利用，所以店家不得不借助市场调研公司的力量来收集这方面的数据。有一种做法是以某个原点出发，测算5分钟的步行距离会到什么地方，然后是10分钟步行会到什么地方、15分钟会到什么地方。根据中国的本地特色，还需要测算以自行车出发的小片、中片和大片半径，最后是以车行速度来测算小片、中片和大片各覆盖了什么区域。如果有自然的分隔线，如一条铁路线，或是另一个街区有一个竞争对手，商圈的覆盖就需要依据这种边界进行调整。然后，需要对这些区域进行进一步的细化，计算并调查这片区域内各个居住小区的详尽的人口规模和特征，计算不同区域内人口的数量和密度、年龄分布、文化水平、职业分布、人均可支配收入等许多指标。

第二就是需要研究这片区域内的城市交通和周边的商圈的竞争情况。如果一个未来的店址周围有许多的公交车，或是道路宽敞，交通方便，那么销售辐射的半径就可以大为放大。例如上海家乐福古北店周围的公交线路不多，家乐福就干脆自己租用公交车定点在一些固定的小区间穿行，方便这些离得较远的小区居民上门一次性购齐一周的生活用品。当然，一个商圈的调查并不会随着一个门店的开张大吉而结束。家乐福自己的一份资料指出，顾客中有60%的顾客在34岁以下，70%是女性，然后有28%的人走路过来，45%乘坐公共汽车而来。所以很明显，大卖场可以依据这些目标顾客的信息来微调自己的商品线。能体现家乐福用心的是，家乐福在上海的每家店都有小小的不同。在虹桥门店，因为周围的高收入群体和外国侨民比较多，其中外国侨民占到了家乐福消费群体的40%，所以虹桥店里的外国商品特别多，如各类葡萄酒、各类泥肠、奶酪和橄榄油等，而这都是家乐福为了这些特殊的消费群体特意从国外进口的。

**高流转率与大采购**

超市零售业的一个误区是，总以为大批量采购以压低成本是大卖场战胜其他小超市的法宝，但是这其实只是“果”而非“因”。商品的高流通性才是大卖场真正的法宝。相对而言，大卖场的净利率非常低，一般来说只有2%～4%，但是大卖场获利不是靠毛利高而是靠周转快。而大批量采购只是所有商场商品高速流转的集中体现而已。而体现高流转率的具体支撑手段，就是实行品类管理（category management），优化商品结构。根据沃尔玛与宝洁的一次合作，品类管理的效果使销售额上升32.5%，库存下降46%，周转速度提高11%。

而家乐福也完全有同样的管理哲学。据罗介绍，家乐福选择商品的第一项要求就是要有高流转性。比如，如果一个商品上了货架卖得不好，家乐福就会把它从30厘米的货架展示缩小到20厘米。如果销售数字还是上不去，陈列空间就再缩小10厘米。如果没有任何起色，那么宝贵的货架就会让出来给其他的商品。

这个从一个“空降兵”开始出发的事业，现在已经变成了15个城市里的27个商场，转眼间将家乐福的旗帜插上了中国各个消费中心城市的制高点。奉行“以速度抢占市场”哲学的沃尔玛，被家乐福抢了先机。

**问题：**

1. 家乐福在店铺选址方面有何独到之处？
2. 配送中心选址要考虑哪些因素？

# 一、配送中心的规划与设计

## （一）配送中心的规划

### 1. 配送中心规划的含义

物流配送中心的筹建、规划、建设与运营，是一个复杂的系统工程，需要众多的专业人才共同完成。配送中心规划是对拟建配送中心的长远的、总体的计划。“配送中心规划”

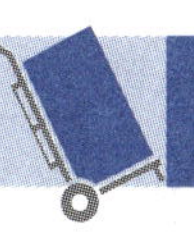

与“配送中心设计”是两个不同的、容易混淆的概念，两者之间既有密切的联系，也存在着较大的差别。在配送中心建设的过程中，如果将规划工作与设计工作相混淆，必然会给实际工作带来许多不应有的困难。因此，比较配送中心规划与配送中心设计的异同，阐明两者的相互关系，正确理解配送中心规划的含义，在理论和实践上都具有重要意义。

在配送中心建设项目管理中，将项目设计分为高阶段设计和施工图设计两个阶段。高阶段设计又分为项目决策设计和初步设计两个阶段。项目决策设计阶段包括项目建议书和可行性研究报告。通常也将初步设计和施工图设计阶段统称为狭义的二阶段设计。对于一些工程，在项目决策设计阶段中进行总体规划工作，已作为可行性研究的一个内容和初步设计的依据。因此，配送中心规划属于配送中心建设项目的总体规划，是项目决策设计的一部分；而配送中心设计则属于项目初步设计的一部分内容。

配送中心规划与配送中心设计的相同之处是：

（1）配送中心的规划工作与设计工作都是属于项目的高阶段设计过程，内容上不包括项目施工图纸等的设计。

（2）理论依据相同，基本方法相似。配送中心规划与设计工作都是以物流学原理为理论依据，运用系统分析的观点，采取定量与定性相结合的方法进行的。

配送中心规划与配送中心设计的不同之处是：

（1）目的不同。配送中心规划是关于配送中心建设的全面长远发展计划，是进行可行性论证的依据。配送中心设计是在一定的技术与经济条件下，对配送中心的建设预先制订详细方案，是项目施工图设计的依据。

（2）内容不同。配送中心规划强调宏观指导性，配送中心设计强调微观可操作性。

**2. 配送中心规划的内容**

配送中心规划主要包括作业功能规划、选址规划、结构规划、物流设施规划和信息系统规划等多方面的内容，如图 7－1 所示。

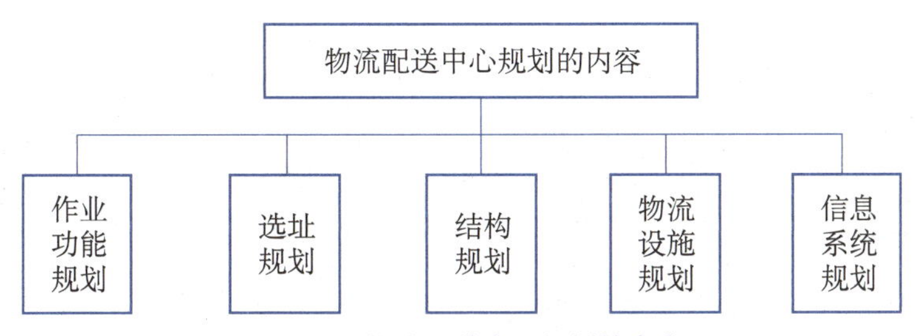


图 7－1　物流配送中心规划的内容

（1）作业功能规划。

物流配送中心作业功能的规划设计包括三个方面：一是作业活动规划；二是作业区域的功能规划；三是作业区的能力规划。通常的步骤是：针对不同类别的物流配送中心的功能需求和典型的作业流程，设计适合该物流配送中心的作业流程；然后，根据确定的作业流程规划不同功能的作业区域；最后，确定各作业区的具体作业内容和作业能力。

1）作业活动规划。物流配送中心的基本作业流程可以综合归纳为七项作业活动，即客户及订单管理、入库作业、理货作业、装卸搬运作业、流通加工作业、出库作业、配送作业，具体表现为订货、进货、库存管理、订单处理、拣选和配送等内容。

2）作业区域的功能规划。在做好作业流程规划后，可根据物流配送中心的运营特性进行作业区域的规划，主要包括物流作业区和外围辅助活动区两大部分。

3）作业区的能力规划。在确定作业区之后，根据其功能设定，进行作业能力的规划，特别是仓储区和拣货区。一般在规划物流配送中心各区域时应以物流作业区为主，再延伸到相关外围区域。对物流作业区的规划，可根据流程进出顺序逐区规划。当缺乏有关资料而无法逐区规划时，可对仓储区和拣货区进行详细分析，再根据仓储和拣货区的规划进行前后相关作业的规划。

（2）选址规划。

物流配送中心位置的选择，将显著影响其实际营运的效率与成本，以及以后仓储规模的扩充与发展。因此，在决定物流配送中心设置的位置方案时，必须谨慎参考相关因素，并按适当步骤进行。

选址决策包括两个方面的内容，即地理区域的选择和具体地址的选择。

物流配送中心的选址首先要选择合适的地理区域，这对于一个全国性企业来说尤为重要。在地理区域选择时要对各地理区域进行审慎评估，选择一个适当范围作为考虑的对象，如华南地区、华北地区等；同时，还必须结合物流配送中心的物品特性、服务范围及企业的运营策略而定。物流配送中心的地理区域确定后，就需确定具体的建设地点。具体地址的选择也要考虑各种影响因素，如经济环境因素、自然环境因素、人力资源因素、政策环境因素等。

例如，制造商的物流配送中心，应以接近上游生产厂或进口港为宜。日常消费品的配送，则宜接近居民生活社区。一般应以进货与出货的产品类型特征及交通运输的复杂度，来选择接近上游点或下游点的选址策略。

（3）结构规划。

在完成作业功能的规划，并确定主要物流设备与外围设施的基本要求后，就可以进行物流配送中心的结构规划。物流配送中心的结构规划由区域布置规划、库房设计、装卸货平台设计、货场及道路设计和其他建筑公用设施规划等组成。结构规划是作业功能规划的具体落实，规划的成果是产生作业区域的布置图，设定各作业区域的面积和界限范围，完成库房、装卸货平台、货场及道路等建筑与环境的结构规划。

（4）物流设施规划。

物流配送中心的设施内容广泛，包括物流作业区域设施、辅助作业区域设施和厂房建筑周边设施三类。设施规划与设备选用就是对以上三个区域的设施设备进行规划，并根据作业功能的规划，结合区域布置的面积限制等因素选用适合的设备。

1）物流作业区域设施。物流配送中心的主要作业活动，基本上都与库房、搬运和分拣等作业有关。因此，在物流配送中心的规划中，对物流设施设备的规划和选用成为规划的重要内容。不同功能的物流配送中心需要不同的设施设备，不同的设施设备使厂房布置和面积需求发生变化，因此，必须按照实际需求选取适合的设施设备。在规划阶段，厂房布置尚未完成物流设施设备的规划，只是确定需要的功能、数量和型号等内容。在详细规划设计阶段，必须进行设备的详细规格、设施配置等内容的设计。

一般地讲，物流配送中心的主要系统设备包括储存设备、装卸搬运设备、输送设备、分拣设备、包装设备、流通加工设备、集装单元器具、外围配合设备等，如图 7－2 所示。

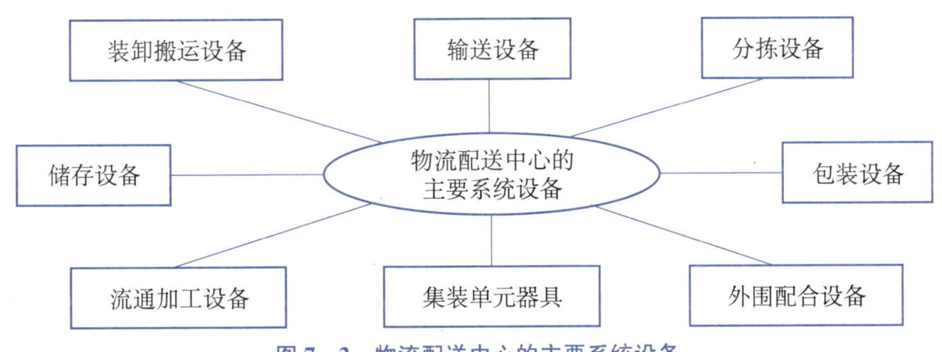


图 7－2　物流配送中心的主要系统设备

2）辅助作业区域设施。在物流配送中心的运营过程中，除了主要的物流设备之外，还需要有辅助作业区域的设施设备。物流配送中心辅助作业区域的主要设施包括：办公设备，如办公桌椅、文件保管设备等；劳务设施，如洗手间、娱乐室、休息室、餐厅、医务室等所需的设施。

3）厂房建筑周边设施。在规划物流配送中心时，必须考虑到交通、水电、动力、土建、空调、安全和消防等与厂房建筑相关的周边设施条件。

（5）信息系统规划。

在物流配送中心的运营中，伴随着各项物流活动以及其他行政支持活动，信息流始终存在。当物流配送中心的作业功能、结构、设施规划初步完成后，便可以对物流配送中心的信息系统进行规划。信息系统规划的要求有：

1）可用性。信息系统所储存的信息必须具有可用性，也就是信息系统应能够在第一时间内向其供应商和客户提供最新的电子信息，应能向信息需求方提供简易、快捷获取信息的方式，而不受时空限制。

2）精确性。信息系统提供的信息应能精确地反映物流配送中心处理货物的当前状况，衡量物流配送中心的整体业务运作水平。精确性可以解释为信息系统的报告与物流配送中心的实际业务运作状况吻合的程度。

3）及时性。信息系统必须提供及时、快速的信息反馈。及时性是指一种活动的发生与信息系统处理该活动之间的时间差。

4）处理异常情况的能动性和主动性。信息系统应能针对异常情况及时做出预警，帮助物流配送中心的管理者识别需要引起注意的决策，使得管理人员能够把精力集中在最需要引起注意的问题上或者能提供最佳机会来改善配送服务或降低运营成本。

5）灵活性。信息系统必须有能力提供符合特定客户需求的数据，如有的客户需要把订货发票跨地域或部门界限进行汇总，有的客户需要每一种商品的发票，而有的客户需要所有商品的总发票。这就要求信息系统能够根据客户的不同需要具有定制功能，并有持续不断的快速更新和升级能力。

6）易操作性。信息系统必须容易操作，提供的信息要有正确的结构和顺序，能有效地向管理人员和客户提供相关信息。

## （二）配送中心的设计

### 1. 配送中心设计的目标和原则

（1）配送中心设计的目标。

配送中心设计目标是配送中心设计要达到的目的，具体可描述为：

1）降低库存水平。

2）降低物流成本。

3）缩短物流作业周期。

4）降低物流作业差错率。

5）提高客户服务水平。

6）提升物流服务竞争力。

（2）配送中心设计的原则。

配送中心一旦建成就很难再改变，所以在设计时应遵循以下基本原则：

1）系统原则。配送中心的物流量分析与预测、配送中心选址及配送网络、配送中心作业与作业流程等内容是相互联系、相互作用的。因此，在设计配送中心时应采用系统的原理和方法。

2）价值原则。客户对配送的及时性、一致性、可靠性、低缺货率、低差损率的要求越来越高，同时配送中心的设计、建设、运作和管理需要许多投入，形成巨大的配送成本，包括固定成本和变动成本。因此，在强调提高客户服务水平时，应考虑投资的回收、现金流量的改善、效益的提高。

3）发展原则。业务的增长、物流量的增加、经营范围的拓展，要求配送中心的建筑物、设施设备、信息系统都应有较强的应变能力。

4）工艺、设备、管理科学化原则。配送中心应合理地选择、组织、使用设备，并与配送中心作业流程、计算机管理信息系统相结合，以充分发挥配送中心多功能、高效益的特点，加速货品流转，提高经济效益和管理水平。

### 2. 配送中心设计步骤

配送中心设计大致经过以下几个阶段，即配送中心定位、配送中心物流分析、配送中心规模设计、配送中心结构设计、配送中心选址。

（1）配送中心定位。

1）配送中心功能定位。配送中心一般具有采购、储存、加工、分拣、配货、配送运输等多项功能，但不同种类的配送中心其核心功能不同，在建设和规划时应进行合理的功能定位。

流通型配送中心以快速运转为核心，大批量进货，快速分拣、配货与配装，及时配送到客户指定的地点。在设计时应配备适应货物快速流转的设施。

储存型配送中心的主要功能是储存，为降低客户库存，需具有较强的库存管理与控制能力。在设计时应规划较大规模的仓储空间和设施。

加工型配送中心主要对进入流通领域的商品进行拆包、分解、整理、再包装等流通加工活动。设计时为满足加工的需要，应配备必要的加工设施、场地及加工技术。

2）配送商品定位。配送中心处理的商品种类是有限的。因为不同的商品配送所需的场地、设施设备是不一样的，作业流程也有较大区别，所以试图建立适合所有商品物流需要的配送中心是不现实的。实践中，有许多专业的配送中心，只专注于某种或某类商品，如服装配送中心、食品配送中心、药品配送中心、家用电器配送中心等。

配送中心设计时，应根据企业目标、市场需求进行配送商品定位，结合作业批量与物流费用规划设施设备。

3）配送区域定位。配送区域是配送中心辐射的范围。配送的距离和区域关系到配送中心的投资规模和运作方式。

配送中心设计时，应综合分析配送商品的种类、数量、交通运输条件和用地条件等因素，合理进行配送区域定位。

（2）配送中心物流分析。

配送中心设计时，应进行以下物流分析：

1）物流需求分析。在对配送中心进行设计时，最重要的分析就是物流需求分析。对物流需求分析的时候，通常采用的分析方法是 EIQ 分析。其中，E 为 entry 的简写，指订单件数、订购次数；I 为 item 的简写，指货品的种类、品质、单品；Q 为 quantity 的简写，指配送货物的数量或库存量。分析内容包括：

a. 单张订单出货数量的分析。主要可了解单张订单订购量的分布情形，可用于决定订单处理的原则、拣货系统的规划，并将影响出货方式及出货区的规划。

b. 每个单品的出货数量的分析。主要了解各类货物出货量的分布状况，分析货物的重要程度与运量规模。可用于仓储系统的规划选用、储位空间的估算，并将影响拣货方式及拣货区的规划。

c. 单张订单出货品项数的分析。主要了解订单订购品项数的分布，对于订单处理的原则及拣货系统的规划有很大的影响，并将影响出货方式及出货区的规划。通常需配合总出货品项数、订单出货品项累计数及总品项数三项指标综合考虑。

d. 每一单品出货次数的分析。主要分析各类货物出货次数的分布，对于了解货物的出货频率有很大的帮助，可配合品种数量分析决定仓储与拣货系统的选择。

经过 EIQ 分析，可明确订单内容、订货特性、接单特性、配送中心特性和 EIQ 特性，明确如自动仓库、高速自动分拣机、拣货系统、流动货架、输送机、搬运车、叉车等要素

设计的条件，据此得出所需的物流设备。

如何进行 EIQ 分析?

2）物品特性与储运单位分析。进行订单品项与数量分析时，仅针对订单出货资料，如配合相关物性、包装规格与特性、储运单位等因素，进行关联及交叉分析，更易于对仓储及拣货区域进行规划。配送中心的储运单位包括 P（托盘）、C（箱子）、B（单品），PCB 分析就是考察配送中心各个主要作业（进货、拣货、出货）环节的基本储运单位。

企业的订单资料中同时含有各类出货形态，包括整箱与零散两种类型同时出货，以及仅有整箱出货或仅有零星出货。为使仓储与拣选区得到合理规划，必须将订单资料依出货单位类型加以区分，以正确计算各区的实际需求。配送中心物流系统的储运单位组合形式如表 7－1 所示。

表 7－1 配送中心储运单位分析表

| 入库单位 | 储存单位 | 拣货单位 |
| --- | --- | --- |
| P | P | P |
| P | P、C | P、C |
| P | P、C、B | P、C、B |
| P、C | P、C | C |
| P、C | P、C、B | C、B |
| C、B | C、B | B |

3）物流与信息流分析。配送中心作业流程中，伴随商流、物流、资金流，信息流通也很重要，主要涉及传输网络、方式、效果等的分析。

4）配送中心作业分析。

订单作业：包括订单获取、订单确认、订单登录。

进货作业：包括进货、卸载、理货、验货。

包装作业：包括包装材料选择、包装方式与种类。

堆码作业：包括托盘堆码、堆码方式。

拣选作业：包括拣选方式、拣选策略。

配货作业：包括配货方法、配货量、作业表。

储存保管作业：包括入库、保管、盘点。

送货作业：包括车辆调度、配送线路、运送、交付。

退货作业：包括退货业务、退货品处理、退货责任认定。

5）配送中心进出货量分析。包括供货商、供货方式、单位时间进货数量和品种数、商品形态、收货店铺数、配送车辆、配送量、配送要求等要素的分析。

6）配送中心商品保管形态分析。配送中心采用高层货架和自动化立体仓库存取货物时，应确定托盘商品的堆垛尺寸、货架的空间利用率、搬运的次数、运输的手段。

7）分析配送中心总物流量流程图。

（3）配送中心规模设计。

1）配送中心的规模包括三层含义：与店铺规模相适应的总规模，即需要总量为多少平方米的配送中心；建立几个配送中心，即这些配送中心的布局；每个配送中心的规模。

从“成本-收益”角度分析，配送中心规模、服务功能、投资成本三者的关系是：在一定配送规模范围内，随着投资规模的不断扩大，单位配送成本不断降低，而当规模扩大到一定程度时，单位配送成本则会开始随规模的扩大而上升，规模不经济性开始发生作用。随着配送规模的扩大，配送中心的服务能力不断增强，但当规模扩大到一定程度时，其服务能力受规模的影响不断减小。也就是说，配送中心的建设和经营规模并不是越大越好。从理论上说，其规模最好在与“服务能力曲线”和“单位配送成本曲线”的两个交点内决策，这样才能在最佳规模范围内获得较低的配送成本和较高的服务能力及服务水平。

2）配送中心的规模应根据业务量、业务种类和业务要求来确定。

a. 预测物流量。用近三年统计数据结合企业目标和规划预测物流量。

b. 确定单位面积的作业量定额。表 7－2 给出了实际经营中配送中心各作业区的单位面积作业量定额。

表 7－2　　配送中心各作业区的单位面积作业量定额

| 作业区名称 | 单位面积作业量（t/m²） |
|---|---|
| 收货验货作业区 | 0.2～0.3 |
| 分拣作业区 | 0.2～0.3 |
| 储存保管作业区 | 0.7～0.9 |
| 配送理货作业区 | 0.2～0.3 |

c. 确定配送中心占地面积。实际生活中，辅助生产建筑的面积占配送中心建筑面积的5%～8%，管理、生活用建筑面积为配送中心建筑面积的5%左右。根据规划的建筑覆盖率和建筑容积率，即可估算配送中心的占地面积。

（4）配送中心结构设计。

1）影响配送中心结构设计的因素有：固定货位与变动货位，平面布局与立体布局，分拣货物与补充库存作业，站台的平面布局，通道占用空间与货架占用空间，劳动密集与高度机械化，自用仓库与租用仓库等。

2）配送中心的空间布局为：车辆为等待装货或卸货的停车场和工人休息室；仓库利用各种运输方式所需接收和装货设备的场地；入库和出库货物的暂时存放场地；办公室（包括计算机等设备在内）所需的场地；托盘的存放和修理场地；保管损坏货物场地，等待承运商检查确认；修理损坏货物场地以及搜集和打包收回的废料、切屑等的工作间；进行重新包装、贴标签、标价等业务所需的场地等。

3）配送中心内部结构。

进货区：收货、验货、卸货、搬运及货物暂存的场所。

理货区：进货简单处理的场所。在理货区，物品被分为直接分拣配送、待加工、入库暂存和不合格需清退几种，分别送往不同的功能区。

储存区：作为安全储存或暂不配送的货物的保管场所，配有多层货架和集装单元的托盘。

分拣配货区：拣选、配货的场所。

发货区：检验、配装、发货、待运的场所。

加工区：根据客户的需求或经营需要进行流通加工的场所。加工区在配送中心所占面积较大，但设施装置随加工种类不同而有所区别。

退货处理区：存放进货残损、不合格、需重新确认等待处理货物的场所。

废弃物处理区：废弃包装物（纸袋、纸箱、塑料袋）、破碎货物、变质货物、加工废料进行清理、回收利用的场所。

管理区：行政管理、信息处理、业务洽谈、订单处理及指令发布的场所。

（5）配送中心选址。

配送中心的选址包括两个方面的含义：地理区域的选择和具体地址的选择。配送中心选址首先要选择合适的地理区域，比如东北地区、西南地区等，按照物品特性、目标市场和企业经营策略来确定。然后，确定具体的建造地点。一般来讲，有三个公共地区可以考虑作为配送中心的地点，即商业区、边缘地区及中心区或闹市区。

配送中心规划与设计的要点是什么？

## 二、配送中心的选址与布局

### （一）配送中心的选址因素分析

配送中心选址主要的影响因素具体包括：

**1. 交通运输**

选址地点不合理具体表现为出入不便、交通不畅、与生产企业或客户之间距离过远、增加了运输成本。运输成本是选址最为重要的因素。在考虑选址时，分析人员应提供由资源供给地至设施所在地，以及由设施所在地至产品销售市场或客户之间的运输距离与运输费用的数据。运输费用包括支付给运输公司的运费，以及与产品运输有关的设备投资费用。

**2. 土地条件**

地价及增值、土地开发成本、扩展空间、公共设施、给排水系统等条件，是配送中心选址的核心要素。

**3. 周边环境**

自然资源是一种生存环境，环境污染会导致环境指数下降，从而不利于配送业务的开展。应综合考察周边的社会、自然环境条件，进行配送中心的选择。

**4. 劳动力市场**

要考虑当地的劳动力资源是否充分、劳动力成本是否过高等可使用的劳动力情况。企业经营的好坏与可使用的劳动力数量、劳动力质量、劳动者技能及现行的工资水平有关。所以，此项因素在选址时不可忽视。

**5. 能源**

所有生产和配送设施都要使用能源，且对能源的依赖性很大。在进行配送中心位置选择时，要考虑能源的费用和能源短缺的可能性。

**6. 客户分布**

对于消费品来说，企业一般在购买力集中的地区设置配送中心，以实现企业的营销目标。在为消费者提供配送服务之前，应仔细研究人口的转移、人口的数量变化，而且要注意人口特征的变化，尤其是受购买力影响的人口特征的变化。

工业产品销售配送中心也常靠近它们的用户设置，以顾客为导向，将企业工厂与其最大用户紧密联系配合设置。

## （二）配送中心的选址方法

**1. 单一配送中心选址——重心法**

设有一系列点分别代表生产地和需求地，各自有一定量货物 $V_i$ 需要以一定的运输费率运向位置待定的配送中心（$X_0$，$Y_0$），或从配送中心运出，它们各自的坐标是（$X_i$，$Y_i$）（$i=1$，2，…，$n$），其网络图如图 7-3 所示。那么配送中心该位于何处呢？

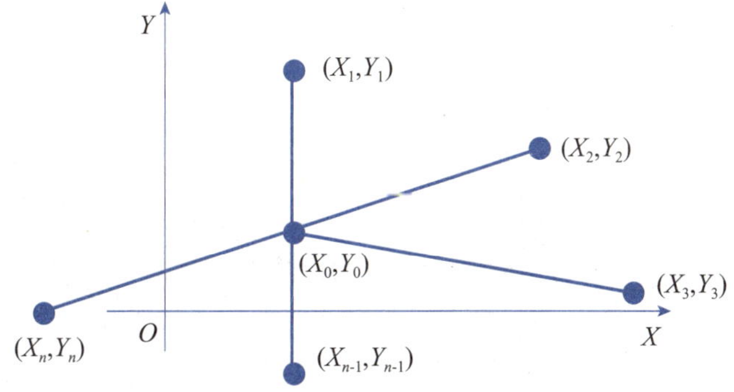


图 7-3　配送中心与生产地和需求地坐标网络图

在此以该点的运量乘以位置待定的配送中心到该点的运输费率，再乘以位置待定的配送中心到该点的距离，求出上述乘积之和（总运输成本）最小的点，即为配送中心应该设置的位置。也就是：

$$\min(TC) = \sum_i V_i R_i d_i \tag{7-1}$$

式中：$TC$——总运输成本；

$V_i$——$i$ 点的运输量；

$R_i$——$i$ 点到配送中心的运输费率；

$d_i$——$i$ 点到配送中心的距离。

$$d_i = K\sqrt{(X_i - X_0)^2 + (Y_i - Y_0)^2} \tag{7-2}$$

式中：$K$——一个度量因子，是将坐标轴上的一单位指标转换为更通用的距离度量单位（如千米）时的转换系数；

$X_0$，$Y_0$——位置待定的配送中心；

$X_i$，$Y_i$——产地和需求地的坐标。

分别求 $TC$ 关于配送中心坐标（$X_0$，$Y_0$）的一阶偏导数，并令其为 0，这样可以得到两个方程式。解这两个方程，可以得到配送中心位置的坐标值。其配送中心的坐标为：

$$X_0 = \frac{\sum_i V_i R_i X_i / d_i}{\sum_i V_i R_i / d_i} \tag{7-3}$$

$$Y_0 = \frac{\sum_i V_i R_i Y_i / d_i}{\sum_i V_i R_i / d_i} \tag{7-4}$$

上述两式中仍含有未知数 $d_i$ 项，因此一次不能求得，需反复收敛计算，其过程按如下步骤：

（1）不考虑距离因素 $d_i$，求初始选址点：

$$X_0 = \frac{\sum_i V_i R_i X_i}{\sum_i V_i R_i} \tag{7-5}$$

$$Y_0 = \frac{\sum_i V_i R_i Y_i}{\sum_i V_i R_i} \tag{7-6}$$

（2）根据式（7－2），用步骤（1）得到的 $X_0$、$Y_0$ 计算 $d_i$。

（3）将 $d_i$ 代入式（7－3）和式（7－4），解出修正的 $X_0$、$Y_0$ 的坐标值。

（4）根据修正的 $X_0$、$Y_0$ 的坐标值，再重新计算 $d_i$。

（5）重复步骤（3）、（4），直至 $X_0$、$Y_0$ 的坐标值在连续迭代过程中都不再变化或变化很小为止。

（6）最后，如有需要，可利用式（7－1）计算最优选址的总成本。

**【例 7－1】** 某公司有两个工厂 $P_1$ 和 $P_2$ 向配送中心供货，由配送中心供应三个需求地 $M_1$、$M_2$ 和 $M_3$。产品 A 由 $P_1$ 负责供应，产品 B 由 $P_2$ 负责供应，这些产品随后再被运

到三个需求地。工厂和需求地的坐标、货物运输量和运输费率见表 7-3，要求找出使总运输成本最小的单一配送中心的位置。

表 7-3　工厂和需求地的坐标、货物运输量和运输费率

| 地点 | $i$ | 产品 | 总运输量 $V_i$（担） | 运输费率［元/（担·千米）］ | 坐标 | |
|---|---|---|---|---|---|---|
| | | | | | $X_i$ | $Y_i$ |
| $P_1$ | 1 | A | 2 000 | 0.050 | 3 | 8 |
| $P_2$ | 2 | B | 3 000 | 0.050 | 8 | 2 |
| $M_1$ | 3 | A&B | 2 500 | 0.075 | 2 | 5 |
| $M_2$ | 4 | A&B | 1 000 | 0.075 | 6 | 4 |
| $M_3$ | 5 | A&B | 1 500 | 0.075 | 8 | 8 |

利用式（7-5）和式（7-6），可以确定配送中心的初始位置或大致位置。计算过程如表 7-4 所示。

表 7-4　配送中心初始位置计算过程表

| $i$ | $X_i$ | $Y_i$ | $V_i$ | $R_i$ | $V_iR_i$ | $d_i$ | $V_iR_iY_i$ |
|---|---|---|---|---|---|---|---|
| 1 | 3 | 8 | 2 000 | 0.050 | 100.00 | 300.00 | 800.00 |
| 2 | 8 | 2 | 3 000 | 0.050 | 150.00 | 1 200.00 | 300.00 |
| 3 | 2 | 5 | 2 500 | 0.075 | 187.50 | 375.00 | 937.50 |
| 4 | 6 | 4 | 1 000 | 0.075 | 75.00 | 450.00 | 300.00 |
| 5 | 8 | 8 | 1 500 | 0.075 | 112.50 | 900.00 | 900.00 |
| 合计 | | | | | 625.00 | 3 225.00 | 3 237.50 |

配送中心的初始位置为：

$$X_0=3\ 225.00/625.00=5.16，Y_0=3\ 237.50/625.00=5.18$$

利用式（7-1）和式（7-2）可求得与该位置相关的总运输成本，计算过程见表 7-5。

表 7-5　与配送中心初始位置相关的总运输成本的计算

| $i$ | $X_i$ | $Y_i$ | $V_i$ | $R_i$ | $d_i$ | $V_iR_id_i$ |
|---|---|---|---|---|---|---|
| 1 | 3 | 8 | 2 000 | 0.050 | 35.52 | 3 552 |
| 2 | 8 | 2 | 3 000 | 0.050 | 42.63 | 6 395 |
| 3 | 2 | 5 | 2 500 | 0.075 | 31.65 | 5 935 |
| 4 | 6 | 4 | 1 000 | 0.075 | 14.48 | 1 086 |
| 5 | 8 | 8 | 1 500 | 0.075 | 40.02 | 4 503 |
| 合计 | | | | | | 21 471 |

本例只求出了一个初始解，得到的是一个配送中心选址的近似解，在许多实际应用中，这种方法可以计算出一个合理、接近最优解的配送中心选址，可以得出最小运输成本的近似值，而且当各点的位置、货物运输量及相关成本完全对称时，还可得到最优解。当这些条件不能完全满足时，若某一点或几点的货运量并不比其他各点的货运量大得很多，或问题所研究的需求点或供应点数量较多时，或运输费率与距离呈线性或近似线性关系时，则潜在的误差将很小。如一个中等规模的问题包含 50 个需求点，各点的位置、货物运输量随机分布，且具有线性运输费率，使用该法求出的最优解的平均误差为 1.6%。当然，为了求得精确的配送中心选址的位置，应当采用迭代的方法进行连续逼近，如果利用计算机进行计算则更准确。本例使用 LOGWARE 中的 COG 计算机软件模组，可以完成 100 次上述的迭代过程。计算结果为 $X_0=4.910$，$Y_0=5.058$。

**2. 单一配送中心选址——德尔菲法**

德尔菲法，又名专家意见法或专家函询调查法，是采用背对背的通信方式征询专家小组成员的预测意见，经过几轮征询，使专家小组的预测意见趋于集中，最后做出符合市场未来发展趋势的预测结论。

德尔菲法本质上是一种反馈匿名函询法。其大致流程是：在对所要预测的问题分别征得专家的意见之后，进行整理、归纳、统计，再匿名反馈给各专家，再次征求意见，再集中，再反馈，直至得到一致的意见。其过程可简单表示如下：匿名征求专家意见—归纳、统计—匿名反馈—归纳、统计……若干轮后停止。

由此可见，德尔菲法是一种利用函询形式进行的集体匿名思想交流过程。它有三个明显区别于其他专家预测方法的特点，即匿名性、多次反馈、小组的统计回答。

（1）匿名性。

因为采用这种方法时所有专家组成员不直接见面，只是通过函件交流，这样就可以消除权威的影响。这是该方法的主要特征。匿名是德尔菲法的极其重要的特点，从事预测的专家不知道还有哪些人参加预测，他们是在完全匿名的情况下交流思想的。后来改进的德尔菲法允许专家开会进行专题讨论。

（2）反馈性。

该方法需要经过 3～4 轮的信息反馈，使得最终结果基本能够反映专家的基本想法和对信息的认识，所以结果较为客观、可信。

（3）统计性。

一般的小组预测结果是反映多数人的观点，少数派的观点至多概括地提及一下。而德尔菲法的回答统计却不是这样，它报告 1 个中位数和 2 个四分点，其中一半落在 2 个四分点之内，一半落在 2 个四分点之外。这样，每种观点都包括在这样的统计中，避免了结论只反映多数人观点的缺点。

**3. 多个配送中心选址**

对于大多数企业而言，经常会面临同时决定多个配送中心的选址问题。一般可归为这样几个基本的规划问题：

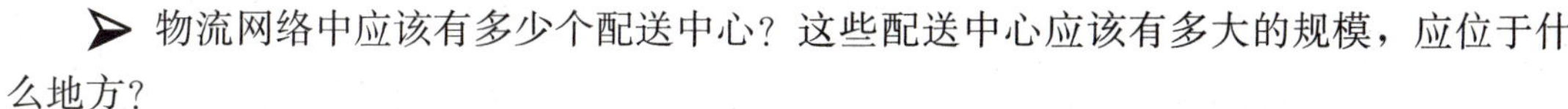

➤ 物流网络中应该有多少个配送中心？这些配送中心应该有多大的规模，应位于什么地方？

➤ 哪些客户指定由配送中心负责供应？各个工厂、供应商或港口的货物应指定由哪些配送中心负责？

➤ 各个配送中心中应该存放哪些产品？哪些产品应从工厂、供应商或港口直接运到客户手中？

对于这些问题的研究有很多的方法，虽然有些方法不很完善，但依然为我们提供了多个配送中心选址的数学上的规划方法。

（1）模拟法。

配送中心选址模型是用代数和逻辑语言做出的对物流系统的数学描述，在计算机的帮助下人们可以对模型进行处理。经济或统计关系的现实表述已定，就可以使用模型来评估不同布局方法的效果。

当前，应用于配送中心选址的经典模型是亨氏公司开发的，后来用于解决雀巢公司的分拨问题。该模型为基本的配送中心选址问题（仓库数量、地点、仓库的需求分配）提供了答案，且可以涉及多达 4 000 个客户、40 多个仓库、10～15 个工厂。与算术模型相比，本模型适用范围很广。

亨氏公司选址模型中的主要分拨成本要素包括：

1）客户。影响分拨成本的因素有：客户的位置，年需求量，购买的产品类型，订单大小的分布。

2）仓库。影响成本的因素有：公司对自由仓库的固定投资，年固定运营和管理成本，存储、搬运、库存周转和数据处理方面的可变成本。

3）工厂。工厂的选址和各工厂的产品供应能力是影响分拨成本的最大因素。工厂内的某些仓储和搬运费用对分拨成本也可能有一定的影响，但这些成本大部分与仓库位置分布无关，可以不做分析。

4）运输成本。产品从工厂运到仓库产生的运费成本称为运输成本，它取决于涉及的工厂、仓库的位置、运输批量的大小、产品的货物等级。

5）配送成本。产品从仓库运到客户手中的成本称为配送成本，它取决于运输批量的大小、仓库和客户的位置、产品的货物等级。

（2）启发法。

启发法是由库恩（Kuehn）和汉伯格（Hamburger）建立的一种用于解决仓库选址问题的经典方法。其数学模型如下：

$$\min(F)=\sum_{hijk}(A_{hij}+B_{hij})X_{hijk}+\sum_{j}F_jZ_j+\sum_{hj}S_{hj}(\sum_{hj}X_{hijk})+\sum_{hk}D_{hk}(T_{hk})$$

$$\begin{cases}\sum_{ij}X_{hijk}=Q_{hk}\\ \sum_{jk}X_{hijk}\leqslant Y_{hi}\\ I_j(\sum_{hjk}X_{hijk})\leqslant W_j\end{cases}$$

式中：$h$——产品（1，2，…，$p$）；

$i$——工厂（1，2，…，$q$）；

$k$——客户（1，2，…，$s$）；

$j$——配送中心（1，2，…，$t$）；

$A_{hij}$——从工厂（$i$）到配送中心（$j$）运输产品（$h$）时的单位运输费用；

$B_{hjk}$——从配送中心（$j$）到客户（$k$）之间运送产品（$h$）时的单位运输费用；

$X_{hijk}$——从工厂（$i$）到配送中心（$j$）向客户（$k$）运送产品（$h$）的数量；

$F_j$——在配送中心（$j$）期间的平均固定费用；

$Z_j$——当（$\sum X_{hijk}$）>0 时取 1，否则取 0；

$S_{hj}$（$\sum X_{hijk}$）——在配送中心（$j$）中，为保管产品（$h$）而产生的部分可变费用（如管理费用、保管费用、资金利息等）；

$D_{hk}$（$T_{hk}$）——向客户（$k$）运送产品（$h$）时，因为延误时间（$T$）而导致的损失费用；

$Q_{hk}$——客户（$k$）需要的产品（$h$）的数量；

$Y_{hi}$——生产产品（$h$）的工厂（$i$）的能力；

$I_j$（$\sum X_{hijk}$）——各工厂经由配送中心（$j$）向所有客户运送产品的最大库存定额；

$W_j$——配送中心（$j$）的最大库存量；

$F$——总费用。

该模型的计算也需要进行迭代运算，最终得到最适解。因此，这种方法又称渐次逼近法，即逐次求近似解的方法。

如何将定量分析与定性分析的方法更合理地应用到选址过程中？

## （三）配送中心的网点布局

与配送中心的选址同时进行的另一项工作是配送中心宏观的合理布局。配送中心的布局一般情况下分为以下几种形式：

**1. 辐射型配送中心**

配送中心位于众多用户之中，商品由配送中心向四周配送，形成辐射状，见图 7－4。

以这种形式布局的配送中心要具备以下条件：（1）配送中心附近是用户相对集中的经济区域；（2）配送中心靠近主要运输干线，利用干线运输将货物运达配送中心，然后再配送到各个用户。

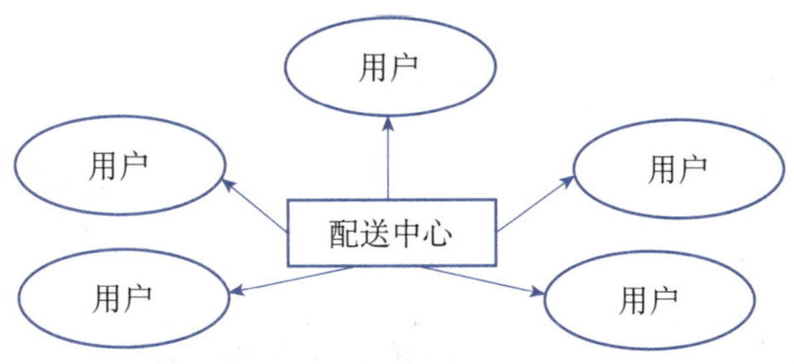


图 7-4　辐射型配送中心

**2. 扇形配送中心**

商品从配送中心向一个方向配送，形成扇形，见图 7-5。

扇形配送中心的特点是：商品有一定的流向，配送中心位于主要运输干线的中途或终端，配送中心的商品配送方向与干线运输方向一致或在运输干线侧面。

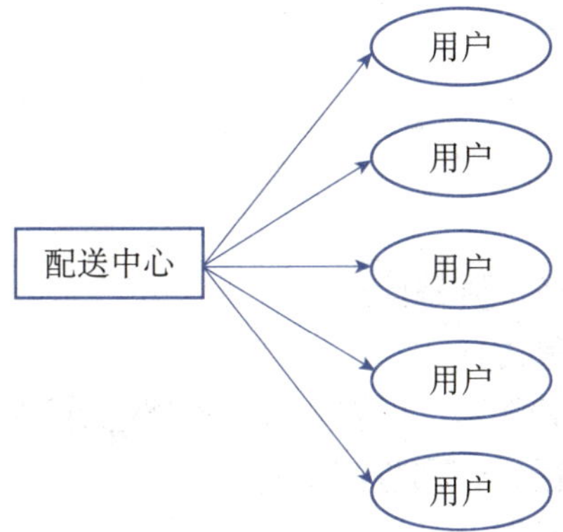


图 7-5　扇形配送中心

**3. 双向辐射型配送中心**

当用户集中在配送中心的两侧时，商品从配送中心向两个相反的方向配送，形成双向辐射型，如图 7-6 所示。

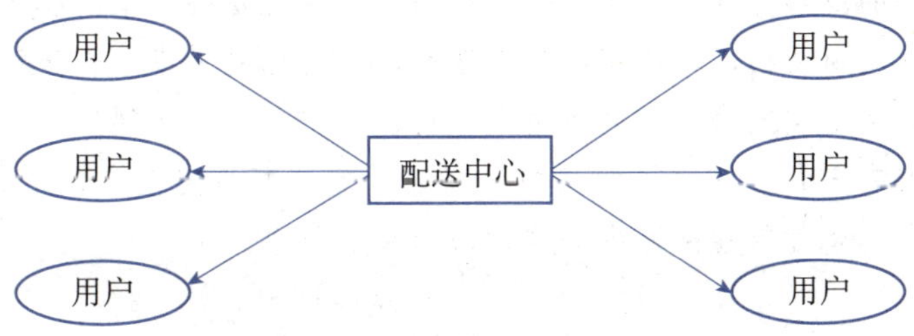


图 7-6　双向辐射型配送中心

以这种布局出现的配送中心要靠近主要运输干线，配送中心的商品向运输干线两侧配送。

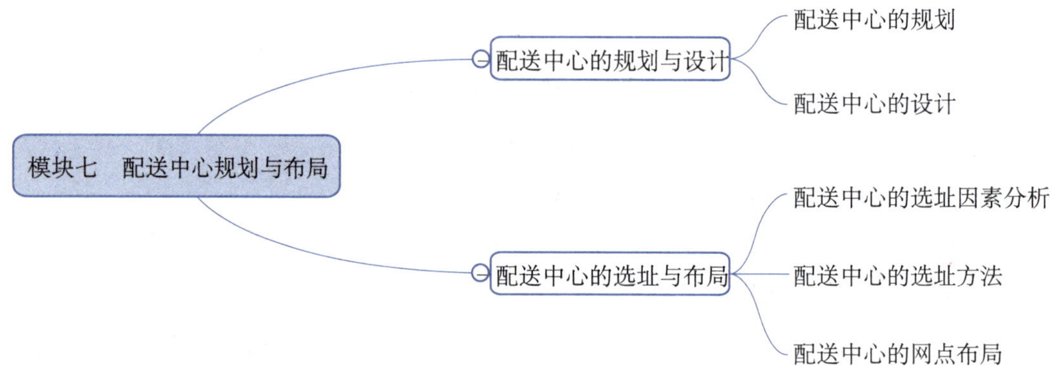


## 课后思考题

1. 配送中心规划与设计的原则是什么?
2. 配送中心规划的流程是怎样的?
3. 配送中心规划的内容有哪些? 规划时应注意哪些方面?
4. 影响配送中心选址的因素有哪些?
5. 重心法的实施步骤有哪些?

党的十八大以来，以习近平同志为核心的党中央坚持从发展中国特色社会主义、实现中华民族伟大复兴的战略高度，系统部署和全面推进网络安全和信息化工作。我国互联网发展和治理不断开创新局面，网络空间日渐清朗，信息化成果惠及亿万群众，网络安全保障能力不断增强，网络空间命运共同体主张获得国际社会广泛认同。

请查阅“网络安全和信息化”的相关资料并阐述：网络安全和信息化包含哪些内容?网络安全和信息化思想如何在配送中心规划与布局过程中应用?

# 模块八 配送作业

知识目标

1. 了解配送中心的一般作业流程。
2. 了解配送作业各环节的主要作业内容。
3. 掌握订单处理的方法。
4. 掌握拣选单位、拣选方式、拣选策略之间的关系。
5. 了解补货方式，会选择补货时机。

技能目标

1. 能进行客户优先权分析和订单有效性分析。
2. 能根据订单选择适合的拣选方式。
3. 能进行车辆运送路线的优化。

情感目标

1. 能够具备一定的团队合作精神和协调能力。
2. 能够具备一定的责任意识和服务意识。
3. 能够具备高效的执行力。

## 重难点

1. 拣选方式的选择。
2. 运输路线的优化。

案|例|导|入

某药品公司的订单处理系统

某药品公司实行连锁经营，旗下有100多家店铺。由于店铺内绝大部分的空间都用于药品的陈列、展示和销售，所以货架上的药品必须经常补充。如果货架上某种药品缺货，而店里也无货进行补充，将给店铺带来一定的损失。如果在一定时间内还无法补货的话，将造成严重的缺货损失，甚至客户流失。这时就需要有订单处理系统来方便、快捷、准确地处理订单，以保证连锁店内的需求。

每家分店都得到一份针对该店印制的库存清单或订货指南，上面印制了总部授权给该分店销售的商品。店铺经理或工作人员用手持式电子订单录入器读取订货指南或货架上的条形码，接着输入每种商品所要的数量，随后将该信息传送到该公司的配送中心，在配送中心进行订单录入、订单履行。配送中心启用订单处理系统把全天收到的订货及调整信息按商品、仓库进行汇总。收到全部订单后，订单处理系统根据商品和仓库供货、订货总量生成拣货清单，同时把拣货清单分传给各分店。系统还对货架上的药品进行监控，当药品库存达到安全库存量时，系统会自动生成货物补货清单，提醒库存管理人员进行大宗药品的补货，同时提出合理的经济订货批量。

该公司通过订单处理系统，减少了店铺的储存空间，提高了店铺的使用率，缩短了搬运时间，使管理人员可以更好地进行药品跟踪，掌握订单处理进度。同时，该系统消除了企业间交易时大量的文书工作，减少了大约80%的订单处理成本，提高了无纸化运作的效率。从某种程度上说，这也有助于巩固与供应商的关系，防止竞争对手向自己的客户供货。

**问题：**

1. 如果该药品公司没有使用高效的订单处理系统，会导致怎样的结果？
2. 该药品公司的订单处理系统有何特点？

## 一、配送中心作业流程

配送中心的作业环节由接货、搬运、保管、分类、分拣、流通加工、检查、封箱、出货、配送等活动构成。在配送中心的运转中，如果没有正确有效的作业方法，无论其设备多么先进，也难以取得良好的经济效益。配送中心的作业流程如图8-1所示。

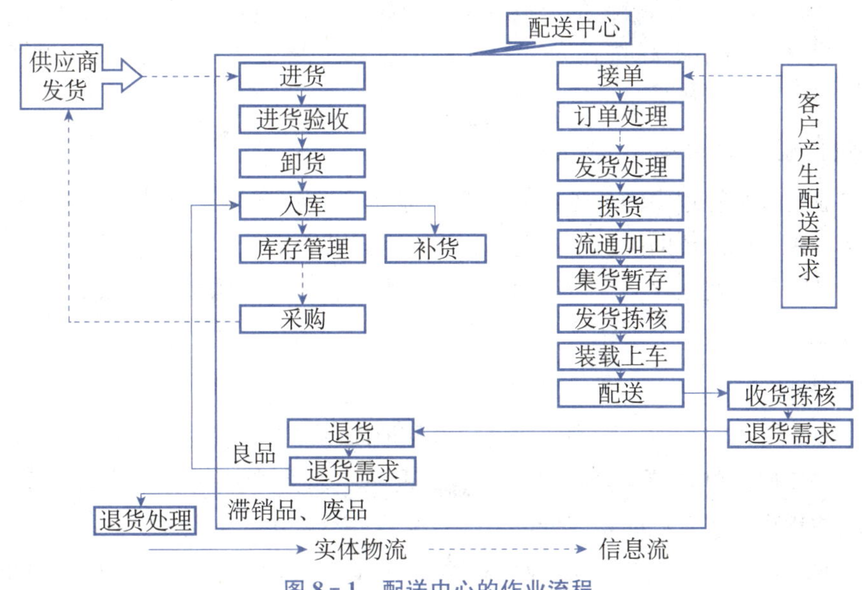


图 8-1 配送中心的作业流程

## (一) 配送中心的一般作业流程

### 1. 接受并汇总订单

客户订单是配送中心开展配送业务的依据，配送中心接到客户订单以后需要对订单加以处理，以此来安排分拣、补货、配货、送货等作业环节。配送活动以客户发出的订货信息作为其驱动源。在配送活动开始前，配送中心根据订单信息，对客户的分布、所订商品的品名、商品特性和订货数量、送货频率及要求等资料进行汇总和分析，以此确定要配送的货物种类、规格、数量和配送时间，最后由调度部门发出配送信息（如拣货单、出货单）。订单处理是调度、组织配送活动的前提和依据，是其他各项作业的基础。

### 2. 进货作业

进货作业就是配送中心根据客户的需要，为配送业务的顺利实施而从事的组织商品货源和进行商品存储的一系列活动。进货是配送的准备工作或基础性工作，通常包括制订进货计划、组织货源、储存保管等基本业务。

### 3. 拣选作业

拣选作业是将货物按品名、规格、出入库先后顺序进行分门别类的作业过程。由于多品种、少批量物流的影响，配送中心的品种不断增加，拣选难度越来越大，所以配送中心对拣选作业的机械化投入了大量的人力、物力和财力。拣选设备大多采用货架拣选式叉车系统、拣选重力货架系统等。商品拣选方法一般有两种，即摘果法和播种法。摘果法是让拣货搬运巡回于储存场所，按要货单位的订单挑选出每一种商品，巡回完毕也就完成了一次配送作业，将配齐的商品放置到发货场所指定的货位，然后再进行下一个要货单位的配货。播种法是将每批订货单上的同种商品各自累加起来，从储存货位上取出，集中搬运到理货场，然后将每一种商品所需的数量取出，分放到要货单位商品暂储处，在运货位处放置直至配货完毕。为了提高拣选效率，可以根据具体情况将两种方法有机地结合起来使用。

**4. 补货作业**

补货作业是库存管理中的一项重要内容，根据以往的经验，或者相关的统计技术方法，或者计算机系统的帮助，确定最优库存水平和最优订购量，并根据所确定的最优库存水平和最优订购量，在库存低于最优库存水平时发出存货再订购指令，以确保存货中的每一种产品都在目标服务水平下达到最优库存水平。

**5. 配货作业**

配货作业是配送中心为了顺利、有序、方便地向客户发送商品，对组织来的各种货物进行整理，并依据订单要求进行组合的过程。配货也就是指使用各种拣选设备和传输装置，将存放的货物，按客户的要求分拣出来，配备齐全，送入指定发货区。

配货作业与拣货作业不可分割，两者一起构成了一项完整的作业。通过分拣配货，可达到按客户要求进行高水平送货的目的。

**6. 送货作业**

配送业务中的送货作业包括将货物装车并实际配送，而这些作业需要事先规划配送区域或安排配送线路，依据配送线路的先后次序来决定货物装车顺序，并在配送途中对货物进行跟踪、控制，制定配送途中发生意外情况及送货后文件的处理办法。

**7. 流通加工作业**

商品由配送中心送出之前，可在配送中心做流通加工处理。在配送中心的各项作业中，以流通加工最易提高货物的附加值。其中流通加工作业包含商品的分类、过磅、拆箱重包装、贴标签及商品的组合包装。若要进行完善的流通加工，还应进行包装材料及容器的管理、组合包装规则的制定、流通加工包装工具的选用、流通加工作业的安排、作业人员的调派。

**8. 退货作业**

退货作业在经营物流业务中不可避免，但应尽量减少，因为退货或换货的处理只会大幅增加物流成本，减少利润。发生退货或换货的主要原因包括瑕疵品回收、搬运中的损坏、商品送错退回、商品过期退回等。

## （二）配送中心的特殊作业流程

**1. 不带储存库的配送中心流程**

有的配送中心专以配送为职能。而将储存场所，尤其是大量储存场所，转移到配送中心之外的其他地点，专门设置补货型的储存中心，配送中心则只有为配送备货的暂存，而无大量储存。暂存设在配货场地中，在配送中心不单设储存区。

这种类型的配送中心，由于没有集中储存的仓库，占地面积比较小，也可以省去仓库、现代货架的巨额投资。至于补货仓库，可以采取外包的形式，采取协作的方法解决，也可以自建补货中心，还可以采用虚拟库存的办法来解决。这种配送中心的业务流程如图8－2所示。

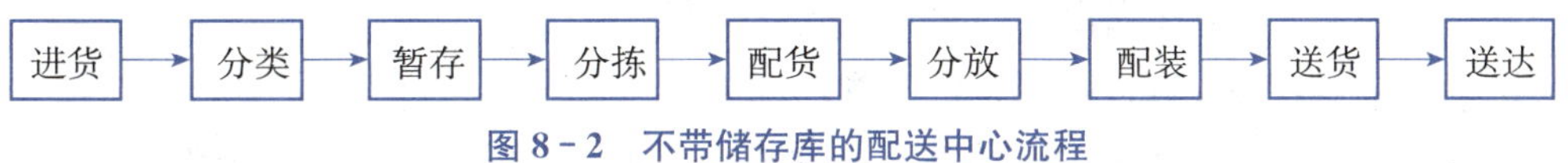


图8－2 不带储存库的配送中心流程

**2. 加工配送中心流程**

加工配送中心也不是一个模式，依加工方式不同，配送中心的流程也有区别。

这种配送中心流程的特点是：进货是大批量、单（少）品种的产品，因而分类的工作不多或基本上无须分类存放。储存后进行加工，与生产企业按标准、按系列加工不同，一般是按用户要求进行。因此，加工后的产品便直接按用户分放、配货。这种类型的配送中心有时不单设分货、配货或拣选环节；配送中心中加工部分及加工后分放部分占较多位置。这种配送中心的业务流程如图8－3所示。

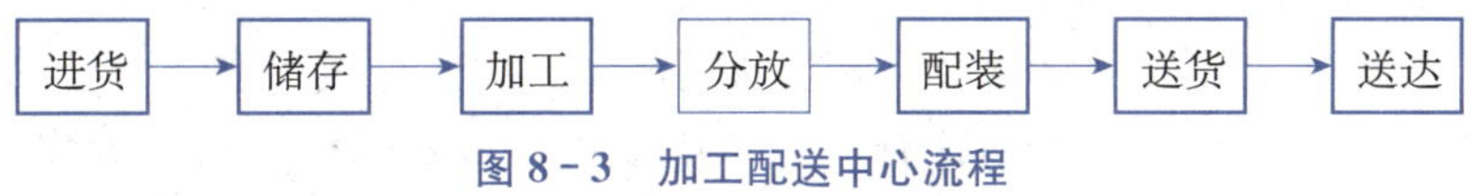


图8－3 加工配送中心流程

**3. 批量转换型配送中心流程**

这种配送中心是将进货批量大、品种较单一的产品，转换成小批量发货式的产品。不经配煤、成型煤加工的煤炭配送和不经加工的水泥、油料配送的配送中心大多属于这种类型。

这种配送中心流程十分简单，基本不存在分类、拣选、分货、配货、配装等工序，但由于是大量进货，储存能力较强，储存及分装是主要工序。这种配送中心的业务流程如图8－4所示。

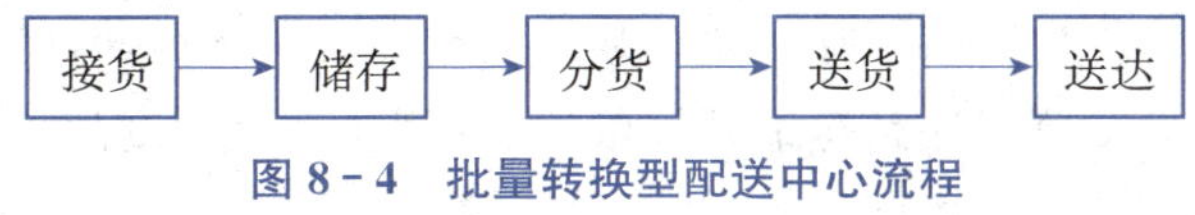


图8－4 批量转换型配送中心流程

## 二、订单处理

### （一）配货订单处理

**1. 订单处理**

（1）订单处理的模式。

从接到客户订单开始到着手准备拣选之间的作业阶段，称为订单处理，包括订货计划、订单资料确认、存货查询、单据处理等内容。订单处理是实现企业顾客服务目标最重要的因素。配送中心订单处理模式通常为：订单准备、订单传递、订单登录、按订单供货及订单处理状态跟踪。

1）订单准备，即将客户所需产品的订货单在指定时间内进行收集和整理。

2）订单传递，即将准备好的订单传递到相关职能部门。

3）订单登录，即将客户的正式订单输入订单处理系统。

4）按订单供货，即配送中心的备货、理货、加工、储存、运输等业务部门按客户订单的需求，各自保质保量地完成任务，确保货物及时准确地运达顾客手中。

5）订单处理状态追踪。配送中心为客户提供货物后，并不等于配送服务即告完结，客户对配送商品的质量、数量等方面的满意情况如何，客户对配送服务的满意度如何，客户使用配送产品对产品、服务的意见和建议，客户今后的产品配送情况等，都是订单处理状态追踪的内容。配送中心要建立动态的订单管理系统，及时了解、反馈客户的各种情况，争取与客户建立长期的配送关系。

（2）订单处理的基本内容及步骤。

1）接受订货。接单作业是订单处理的第一步。随着流通环境的变化和现代科技的发展，现在客户更趋于高频度的订货，且要求快速配送。因此，接受客户订货的方式也渐渐由传统的人工下单、接单，演变为计算机直接接受订货资料的电子订货方式。电子订货，即采用电子传送方式取代传统人工书写、输入、传送的订货方式，它将订货资料由书面资料转为电子资料，通过通信网络进行传送。

2）货物数量及日期的确认。接单以后，首先确认货物名称、数量及日期，即检查品名、数量、送货日期等是否有遗漏、笔误或不符合公司要求的情形。尤其当送货时间有问题或出货时间已延迟时，更需与客户再次确认订单内容或更正运送时间。同样地，若采用电子订货方式接单，也须对已接受的订货资料加以检验确认。

3）客户信用的确认。不论订单是由何种方式传至公司，配送系统都要核查客户的财务状况，以确定其是否有能力支付该订单的账款。通常的做法是检查客户的应收账款是否已超过其信用额度。若客户应收账款已超过其信用额度，系统自动加以警示，以便输入人员决定是继续输入其订货资料还是拒绝其订单。运销部门一旦发现客户的信用有问题，应将订单送回销售部门再调查或退回订单。

4）订单形态确认。配送中心虽有整合传统批发商的功能以及有效率地处理物流信息的功能，但在面对较多的交易对象时，仍需根据顾客的不同需求采取不同做法。在接受订货业务上，表现为具有多种订单的交易形态，所以物流中心应对不同的客户采取不同的交易及处理方式。

a. 一般交易订单。一般交易订单，即接单后按正常的作业程序拣货、出货、发送、收款的订单。其处理方式是接单后，将资料输入订单处理系统，按正常的订单处理程序处理，资料处理完后进行拣货、出货、发送、收款等作业。

b. 间接交易订单。间接交易订单是客户向配送中心订货，直接由供应商配送给客户

的交易订单。其处理方式是接单后，将客户的出货资料传给供应商，由其代配。此方式需注意的是确定客户的送货单是自行制作或委托供应商制作，应对出货资料加以核对确认。

c. 现销式交易订单。现销式交易订单是与客户当场交易、直接给货的交易订单。其处理方式是订单资料输入后，因货物此时已交给客户，故订单资料不再参与拣货、出货、发送等作业，只需记录交易资料即可。

d. 合约式交易订单。合约式交易订单是与客户签订的在某期间定时配送某数量的商品的订单。其处理方式是在约定的送货日，将配送资料输入系统处理以便出货配送；或一开始便输入合约中的订货资料并设定各批次送货时间，以便在约定日期系统自动产生所需的订单。

5）订单价格确认。对于不同的客户（批发商、零售商）、不同的订购批量，可能对应不同的售价，因而输入价格时系统应加以检核。若输入的价格不符（输入错误或业务员降价接受订单等），系统应加以锁定，以便主管审核。

6）加工包装确认。客户订购的商品是否有特殊的包装、分装或贴标等要求，或是有关赠品的包装等资料，系统都需加以专门的确认记录。

7）设定订单号码。每一份订单都要有单独的订单号码，此号码一般是由控制单位或成本单位来指定，它除了便于计算成本外，还有利于制造、配送等一切相关的工作。所有工作的说明单及进度报告都应附有此号码。

8）建立客户档案。将客户状况详细记录，不但有利于此次交易的顺利进行，且有利于以后合作机会的增加。

9）订单资料处理输出。订单资料经上述处理后，即可开始生成货单据，展开后续的物流作业。

**2. 存货查询及订单分配**

输入客户订货商品的名称、代号时，系统就查对该商品的存货情况，看此商品是否缺货。如果缺货，则提供商品资料或是此缺货商品已采购但未入库等信息，便于接单人员与客户协调是否改订替代品或是允许延后出货等，以提高接单率及接单处理效率。

订单资料输入系统确认无误后，最主要的作业是将大量的订货资料，作最有效的汇总分类，调拨库存，以便后续的物流作业能有效地进行。存货的分配模式可分为单一订单分配及批次分配两种。

（1）单一订单分配多为线上即时分配，也就是在输入订单资料时，就将存货分配给该订单。

（2）物流中心因订单数量多，客户类型等级多，且多为每天固定配送次数，因此通常采用批次分配以确保库存能作最佳的分配。采用批次分配时，要注意订单的分配原则，即批次的划分方法。作业的不同，各物流中心的分批原则也可能不同。总的来说，可按接单时序、配送区域路径、流通加工要求、车辆要求等几种标准划分。

如果配送商品要用特殊的配送车辆（如低温车、冷冻车、冷藏车）或客户下订单时有特殊要求，这时可以汇总合并处理。

如果以批次分配选定参与分配的订单后，若这些订单的某商品总出货量大于可分配的库存量，可依以下 4 个原则来决定客户分配的优先性：具有特殊优先权者优先分配；订单交易量或交易金额大者优先分配；对公司贡献大的订单优先分配；客户信用状况较好的订单优先分配。

## （二）配货订单管理

### 1. 订单的内部管理

（1）客户信用管理。

当客户有意向公司下订单时，市场部的业务人员可先填写“订单报价单”，一方面确认客户所需产品的规格、特性、尺寸、数量、价格等需求，另一方面调查其信用状况。在接受订单之前，必须确定客户是否符合公司的信用管理标准，在评估其信用后，再决定是否接受订单。若是与公司有过交易往来的老客户，在信用额度内，市场业务员可直接填写“订单报价单”，经主管审核通过后，即可准备出货。

（2）出货管理。

对于“订单式配送”的出货，市场业务员在承接订单之前，事先要获得采购部门的认可，确认是否可如期交货。对于“存货式配送”的出货，市场业务员只要利用电话或电脑查询该种商品的仓库库存量，即可确认。

（3）订单管理。

为防止发生错误，一旦收到订单，必须加以处理。

1）承接订单后，为了避免因作业疏忽而丧失销售机会，一定要将品名、数量、单价、交货日期以及其他条件加以记录，使该笔订单得到适当处理。

2）若订单内容有所变更时，必须将变更内容加以记录。

3）为防止订单丢失，订单必须加编连续号码。

4）填写多联式订单，分送财务、销售、储运等部门。

5）若库存现货不足，致使无法出货，市场业务员要迅速将此事告知顾客，同时亦告知新的出货时间，并确认客户可否变更日期。发出出货单后，若无货可出，应及时取消出货命令，或请求客户将该笔订购作为待配订单，再等候进货时机。

（4）配货订单的购销协调。

购销不协调一直是企业长期存在的问题，这既使企业丧失许多销售机会，又严重影响企业形象。对于“存货式配送”的购销协调，企业可做年度预算，即在每年的 10 月份做下一年的销售预算，预算出各个月份的产品销售量，再决定各期的采购预算、人工成本预算、储存与运输费用预算及销售费用预算。在未执行之前，先做出书面计划与预算，使各部门主管有机会在事前进行沟通。有了年度预算之后，市场部门要随时注意市场需求的变化，及时提出新的市场销售预测，并告知采购部门。理论上是有需求才有采购、配送，但实际上很难执行，所以，采购部门通常是依需求来采购，部分按计划来采购。因此，要定期核查各项商品的库存量，及时调整各商品的进货数量和品种，保证客户的需求，扩大企业的商品销量，提高企业的经济效益。

对于“订单式配送”的购销协调，可参考下列做法：

1）采购部门应详细提供一定时期内供货的品种和数量，作为市场部门接单依据。

2）市场部门与客户谈判时，尽量争取对本企业最有利的条件。

3）由销售部门统筹负责订单的汇总和编排作业，并定期开会，根据订单的重要性与急迫性决定交货顺序，避免每位市场业务员自行到配送现场进行跟催，影响配送作业。

4）销售部门制订配送计划时，应预留部分配送能力，以避免紧急插单带来的困扰。

5）定期召开购销协调会，由总经理主持，参加人员为采购部门、市场部门和进行配送作业的其他部门的主管。

6）为使工作能顺利进行，应于每日下班前后召开作业检讨会，总结当日的作业情况，做好次日作业布置。

（5）订单量的确定。

在某些产业中订单的大小千差万别。有时订单大小呈指数分布，即平均发货量比较适当；有时少数商品的订单非常大，很多商品的订单非常小，因为这种小订单在数量上占企业订单总数的大部分，因此企业要弄清楚其销售比例和对配送效率的影响。一种比较合理的订单量分布形式是在总需求中有 2～3 个大订单，其他订单相对较小。如今很多企业为了提高配送效率，降低不必要的成本，在订单量类型分布分析的基础上对特定商品设定最低订单量。当然，最低订单量的设定必须充分考虑商品的需求特征和其他经营管理要素。

**2. 订单处理过程的改善**

（1）改善订单处理过程的意义。

从狭义的角度看，改善订单处理过程，可以缩短订单处理的周期，提高单据处理和供货的准确率，从而提高整个配送流程前期工作的效率；从广义的角度看，搜寻产品信息的便利性，订货提前期的稳定性与效率，送货的准确性，订单处理状态跟踪反馈的及时性等，是实现顾客满意的重要保证。改善订单处理过程，可以使客户在购买产品或服务本身的同时，获得价值，感受到满意，从而提高客户忠诚度，这对配送企业长期发展极为重要。

（2）改善订单处理过程的关键因素。

1）时间因素。订单处理过程的时间耗用，企业通常将其理解为订单处理周期，顾客则通常将之定义为订货提前期。改善的目标是在保证时间耗用的稳定性的前提下，努力减少时间耗用。

2）供货准确性因素。要求按照顾客订单的内容提供准确品种、数量、质量的产品，并送到正确的交货地点。当需要延期供货或分批送货时，应与顾客充分协调与沟通，取得顾客的同意。

3）成本因素。包括库存设置的地点和数量、运输批量和运输路线的调控等。

4）信息因素。通过完善的物流信息系统，向顾客以及企业内部的生产、销售、财务

及仓储运输等部门提供准确、完备、快速的信息服务。

（3）改善订单处理的方法。

在实际操作中，改善订单处理的方法有多种，下面介绍利用网络结构图改善订单处理过程的方法。该方法不仅简单易学，而且对于缩短订单处理周期效果显著，其步骤如下：

1）调查公司当前的订单处理流程，绘制流程图。

2）调查现有订单处理流程各步骤的时间耗用。

3）绘制订单配送过程的网络结构图。

4）利用流程改善原则缩短订单处理周期。流程改善原则包括并行处理、分批处理、交叉处理、删除不增值工序、减少等待、在瓶颈处添加额外资源等。

如何运用订单分析实现客户分级管理？

## 三、拣选作业

### （一）拣选作业概述

#### 1. 拣选作业的含义

拣选作业是配送中心根据客户提出的订货单或配送计划所规定的商品品名、数量和储位地址，将商品从货垛或货架上取出，搬运到理货场所，以备配货送货。国家标准《物流术语》（GB/T 18354－2006）中对于拣选是这样定义的：拣选（order picking）是指按订单或出库单的要求，从储存场所拣出物品的作业。这里所说的订单是指拣选单、顾客订单、DC发货单、车间发料单等，是我们拣选所依赖的信息。

随着商业竞争日趋白热化，零售点对于商品配送的需求，转为多样少量、高频率的配送方式。"在正确的时间内，将正确的商品及数量，以最好的产品状态与服务品质，在最低的运送成本下，送到正确的场地，给正确的客户"，则依赖整个仓库或配送中心各项作业的相互配合。但不可否认的是，拣选作业的快慢及正确与否，将直接影响对客户的服务品质。

拣选作业的成本所占比例与拣选作业各项动作的时间构成见图8－5、图8－6。

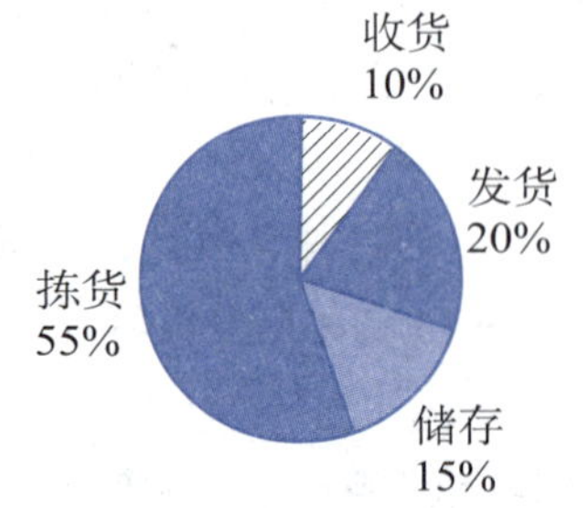


图8－5 拣选作业的成本所占比例

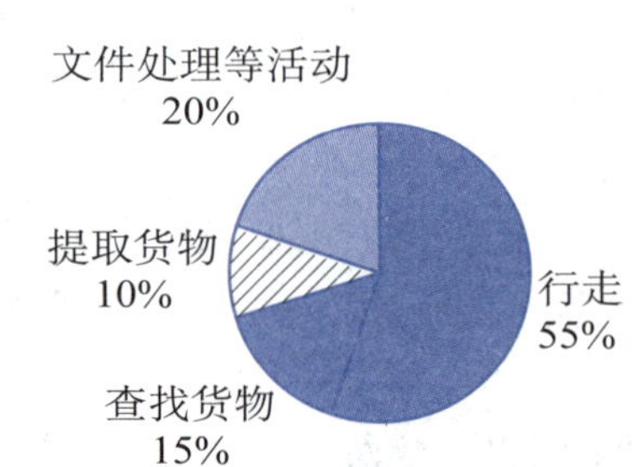


图8－6 拣选作业各项动作的时间构成

**2. 拣选作业的目的**

拣选作业的目的就在于正确而迅速地集合客户所订购的货物。要达到这一目的，必须根据订单，选择合适的拣选设备，按拣选作业过程的实际情况运用一定的方法策略组合，采取切实可行且高效的拣选方式，提高拣选效率，将各项作业时间缩短，提升作业速度与能力。同时，尽量避免错误，降低成本。

**3. 拣选作业的方式**

商品拣选作业一般有四种方式，即按单拣选、批量拣选、整合按单拣选及复合拣选。

（1）按单拣选（摘果法）。

按单拣选（见图 8－7）是针对每一份订单，分拣人员按照订单商品及数量，将商品从储存区域或分拣区域拣取出来，然后集中的拣货方式。

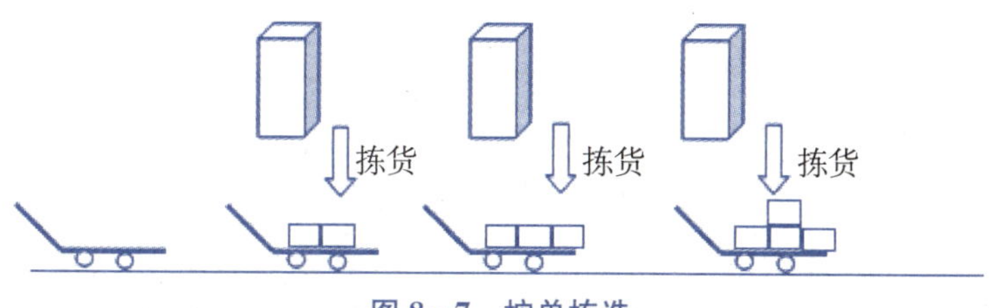


图 8－7　按单拣选

1）特点。

● 按订单拣选，易于实施，而且配货准确度较高，不易出错。

● 对各用户的拣选相互没有约束，可以根据用户需求的紧急程度调整配货先后次序。

● 拣选完一个货单货物便配齐，因此货物可以不再落地暂存，直接装上配送车辆，有利于简化工序，提高作业效率。

● 用户数量不受限制，可在较大范围内波动，拣选作业人员数量也可随时调整，作业高峰时可临时增加作业人员，有利于开展即时配送。

● 对机械化、自动化没有严格要求，不受设备水平限制。

2）优缺点。

优点：作业方法单纯；订单处理前置时间短；导入容易且弹性大；作业人员责任明确；派工容易、公平；拣货后不必再进行分拣作业。

缺点：商品品种数较多时，拣货行走路线长，拣取效率降低；拣取区域大时，搬运系统设计困难；少批量、多批次拣取时，会造成拣货路径重复，费力费时，效率降低。

3）适用情况。

摘果法适用于大批量、少品种订单的处理或是订单大小差异较大、订单数量变化频繁、商品差异较大的情况。

（2）批量拣选（播种法）。

批量拣选（见图 8－8）即将每批订货单上的同种商品各类累加起来，从储位上取出，集中搬运到理货场，然后将每一客户所需的数量取出，分放到该客户商品暂储待运货位处，直至配货完毕。

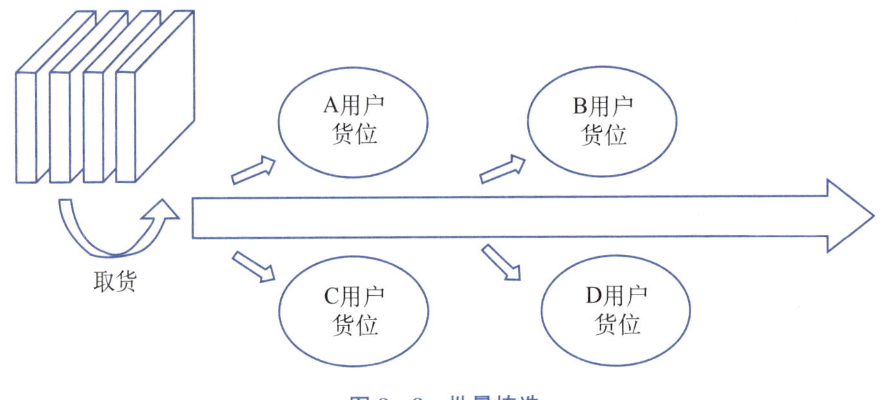


图 8-8 批量拣选

1）特点。

● 由于是集中取出共同需要的货物，再按货物货位分放，这就需要在收到一定数量的订单后进行统计分析，安排好各用户的分货货位之后才能开始分货作业，因此，这种工艺难度较高，计划性较强，与按单拣选相比错误率较高。

● 由于各用户的配送请求是同时完成，可以同时开始对各个用户所需货物进行配送，因此有利于车辆的合理化调配和规划配送线路，与按单拣选相比可以更好地发挥规模效益。

● 对到来的订单无法做出及时反应，必须等待订单达到一定数量才做一次处理，因此会有停滞时间，只有根据订单到达的状况做等候分析，决定出适当的批量大小，才能将停滞时间减至最低。

2）优缺点。

优点：适合订单数量庞大的系统；可以缩短拣取时的行走搬运距离，增加单位时间的拣取量；越要求少批量、多批次的配送，批量拣取就越有效。

缺点：对订单的到来无法做及时的反应，必须等订单达到一定数量时才做一次处理，因此会有停滞的时间产生。

3）适用情况。

批量拣选适合订单品种变化较小、订单数量稳定的配送中心和外形较规则、固定的商品出货；需进行流通加工的商品也适合批量拣选，先批量进行加工，然后分类配送，有利于提高拣货及加工效率。

（3）整合按单拣选。

整合按单拣选主要应用于一天中每一订单只有一种品项的场合，是为了提高配送效率，将某一地区的订单整合成一张拣选单，做一次分拣后，集中捆包出库。它属于按单拣选的一种变通形式。

（4）复合拣选。

为提高拣选效率、降低成本，可根据订单拣选与批量拣选各自的适用范围，有机地将两者混用。例如，当储存区面积较大时，拣选作业中往返行走所费时间占很大比重，此时一人一单拣选的方法就不宜采用。如果适当分工，按商品的储区划分，每一拣选人员各拣选订货单中的一部分，如一层库房、一个仓间或几行货架，既能减少拣选人员的往返之劳，又能驾轻就熟，事半功倍，几个拣选人员所费工时之和往往低于一个人拣选的总工时。

按单拣选与批量拣选的特点是什么？适用情况是什么？

## （二）拣选的要求及合理化原则

**1. 拣选的要求**

仓库、配送中心作业的自动化、省力化，通常都是以拣选作业及相应的存储和搬运方式为实施重点；此外，拣选的时程及拣选策略的应用，也往往是决定接单出货的时间长短的最主要的因素。拣选的精确度更是影响出货品质的重要因素之一。

现代物流对拣选作业的要求主要有以下几点：

（1）无差错地拣出正确的货物。

（2）时间快，至少不影响后面的送货。

（3）拣选后必要的包装和贴标签。

（4）品种多，数量少。

（5）订单跟踪。

（6）完整的供应链服务和管理。

要满足现代仓储物流作业对拣选提出的越来越高的要求，就必须要考虑设备技术的选择和设施的详细布置，具体来说有以下要点：

（1）仓库内部布置和存储-拣选策略组合的研究。

（2）人工-拣选单位的各种组合的对比与选择。

（3）空间质量或者说货物价值与空间成本的匹配。

**2. 分拣作业合理化的原则**

（1）存放时应考虑易于出库和拣选。这是在仓库设计时就要考虑的存储策略。

（2）提高保管效率，充分利用存储空间。可采用立体化储存，减少通道所占用的空间和采用一些专门的保管、搬运设备。

（3）减少搬运错误。拣选时出现错误在所难免，除可用自动化方法外，还要求拣货员能减少目视取物操作上的错误。可采用工业工程的方法，在作业批示和货物的放置方面仔细研究。

（4）作业应力求平衡，避免忙闲不均的现象。这要求计划安排、事务处理和上下游作业环节的协调与配合。

如何实现拣选作业的合理化？

## （三）拣选单位及拣选流程

### 1. 拣选单位

拣选单位与存货单位基本对应，但可能会因用户需要的细分而趋更小。一般来说，拣选单位可分成托盘（pallet）、箱（case）及单品（bulk）三种，即通常说的 PCB。以托盘为拣选单位的体积及重量最大，其次为箱，最小单位为单品。总共有以下四种拣选单位：

（1）单品：拣选的最小单位，可由箱中取出，可以用人工单手拣取（见图 8-9），尺寸一般在 10 立方厘米以下，单边长不超过 20 厘米，重量在 1 千克以下。

图 8-9　以单品为拣选单位的作业

（2）箱：由单品所组成，可由托盘上取出，人工必须用双手拣取，尺寸一般在 10 立方厘米到 1 立方米之间，单边长不超过 1 米，重量在 1～30 千克。

（3）托盘：由箱叠码而成，无法用人工直接搬运，必须利用叉车或托盘搬运车等机械设备。

（4）特殊品：体积大、形状特殊，无法按托盘、箱归类，或必须在特殊条件下作业者，如大型家具、桶装油料、长杆形货物、冷冻货品等都属于具有特殊特性的商品，存储和拣选时都必须特殊考虑。

注意拣选单位与基本库存单位（SKU，或称为货品、品项）的联系与区别。对仓库里的 SKU，不但要按货物名称区分，还要按型号和规格来区分。例如可乐，内容都一样，但单件商品包装有 2 升、1.25 升、600 毫升、550 毫升、330 毫升和 225 毫升等多种型号规格，则这里提到的 6 种包装规格，每一种在仓库里都是一个独立的 SKU。

**2. 拣选流程**

拣选作业动作可以归纳为如下流程：生成拣货信息—查找—行走—拣取—分类与集中—文件处理。

（1）生成拣选信息。

拣选作业开始前，必须根据订单完成指示拣选作业的单据和信息。虽然有些配送中心直接以订单或公司的交货单作为人工拣选的工作单，但这样做无法标示出产品的货位，指导拣货员缩短拣选路径，所以必须将原始的订单转换成拣选单或电子信号，以使拣货员或自动拣取系统进行更有效的拣选作业。

（2）查找。

如上一步中已由 WMS（仓库管理系统）生成包含货位信息的拣选资料，或者有电子标签显示，则查找货品很容易，否则必须建立规范的货位设置与管理规则，以方便查找。

（3）行走。

在拣选时移动最频繁，按行走时有无货物可分为行走和搬运。进行拣选时，要拣取的货物必须出现在拣货员面前，这可以由“人至货”和“货至人”两类不同的方式来实现。

（4）拣取。

当货物出现在拣货员面前时，接下来的动作就是接近货物、抓取与确认。确认的目的是为了确定抓取的物品、数量是否与指示拣选的信息相同。实际作业时利用拣货员读取品名与拣选单对比来确认，更先进的方法是利用无线传输终端读取条码由计算机进行对比，或采用货品重量检测的方式。准确的确认动作可以大幅度降低拣选的错误率，同时也可减轻出库验货作业的强度。

（5）分类与集中。

由于拣选策略的不同，拣取出的货品可能还需要按订单类别进行分类与集中。分类、集中的每一批订单的货品经过检验、包装等作业后即可出库。

（6）文件处理。

手工完成拣选作业，并核对无误后，可能需要作业者在相关单据上的签字确认；若在提取时已采用电子确认方式，就在计算机上完成文件处理工作。

## 四、配货作业

### （一）分货

**1. 分货作业的定义**

分货是指将各个配送车辆所要配送的各个客户所需要的各种货品，按用户需要的品种规格和车辆的装载容量组配起来，以便装载和配送运输。该作业承接的是拣选作业中的货物集中环节。

**2. 分货方式的分类**

(1) 按与拣选的关系划分。

分货与拣选的方式有直接关系，拣选通常以托盘、箱或单件货物为单位进行拣取，分货也多以这三种单位进行作业。按与拣选的关系可分为单一拣取的分货方式和批量拣取的分货方式。

由于单一拣取通常只为一个客户服务，在拣选的时候已经完成了分货，这一步就可以省略了。

批量拣取是将每个客户订单的商品汇总，然后拣货，采用这种拣选方式的，必须在拣选完成后按客户订单进行分货。

(2) 按分货的机械化程度划分。

1) 人工分货。人工分货是指分货作业过程全部由人工完成。分货作业人员根据订单或其他方式传递过来的信息进行分货作业。分货完成后，由人工将各客户订购的商品放入已标示好的各区域或容器中，等待出货。在此过程中，不借助任何电脑或自动化的辅助设备。

2) 自动分货机分货。自动分货机是第二次世界大战后在美国、日本的大型配送中心中发展起来并广泛采用的一种货物分类系统，它是利用电脑和自动分表系统完成分货工作。这种方式不仅快速省力，而且准确，尤其适合拥有自动化仓库的企业，以及多品种、业务量大且稳定的配送企业。

利用自动分货机分货的主要过程如下：

a. 将有关货物及分类信息通过自动分货机的信息输入装置，输入自动控制系统。

b. 当货物通过移载装置移至输送机时，由输送系统运送至分类系统。

分类系统是自动分货机的主体，这部分的工作过程为先由自动识别装置识别货物，再由分类道口排出装置按预先设置的分类要求将货物推出分类机。分类排出方式有推出式、浮起送出式、倾斜滑下式、皮带送出式等。为尽早使货物脱离自动分货机，避免发生碰撞，会设置缓冲装置。

3) 旋转架分货。旋转架分货是将旋转架（见图 8-10）的每一格位当成客户的出货框，分货时只要在电脑中输入各客户的代号，旋转架即会自动将货架转至作业员面前，让其将批量拣取的物品放入以进行分类。

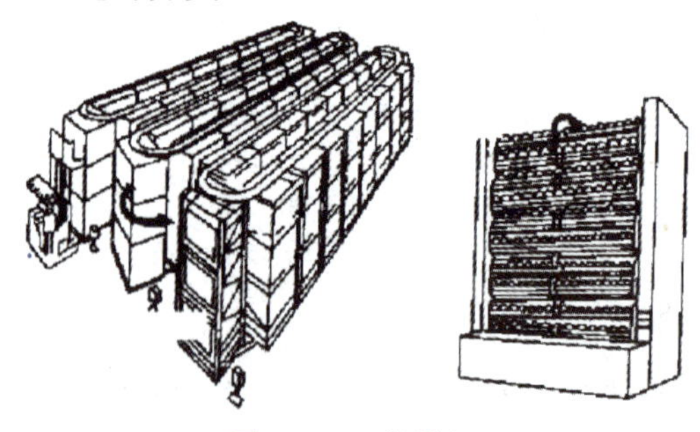

图 8-10 旋转架

若配送中心采用播种式拣货作业方式，在拣取完毕后则需要根据订单类别、客户地理位置、送货要求、配送线路等相关详细信息对货物进行分类和集中处理。在开展分货作业时，物流人员需要根据实际情况选择不同的分货方式。

## （二）配货检查

拣取的货物经过分类、集中后，需要根据客户、车次对象等要素进行产品号码及数量的核对，以及产品状态及品质的检验，以保证发运前的品种正确、数量无误、质量及配货状态不存在问题。配货检查属于确认拣选作业是否出现错误的处理作业，如果能找出拣选作业不会发生错误的方法，就能避免事后检查，或只对少数容易出错的货品做检查。

出货检查最简单的方法就是人工检查，也就是将货品一个个点数并逐一核对出货单，进而查验出货品品质及状态。就货品的品质及状态检验而言，纯人工方式很难将问题一一找出，即使是多次检查，耗费了许多时间，错误很可能依然存在。因此，有必要拓展和开发更有效的出货检查方法，表 8－1 列出的三种方法可供参考。

表 8－1　出货检查作业程序及作业效果

| 检查方法 | 作业程序 | 作业效果 |
|---|---|---|
| 条形码检查 | 导入条形码，让条形码跟着货物，利用条形码扫描器读取移动着的货物条形码，计算机自行统计扫描信息，并与出货单进行对比，从而检查货物数量和编号是否有误 | 相对于人工检查，效率高，出错率低 |
| 声音输入检查 | 当物流人员发声读出货物名称、代码和数量后，计算机接受声音并自动判别，转换成资料信息，与出货单进行对比，从而判断是否有误 | 效率高。但要求作业人员发音准，且每次发音字数有限，否则会造成计算机识别困难，进而产生错误 |
| 重量计算检查 | 利用计算机计算出货单上的所有货物的总重量，再将计算过的重量与称出的货物的实际重量进行核对。利用装有检核系统的拣货对台车拣货，在拣取过程中就能利用此法来对拣取商品进行检查，拣货人员每拣取一样货品，台车上的计重器就会自动显示其重量并查对 | 可省去事后检查工作，而且效率及正确性极高 |

以上三种方式中，声音输入检查法比较先进，作业人员在读取资料的同时，可以同时做其他分拣、理货工作，自由度较高，但对作业人员也提出了较高的要求。因此，物流人员在进行配货检查时，需根据检查内容及货物特性，选择合适的检查方式。

## （三）包装

包装就是对配送货物进行重新包装、打捆、印刷标志等作业，是货物流通加工作业的一种。这种包装可起到保护货物、降低货损、提高运输效率、指导装卸搬运作业及便于收货人识别等作用。

包装的具体作业过程如下：

**1. 实施包装**

包装人员在领取包装材料和包装用具后，即可开展具体的包装作业，将货物装进包装容器，按照统一规定的标准完成拼装、分装、换装、包扎、打捆以及加固等作业。

**2. 填写包装清单**

包装完毕后，包装人员应认真填写包装清单，将其连同包装的货物一起放进相应的包装容器内。

**3. 进行封装**

将包装件、包装清单放入包装容器后，使用专业工具或封装设备将包装容器封起来，确保货物在配送过程中的安全性。

**4. 贴标记及标志**

封装完毕后，需要在外包装容器上贴上有文字或图像说明的标签，以便相关工作人员快速辨认、识别货物，为货物在途跟踪、运输、交接、装卸搬运、核查清点等作业提供方便。

**5. 包装检验**

包装检验即根据订货单、相关包装的作业标准及其他规定，对货物的内外包装的包装标记、标志进行检验。

配货作业的重点是什么？

## 五、送货作业

送货作业是利用配送车辆把客户订购的物品从制造厂、生产基地、批发商、经销商或配送中心，送到用户手中的过程。送货通常是一种短距离、小批量、高频率的运输形式。它以服务为目标，以尽可能满足客户需求为宗旨。

### （一）运输线路与车辆调度

**1. 车辆安排**

车辆安排要解决的问题是安排什么类型、什么吨位的配送车辆进行最后的送货。一般企业拥有的车型有限，车辆数量也有限。当本公司车辆无法满足需求时，在保证送货运输质量的前提下，可使用外雇车辆。

**2. 配送运输线路的类型**

确定了每辆车负责配送的具体客户后，如何以最快的速度完成对这些货物的配送，即如何选择配送距离短、配送时间短、配送成本低的线路，还需要根据客户的具体位置、沿途的交通情况等做出优化选择和判断，以达到节省时间、缩短运行距离和降低运行费用的目的。

在组织车辆完成货物运送工作的同时，通常存在多种可供选择的行驶线路，车辆按不同的线路完成同样的运送任务时，由于其利用程度不同，相应的配送效率和成本也不同。因此，选择时间短、费用省、效益好的行驶线路是配送运输组织的一项重要内容。应尽量在满足客户要求的前提下，集中多个客户的配送货物进行搭配装载，以充分利用运能、运力，降低配送成本，提高配送效率。

（1）往复式行驶线路。

一般是指由一个供应点对一个客户的专门送货。从物流优化的角度看，其基本条件是客户的需求量接近或大于可用车辆的核定载重量，需专门派一辆或多辆车一次或多次送货。可以说，往复式行驶线路是指配送车辆在两个物流节点间往复行驶的线路类型。根据运载情况，具体可分为三种形式：

1）单程有载往复式线路（见图 8－11）：这种行驶线路因为回程不载货，因此其里程利用率较低，一般不到 50%。在这种情况下，只有利用装卸作业点之间的最短线路才能缓解车辆的利用情况。

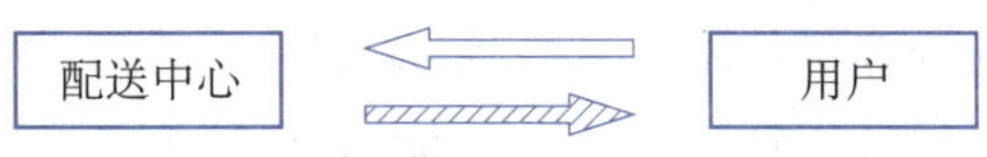


图 8－11　单程有载往复式线路

2）回程部分有载往复式线路（见图 8－12）：车辆在回程过程中有货物运送，但该回程货物不是运到线路的终点，而是运到线路的中间某一节点，或是中途载货运到终点，车辆在每一周转中须完成两个运次。由于这种线路回程部分有载，其里程利用率有了一定的提高，即大于 50%、小于 100%。

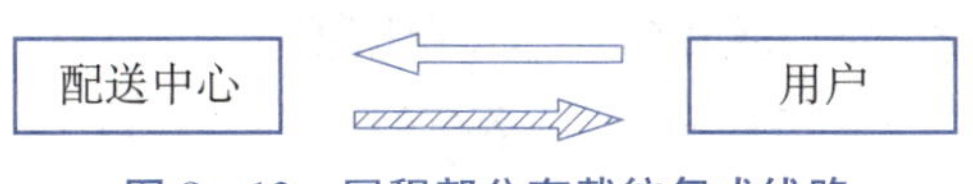


图 8－12　回程部分有载往复式线路

3）双程有载往复式线路（见图 8－13）：车辆在回程运行中全程载有货物运到终点，其里程利用率为 100%（不考虑驻车的调空行程）。

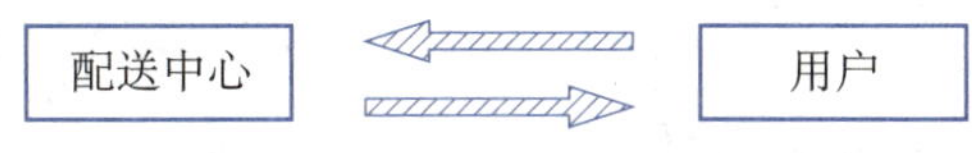


图 8－13　双程有载往复式线路

可见，车辆在双程有载往复式线路上运送货物时效果最好，在回程部分有载往复式线路上次之，在单程有载往复式线路上效果最差。

（2）环形行驶线路。

环形行驶线路是指配送车辆在由若干物流节点间组成的封闭回路上所做的连续单向运行的行驶线路。车辆在环形行驶线路上行驶一周时，至少应完成两个运次的货物运送任务。由于不同运送任务其装卸作业点的位置分布不同，环形行驶线路可分为四种形式，即简单环形式、交叉环形式、三角环形式、复合环形式等，如图 8-14 所示。

(a) 简单环形式线路　(b) 交叉环形式线路

(c) 三角环形式线路　(d) 复合环形式线路

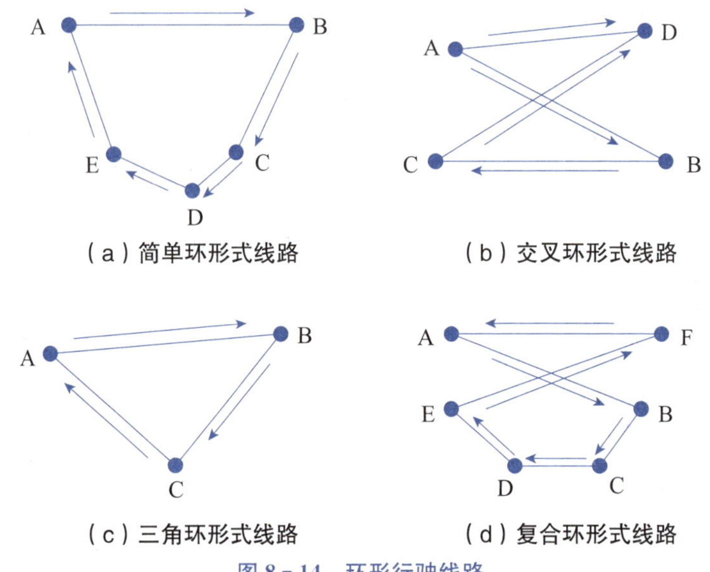

图 8-14　环形行驶线路

当配送车辆无法组织回程货物时，为提高车辆的里程利用率，可组织环形行驶线路。车辆在环形行驶线路上运送货物时，应尽量使其空驶行程之和小于其载货的行程之和，最大限度地组织车辆有载运行，以使里程利用率达到最高为最佳准则。

(3) 汇集式行驶线路。

汇集式行驶线路是指配送车辆沿分布于运行线路上各物流节点行驶，依次完成相应的装卸任务，而且每一运次的货物装卸量均小于该车核定载重量，沿路装或卸，直到整辆车装满或卸空，然后再返回出发点的行驶线路。汇集式行驶线路可分为直线形和环形两类，其中汇集式直线形线路实质是往复式行驶线路的变形，而汇集式环形线路有以下三种分类：

1) 分送式线路（见图 8-15)：车辆在运行线路上各物流节点依次卸货，直到卸完所有待卸货物返回出发点。

2) 聚集式线路（见图 8-16)：车辆沿运行线路上各物流节点依次装货，直到装完所有待装货物返回出发点。

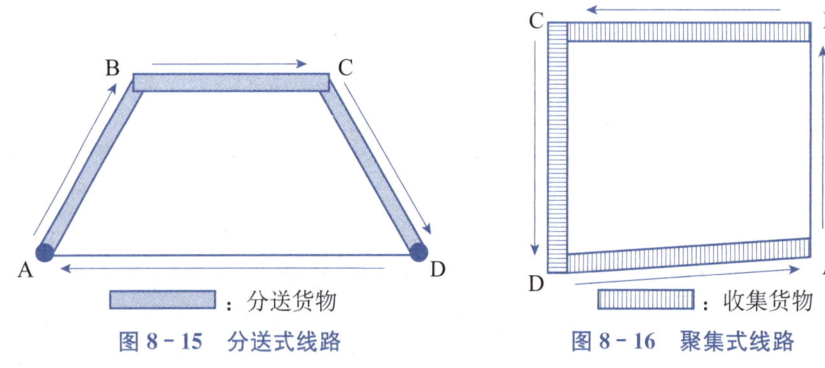

图 8-15　分送式线路

图 8-16　聚集式线路

3）分送-聚集式线路（见图 8－17）：车辆沿运行线路上各物流节点分别或同时装、卸货物，直到完成对所有待运货物的装卸作业返回出发点。

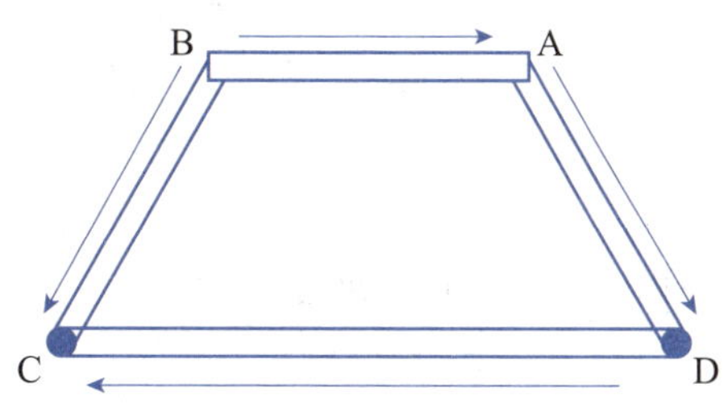


图 8－17　分送-聚集式线路

车辆在汇集式行驶线路上运行时，其调度工作组织较为复杂。有时虽然完成指定的运送任务，但其完成的运输周转量却不同，因为车辆所完成的运输周转量与车辆沿线上各物流节点的绕行次序有关。

（4）星形行驶线路。

星形行驶线路是指车辆以一个物流节点为中心，向其周围多个方向上的一个或多个节点行驶而形成的辐射状行驶线路。如图 8－18 所示，O 是中心节点，A，B，C……是各个方向上的节点，如果就一个行驶方向（O 至 A）看，可以简化成一个往复式行驶线路；如果就一个局部（O，H，G）看，车辆按 O—F—H—G—F—O 运行，又可简化成一个环形行驶线路；如果各节点更广泛地连通，车辆在多个节点之间运行，则从整体上又形成了一个复杂的网络式行驶线路。

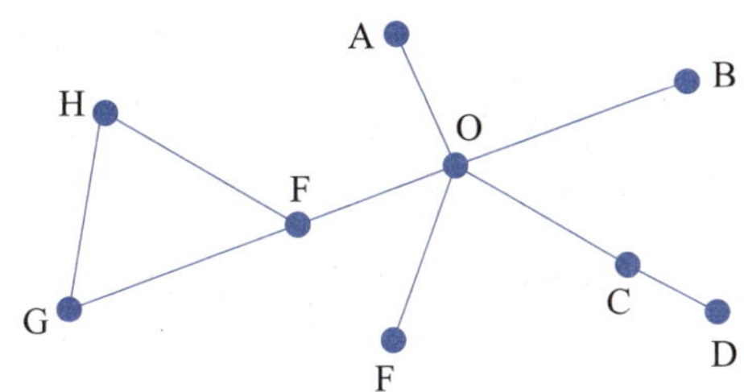


图 8－18　星形行驶线路

### 3. 配送运输线路的确定原则

配送运输线路是指各送货车辆向各个用户送货时所要经过的线路。配送运输线路合理与否对配送速度、车辆的合理利用和配送费用都有直接影响，因此，配送运输线路的优化是配送工作要解决的主要问题之一，采用科学的、合理的方法来确定配送运输线路，是配送活动中非常重要的一项工作。

（1）确定目标。

配送运输线路的目标的确定可以有多种方法。

1）以效益最高为目标，就是计算时以利润的数值最大为目标。

2）以成本最低为目标，实际上也是选择了以效益为目标。

3）以路程最短为目标。

4）以吨公里最小为目标。

5）以准确性最高为目标，它是配送中心重要的服务指标。

6）其他还有以运力利用最合理、劳动消耗最低等为目标。

（2）确定配送线路的约束条件。

一般配送的约束条件有：

1）满足所有收货人对货物品种、规格、数量的要求。

2）满足收货人对货物发到时间范围的要求。

3）在允许通行的时间内进行配送。

4）各配送线路的货物量不超过车辆容积和载重量的限制。

5）在配送中心现有运力允许的范围内。

（3）表上作业法。

表上作业法是指用列表的方法求解线性规划问题中运输模型的计算方法，其实质是单纯形法，故也称运输问题单纯形法。当某些线性规划问题采用图上作业法难以进行直观求解时，就可以将各元素列成表格，作为初始方案，然后采用检验数来验证这个方案，否则就要采用闭合回路法、位势法等方法进行调整，直至得到满意的结果。这种列表求解方法就是表上作业法。

**【例 8-1】** 设某类物资有 $M$ 个配送中心地（产地）$A_1$，$A_2$，…，$A_m$，其供给（产）量分别为 $a_1$，$a_2$，…，$a_m$；有 $n$ 个客户（销地）$B_1$，$B_1$，…，$B_n$，其需求（销）量分别为 $b_1$，$b_2$，…，$b_n$，且供需平衡（$\sum a_i=\sum b_j$）。已知单位物资从 $A_i$ 运到 $B_j$ 的运价为 $C_{ij}$（$i=1, 2, \cdots, m$；$j=1, 2, \cdots, n$）。试求使总运费最少的调运方案。

**解：** 先建立数学模型。设 $x_{ij}$ 为从 $A_i$ 调运到 $B_j$ 的物资数量（$i=1, 2, \cdots, m$；$j=1, 2, \cdots, n$），由于此问题结构比较特殊，通常采用比较简单的表上作业法求解。

下面通过一个运输问题的例子来说明表上作业法的计算步骤（见表 8-2）。

表 8-2 产销地运价运量表

| 单位运价 销地 / 产地 | $B_1$ | $B_2$ | $B_3$ | $B_4$ | 产量 |
|---|---|---|---|---|---|
| $A_1$ | 3 | 11 | 3 | 10 | 7 |
| $A_2$ | 1 | 9 | 2 | 8 | 4 |
| $A_3$ | 7 | 4 | 10 | 5 | 9 |
| 销量 | 3 | 6 | 5 | 6 | 20 |

给定初始方案——最小元素法。其基本思想是通过运价最小的优先供应的方法，给出一个初始基本可行解。先列出运价表（见表 8-3）、运量表（见表 8-4）。从中可知运价最小的是 1，位于（2，1），故让 $A_2$ 优先供应 $B_1$，$A_2$ 的产量是 4，而 $B_1$ 的销量为 3，故 $A_2$ 供应 $B_1$，共 3，得表 8-4，此时 $B_1$ 已全部满足，划去运价表中的 $B_1$ 列，得到表 8-5。

表 8-3　　优先供应安排——运价表

| 产地＼销地 | $B_1$ | $B_2$ | $B_3$ | $B_4$ | 产量 |
|---|---|---|---|---|---|
| $A_1$ | 3 | 11 | 3 | 10 | 7 |
| $A_2$ | (1) | 9 | 2 | 8 | 4 |
| $A_3$ | 7 | 4 | 10 | 5 | 9 |

表 8-4　　优先供应安排——运量表

| 产地＼销地 | $B_1$ | $B_2$ | $B_3$ | $B_4$ | 产量 |
|---|---|---|---|---|---|
| $A_1$ | | | | | 7 |
| $A_2$ | (3) | | | | (4) |
| $A_3$ | | | | | 9 |
| 销量 | 3 | 6 | 5 | 6 | |

表 8-5

| 产地＼销地 | $B_1$ | $B_2$ | $B_3$ | $B_4$ |
|---|---|---|---|---|
| $A_1$ | 3 | 11 | 3 | 10 |
| $A_2$ | (1) | 9 | 2 | 8 |
| $A_3$ | 7 | 4 | 10 | 5 |

接着从表 8-5 余下的数字中可知最小的是 2，位于（2，3），故让 $A_2$ 优先供应 $B_3$，此时 $A_2$ 仅有 1，得到表 8-6，并划去运价表中的 $A_2$，得到表 8-7。但 $B_3$ 并没有满足，比较只有 $A_1$ 到 $B_3$ 的运费最小，则由 $A_1$ 向 $B_3$ 运送剩余的 4。

表 8-6

| 产地＼销地 | $B_1$ | $B_2$ | $B_3$ | $B_4$ | 产量 |
|---|---|---|---|---|---|
| $A_1$ | | | | | 7 |
| $A_2$ | (3) | | (1) | | (4) |
| $A_3$ | | | | | 9 |
| 销量 | (3) | 6 | 5 | 6 | |

表 8-7

| 产地＼销地 | $B_1$ | $B_2$ | $B_3$ | $B_4$ |
|---|---|---|---|---|
| $A_1$ | 3 | 11 | 3 | 10 |
| $A_2$ | (1) | 9 | (2) | 8 |
| $A_3$ | 7 | 4 | 10 | 5 |

仿此一步步进行，直到运价表上所有元素均划去为止，最后即可得到一个初始调运方案，如表 8-8 所示。

表 8-8 初始调运方案

| 产地＼销地 | $B_1$ | $B_2$ | $B_3$ | $B_4$ | 产量 |
|---|---|---|---|---|---|
| $A_1$ | | | 4 | 3 | 7 |
| $A_2$ | 3 | | 1 | | 4 |
| $A_3$ | | 6 | | 3 | 9 |
| 销量 | 3 | 6 | 5 | 6 | |

即初始调运方案（初始基本可行解）为 $x_{13}=4$，$x_{14}=3$，$x_{21}=3$，$x_{23}=1$，$x_{32}=6$，$x_{34}=3$，其余 $x=0$。

**4. 配送运输线路优化的方法——节约法**

在配送运输线路的设计中，当由一个配送中心向多个客户进行共同送货，在同一条线路上的所有客户的需求量总和不大于一辆车的额定载重量时，由这一辆车配装所有客户需求的货物，按照一条预先设计好的最佳线路依次将货物送到每一个客户手中，这样既可保证按需及时交货，同时又能节约行驶里程，缩短整个送货的时间，节约运费，客观上也能减少交通流量，缓解交通紧张的压力。

随着配送的复杂化，配送线路的优化一般要结合数学方法及计算机求解的方法来制订合理的配送方案，下面主要介绍确定优化配送方案的一个较成熟的方法——节约法，也叫节约里程法。

（1）节约法的基本规定。

利用节约法确定配送线路的主要出发点是，根据配送中心的运输能力（包括车辆的多少和载重量）和配送中心到各个用户以及各个用户之间的距离来制定使车辆运输总吨公里数最小的配送方案。

利用节约法的要求：不使任何一辆车超载；每辆车每天的总运送时间或行驶里程不超过规定的上限；满足用户到货时间要求。

（2）节约法的基本思想。

节约法的基本思想是为达到高效率的配送，使配送的时间最少、距离最短、成本最低而寻求的最佳配送线路。

（3）使用节约法的注意事项。

适用于需求稳定的用户；应充分考虑交通和道路情况，充分考虑在收货站的停留时间；要考虑驾驶员的作息时间及客户要求的交货时间；当需求量大时，求解变得复杂，需要借助计算机辅助计算，直接生成结果。

如何运用节约法进行路线优化?

**5. 调度配送人员及车辆**

货物配好以后，物流人员应根据事先制订的配送计划分配配送任务，进行配送调度作业。即根据所确定的货物数量、理化特征、客户地址、送货线路、行驶趟次等内容，指派送货的车辆与装卸、运送等作业人员，下达送货作业指示和公布车辆配载方案，安排具体的装车与送货任务，并将出货明细单交给送货人员或司机。

**6. 出车**

送货人员必须完全根据物流人员的送货作业指示（出车调派单）执行出车送货作业任务。当送货人员接到出车指示后，须将车辆开到指定的装货地点，与仓库管理员、出货人员在出货区清点、交接货物。

## （二）车辆配装

车辆配装是指车辆的载重和容积都能得到有效的利用。车辆配装技术要解决的主要问题就是在充分保证货物质量和数量的前提下，尽可能提高车辆在容积和载货两方面的装载量，以提高车辆利用率，节省运力，降低配送费用。

**1. 影响车辆配装的因素**

(1) 货物特性因素，如轻泡货物，由于车辆容积的限制和远行限制（主要是超高），而无法满足吨位，造成吨位利用率降低。

(2) 货物包装情况，如车厢尺寸与货物包装容器的尺寸不成整倍数关系，则无法装满车厢。如货物宽 80 厘米，车厢宽 220 厘米，将会剩余 60 厘米。

(3) 不能拼装运输，应尽量选派核定吨位与所配送的货物数量接近的车辆进行运输，或按有关规定必须减载运行，比如有些危险品必须减载运送才能保证安全。

**2. 车辆配装的原则**

(1) 轻重搭配的原则。车辆装货时，必须将重货置于底部，轻货置于上部，避免重货压坏轻货，并使货物重心下移，从而保证运输安全。

(2) 大小搭配的原则。货物包装的尺寸有大有小，为了充分利用车厢的内容积，可在同一层或上下层合理搭配不同尺寸的货物，以减少车厢内的空隙。

(3) 货物性质搭配原则。拼装在一个车厢内的货物，其化学性质、物理属性不能互相抵触。如不能将散发臭味的货物与具有吸臭性的食品混装；不将散发粉尘的货物与清洁货物混装。

(4) 到达同一地点的适合配装的货物应尽可能一次积载。

(5) 确定合理的堆码层次及方法，可根据车厢的尺寸、容积及货物外包装的尺寸来确定。

(6) 装载时不允许超过车辆所允许的最大载重量。

(7) 装载易滚动的卷状、桶状货物时，要垂直摆放。

(8) 货与货之间、货与车辆之间应留有空隙并适当衬垫，防止货物损坏。

（9）装货完毕，应在门端处采取适当稳固措施，以防开门卸货时货物倾倒造成货物损坏。

（10）尽量做到后送先装。

**3. 提高车辆装载效率的具体办法**

（1）研究各类车厢的装载标准，根据不同货物和不同包装体积的要求，合理安排装载顺序，努力提高装载技术和操作水平，力求装足车辆核定吨位。

（2）根据客户所需要的货物品种和数量，调派适宜的车型承运，这就要求配送中心根据经营商品的特性，配备合适的车型结构。

（3）凡是可以拼装运输的，尽可能拼装运输，但要注意防止差错。

箱式货车有确定的车厢容积，车辆的载货容积为确定值。设车厢容积为 $V$，车辆载重量为 $W$。现要装载质量体积为 $R_a$、$R_b$ 的两种货物，使得车辆的载重量和车厢容积均被充分利用。

设：两种货物的配装重量为 $W_a$、$W_b$，则

$$W_a=\frac{V-W\times R_b}{R_a-R_b}$$

$$W_b=\frac{V-W\times R_a}{R_b-R_a}$$

**【例 8-2】** 某仓库某次需运送水泥和玻璃两种货物，水泥质量体积为 0.9 立方米/吨，玻璃是 1.6 立方米/吨，计划使用的车辆的载重量为 11 吨，车厢容积为 15 立方米。试问如何装载才能使车辆的载重量能力和车厢容积都被充分利用？

**设：**水泥的装载量为 $W_a$，玻璃的装载量为 $W_b$。

其中：$V=15$ 立方米，$W=11$ 吨，$R_a=0.9$ 立方米/吨，$R_b=1.6$ 立方米/吨

$$W_a=\frac{V-W\times R_b}{R_a-R_b}=\frac{15-11\times 1.6}{0.9-1.6}=3.71\text{ 吨}$$

$$W_b=\frac{V-W\times R_a}{R_b-R_a}=\frac{15-11\times 0.9}{1.6-0.9}=7.29\text{ 吨}$$

该车装载水泥 3.71 吨、玻璃 7.29 吨时车辆到达满载。

通过以上计算可以得出两种货物的搭配使车辆的载重能力和车厢容积都得到充分的利用。但是其前提条件是：车厢的容积系数介于所要配载货物的容重比之间。如所需要装载的货物的质量、体积都大于或小于车厢容积系数，则只能是车厢容积不满或者不能满足载重量。当存在多种货物时，可以将货物比重与车辆容积系数相近的货物先配装，剩下两种最重和最轻的货物进行搭配配装；或者对需要保证数量的货物先足量配装，再对不定量配送的货物进行配装。

## （三）运送

物流人员根据配送方案所确定的最优线路，在规定的时间内及时、准确地将货物运送

到客户手中，在运送过程中要注意加强对运输车辆的考核与管理。

**1. GPS 车辆跟踪、定位与监控系统**

车辆跟踪系统中，可以利用 GPS 和电子地图实时显示出车辆的实际地理位置并随目标移动，使目标始终出现在屏幕上；也可打开多窗口，对多车辆实现多屏幕同时跟踪。同时，还应提供出行线路的规划和导航，可自动规划线路，也可人工设计线路。信息查询系统中，用户能够在电子地图上根据需要进行查询。

话务指挥系统中心可监测区域内车辆的运行状况，对被监控车辆进行合理调度。指挥中心也可随时与被跟踪目标通话，实行管理。

紧急援助系统可以通过 GPS 定位和监控管理系统对遇有险情或发生事故的车辆进行紧急援救。监控范围大的电子地图可显示求助信息和报警目标，规划出最优援助方案，并以报警声、光信号提醒值班人员进行应急处理。

**2. 行车作业管理**

由于配送主要是短距离的卡车运输，因此，送货车辆的行车作业管理也是运送作业管理的主要内容。

在货物的输送过程中，往往会出现临时的交通状况变化、天气变化、行车人员在外不按指令行车或驾驶过程中突发安全事故等难以直接控制或不可控因素，导致货物不能如期到达、货物受损等情况，从而使运输成本上升，最终影响配送服务质量与配送效益。因此，在货物运输管理中必须加强行车作业记录管理和行车人员考核与管理。

（1）行车作业记录管理。

行车作业记录管理主要有驾驶日报表管理方式、行车作业记录卡管理方式和行车记录器管理方式。

驾驶日报表管理方式：通过行车驾驶人员填写汽车驾驶日报表来记录货物输送作业过程。汽车驾驶日报表主要包括运送内容、作业时间、行走公里、运送量、运费等项目。通过表单对配送车辆驾驶情况做记录，除了能随时对车辆与驾驶员的品质及负担做评估外，还能反映出事前配送规划的效果，为后续配送计划管理提供参考。

行车作业记录卡管理方式：对行车作业实行定时刷卡制度。以连锁企业为例，具体方法就是设立定时配送、刷卡制度，每一台配送车辆到店时要刷卡，离店时也要刷卡，到店至离店的时间即卸货和验货时间。配送中心根据获取的信息来掌握配送车辆到店和离店的时间，分析运送作业及货物抵达后的交、接货作业效率。对配送车辆每到一店都实行同样的刷卡制度，这样配送中心就能掌握车辆的在途时间，从而规划较为合理的配送线路，以确保物流的通畅，使各连锁分店能够顺利经营。

行车记录器管理方式：行车记录器的用途很广，只要牵涉货品配送而且想要管理好配送的配送业者，都可将它运用到车辆行车配送上。行车记录器最主要的功能就是能掌握车辆配送过程中的行驶状况，包括时间、里程数、行驶速度等。利用行车记录器可以掌握车辆配送过程中的行驶记录，目前国内外配送企业已开始采用行车记录器方式，以便及时详细地掌握车辆配送情况。

（2）行车作业人员考核与管理。

为了确保行车作业能按配送计划有效运行，需要对行车作业人员进行考核与管理。对行车作业人员进行考核的数据，可以通过驾驶成绩报告书、配送人员出勤日报表的方式来反馈。驾驶成绩报告书、配送人员出勤日报表见表 8-9 和表 8-10。

表 8-9 驾驶成绩报告书

日期： 年 月 日

| 车辆号码 | 工作日数（日） | 总车辆数（辆） | 行走距离（公里） | 输送数量 | 燃料（升） | 其他 |
|---|---|---|---|---|---|---|
| | | | | | | |
| 合计 | | | | | | |

表 8-10 配送人员出勤日报表

趟次编号： 车号： 车种：
驾驶员姓名： 配送员姓名： 年 月 日

| 报到、交货地点 | 计划时间 | 到达时间 | 离开时间 | 经过时间 | 里程数 | 冷冻、冷藏温度 | 卸货箱数 | 送货单据号码 | 备注（延迟送达原因） |
|---|---|---|---|---|---|---|---|---|---|
| | | | | | | | | | |

## （四）送达与交割

当货物送达指定的交货地点后，送货人员应根据双方合同的约定，协助收货方将货物卸下车，放到指定位置，并与收货方一起清点货物，做好送货完成确认和送货单签回工作。同时，请客户填写好“配送运输质量跟踪表”（见表 8-11）。如果收货方有退货、调货的要求，则应随车带回，并完成有关单证手续。

表 8-11 配送运输质量跟踪表

发送时间： 年 月 日

客户经营部：

我公司__________配送业务，我们对质量的承诺是：安全准确、文明储运、优质高效、客户至上。为了实现上述承诺，不断改进服务质量，恳请经营部真实填写以下栏目：

| | |
|---|---|
| 1. 送货汽车车号 | |
| 2. 送货人员服务态度 | 好（ ）一般（ ）差（ ） |
| 3. 送货汽车车况 | 好（ ）一般（ ）差（ ） |
| 4. 装载是否合理 | 是（ ） 否（ ） |
| 5. 送达货物的品名、规格、数量是否与送货清单相符 | 是（ ） 否（ ） |

| 6. 到货是否准时 | 是（ ）　否（ ） |
| --- | --- |
| 7. 货物污染、淋湿、破损情况及程度 | |
| 8. 在哪些方面还需要改进，请提宝贵意见 | |

填表人：　　　　　　　　　　　　　　　　　　　　　　填表时间：　年　月　日

## 六、补货作业

### (一) 补货的定义及流程

在配送中心，为了保证拣货区有货可拣，将货物从储存区的货架上或货堆中转移到拣货区的货架上，然后将此移库作业做库存信息处理。

一般以托盘或整件货为单位移库，补货时可以整件补到流动式货架上供人工拣货，也可以拆开外包装零货补到自动分拣机上，保证自动分拣机有货可拣。

补货作业一般流程如图 8-19 所示。

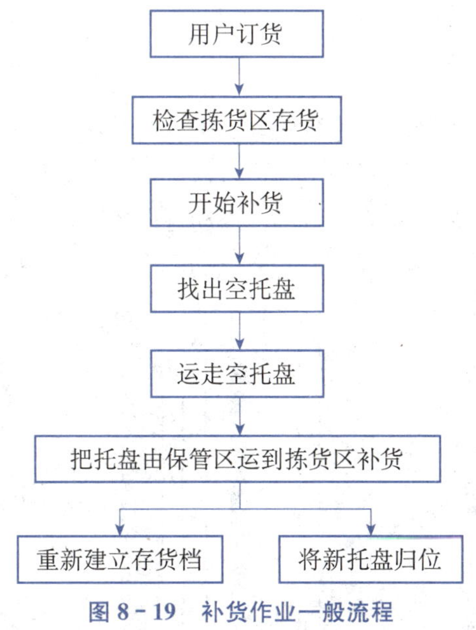


图 8-19　补货作业一般流程

### (二) 补货时机

补货作业的发生与否主要看拣货区的货物存量是否符合需求，因此究竟何时补货要看拣货区的存量，以避免出现在拣货中途才发现拣货区货量不足，需要补货，而造成影响整个拣货作业。通常，可采用批次补货、定时补货、随机补货三种方式。

**1. 批次补货**

在每天或每一批次拣取之前，经电脑计算所需货品的总拣取量和拣货区的货品量，计算出差额并在拣货作业开始前补足货品。此为一次补足的补货，这种补货方式比较适合于一天内作业量变化不大，紧急追加订货不多，或是每一批次拣取量大，需事先掌握的情况。

**2. 定时补货**

将每天划分为若干个时段，补货人员在时段内检查拣货区货架上的货品存量，如果发现不足，马上补货。这种定时补足的补货，较适合分批拣货时间固定且处理紧急追加订货的时间也固定的情况。

**3. 随机补货**

随机补货是一种指定专人从事补货的作业方式，这些人员随时巡视拣货区的分批存量，发现不足随时补货。此种不定时补足的补货，较适合每批次拣取量不大、紧急追加订货较多、一天内作业量不易事前掌握的情况。

## （三）补货作业方式

补货作业必须满足两个前提，即确保有货可配和将待配商品放置在存取都方便的位置。常见的补货方式有以下几种：

**1. 整箱补货**

整箱补货一般是由货架保管区补货到流动货架的动管区。这种补货方式的保管区为货架储放，动管区为两面开放式的流动货架。拣货时，拣货员在流动货架拣货之后把货物放入浅箱（篮）中，然后放至输送机并运到出货区。当动管区的存货低于设定标准时，则进行补货作业。作业员到货架保管区取货箱，用手推车载箱至拣货区，从流动货架的后方（非拣取面）补货。这种补货方式较适合体积小且少量多样出货的货品。整箱补货如图 8－20 所示。

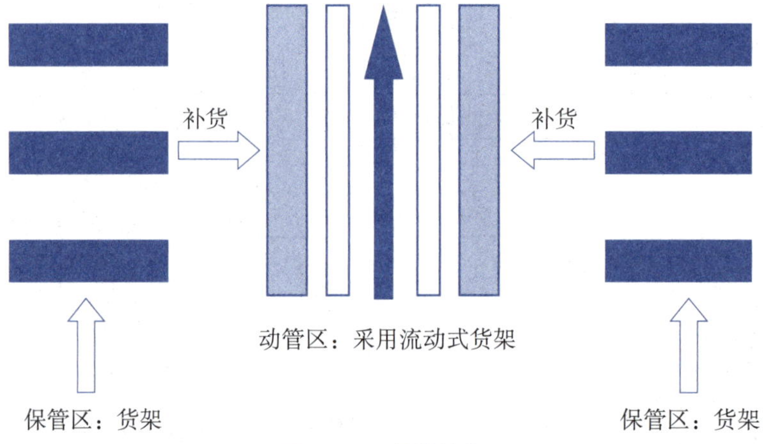


**图 8－20　整箱补货**

**2. 托盘补货**

这种补货方式是以托盘为单位进行补货。托盘由地板堆放保管区运到地板堆放动管区，拣货时把托盘上的货箱置于中央输送机送到发货区。当存货量低于设定标准时，立即补货，使用堆垛机把托盘由保管区运到拣货动管区，也可把托盘运到货架动管区进行补货。这种补货方式适合体积大或出货量多的货品。

**3. 货架上层至货架下层的补货**

这种补货方式的保管区与动管区属于同一货架，也就是将某一货架上的中下层作为动管区，上层作为保管区，进货时将动管区放不下的多余货箱放到上层保管区，在动管区进行拣货。当动管区的存货低于设定标准时，利用堆垛机将上层保管区的货物搬至下层动管区。这种补货方式适合体积不大，每品项存货量不高，且出货多为中小量（以箱为单位）的货物。

如何选择合理的补货时机和补货方式？

## （四）配送中心常用的补货技术

**1. 人工视觉检测补货技术**

人工视觉检测补货技术相对比较简单，它通过直接检查现有存货的数量来决定是否补货。使用这种方法，只要对存货进行定期的视觉检查，并事先确定补货原则，就可以进行补货了。如补货规则规定存货箱半空或只有两盘存货时就应补货，那么巡视人员在定期检查中首先将符合补货规则的存货种类挑出来，然后填制补充订货购置单，交给采购部门就可以了。

一般来讲，对数量小、价格低、前置期短的产品，使用人工视觉检测补货技术非常有效。这种技术的优势是存货记录和员工培训的成本最小，其劣势在于没有办法确保产品得到适当的定期检测，不能及时反映由当前供给、需求和前置期的变化造成的过度库存或缺货情况，反应比较迟钝。

**2. 双箱补货系统**

双箱补货系统技术是一种固定数量的补货系统。存货放到两个箱子（或其他形式的容器）里，其中一个放在拣货区，另一个放到库房储存区保存起来。当拣货区的箱子空了，库房储存区的箱子就被提到拣货区来满足客户的需求。空箱子起到了补货驱动器的作用。每箱所要求的数量是在等待补货到达期间服务于需求所必需的最小库存。当新的采购量到达后，先放进箱子，存到存储区，等到拣货区的箱子空了，再将其移到拣货区，这样循环往复。

**3. 定期检测补货系统**

在定期检测补货系统中，为每一种产品确定一个固定的检测周期，检测结束时做出下一步的产品补货订购策略。这种方法也叫固定周期或可变订购量系统。

**4. 订购点补货系统**

订购点补货系统是系统先为每一种存货确定一个固定的存货水平，这个固定的存货水平就是订购点存货水平，当产品的存货数量降至订购点存货水平时，由系统产生订货推荐值，使存货水平上升到订购点以上的补货方法。订货推荐值一般是固定不变的，订货间隔可以变化。

## 七、退货作业

### （一）退货管理概述

**1. 退货管理的定义**

配送中心在完成配送的过程中，在交货时或将货物交到用户后，遇到有货物包装破损、商品损坏、商品质量、商品快到保质期或者已经过期、送交的商品与要求的商品不相符等情况，用户会要求退货。商品退货管理是指在完成现代物流配送的过程中，由于配送方或用户方关于配送物品的有关影响因素存在异议而进行处理的活动。

**2. 退货管理的意义**

随着竞争的日益激烈，厂商开始采取更为自由的退货政策，因此导致退货大量堆积。对于配送中心来说，只有把退货管理工作做好，才能使用户对配送方有信任感、依赖感和忠诚感。可以说，做好退货工作对配送业务来讲意义重大。

（1）做好商品的退换货工作可以满足客户需要，吸引大量订单。

现代消费者的购买能力较强，需求多变性的特征表现明显，准确地洞悉市场变化、了解消费倾向对经营者来说越来越困难。预测市场不准导致进货量失误、产品开发时间过短导致产品缺陷等种种对经营者不利的现象屡屡发生，为维护自身利益，经营者往往希望上述问题能够得到妥善的解决。因此，退换货方式应运而生，它能为经营者解决后顾之忧。

（2）做好商品退换货工作可以建立良好的企业形象。

服务的无形性决定了人们在感知它时具有不确定性、无标准性。服务的内容能否被需要它的人接受，要看其满足需要的程度。若可以对所发出的有问题的商品进行及时的退换货处理，可保证广大客户的利益，进而加强自己与客户的亲密度，建立良好的企业形象。

（3）做好商品的退换货工作可以提高资源的利用率。

并非所有进行退换的货品都属于问题货品。退换下来的货品有时是因为某一地区销售季节已过，但货品本身并不存在任何问题，可在另一地区继续销售；有时是因某一经营者的经营范围有限，无法在货品保质期内全部销售完毕，若适当调配，可在其他地区短期内销售完毕。对于此类货品，配送中心可利用自己的货品信息系统，将其适时地调配到合适的经营地点，充分发挥这些货品的效用，提高资源利用率。

**3. 退货管理的原则**

配送中心在处理客户的退货时，不管是经销商的退货，还是客户的退货，都必须遵循一定的原则。

（1）以相关法律法规为依据。

（2）维护客户合法权益。

（3）责任明确，如果责权不明确，可以由国家相关部门和机构鉴定后依据鉴定结果划分。

（4）以存在事实、凭有效证件办理。

（5）退货具体规定要明确。

（6）货品退货必须符合国家相关规定，客户要保留好发货单据，同时配送中心要说明退货相关规定以及退货范围。

## （二）配送中心退货策略

**1. 配送中心对退货的认识**

（1）所有的退货决定都必须以配送中心利益为第一核心，坚决杜绝顾小家、害大家的思想。

（2）业务人员对退货负有直接责任，而直属主管必须担当起督导连带责任。

（3）所有的退货都会导致配送中心损失，因此责任人必须承担相应的责任。

（4）退货的多少、原因及退货的性质，都说明配送中心经营的好坏，所以应予以高度重视。

**2. 退货策略**

根据退货产生的原因，采取相应的处理策略进行处理。表 8-12 列出了常见的退货原因及处理策略，供物流人员退货时参考。

表 8-12　常见的退货原因及处理策略

| 原因 | 处理策略 | 具体细则 |
| --- | --- | --- |
| 按订单发货发生错误 | 无条件重新发货 | 1. 及时同发货人联系，由发货人重新调整发货方案，将错发的货物调回，按正确的订单重新发货，中间发生的所有费用由发货人承担<br>2. 核查产生错误的原因，如订单错误、拣货错误、出货错误、出货单贴错、装错车等，找到原因后立即采取有效的措施，如在常出错的地方增加控制点等 |
| 运输途中货物受到损坏 | 给予赔偿 | 1. 依据退货情况，由发货人确定所需的修理费用或赔偿金额，然后由运输单位负责赔偿<br>2. 重新研究包装材料的材质，包装方式，搬运过程中各项装车、卸货动作，找出真正的原因并加以改善 |
| 客户订单有误 | 收取费用并重新发货 | 1. 按客户订单重新发货<br>2. 退货相关的所有费用由客户承担 |
| 货物本身缺陷 | 重新发货或提供替代品 | 1. 配送中心接到退货要求后，应安排车辆收回退货，并将退货集中到仓库退货处理区进行处理<br>2. 一旦货物回收结束，配送中心应督促发货方及时采取措施，用没有缺陷的同种货物或替代品重新向收货人发货 |

**3. 退货处理的注意事项及相关配合处理**

（1）注意事项。

退货处理对生产厂家和流通网络中的各方来说都是一件极其严重的事情。高层管理部门应参加回收产品的一切活动，其他有关人员包括企业的法律人员、会计人员、公关人员、质量管理人员、制造工程人员以及销售人员也都应参加。并且，应选派专人负责处理产品回收事件，制定一些预防措施。这样不仅能更好地应对紧急情况，而且在产品回收事件处理不成功而诉诸法律时，企业可以将已采取的预防措施作为申辩的一项内容。

（2）退货相关配合处理。

1）立即补送新货以减少客户抱怨。

2）会计账目上应立即修正，以免收款或付款错误，造成进一步的混乱。

3）若有保险公司理赔，应立即依照保险理赔程序办理，包括保留现场证据或拍照存证，在规定时间内通知保险公司，准备索赔文件和计算损失，并通知本企业法律顾问一起处理。

4）分析退货原因，作为日后的改进参考。在退换货的处理过程中，切记不要与客户争吵。

退货过程的重点是什么？

**知识点梳理**

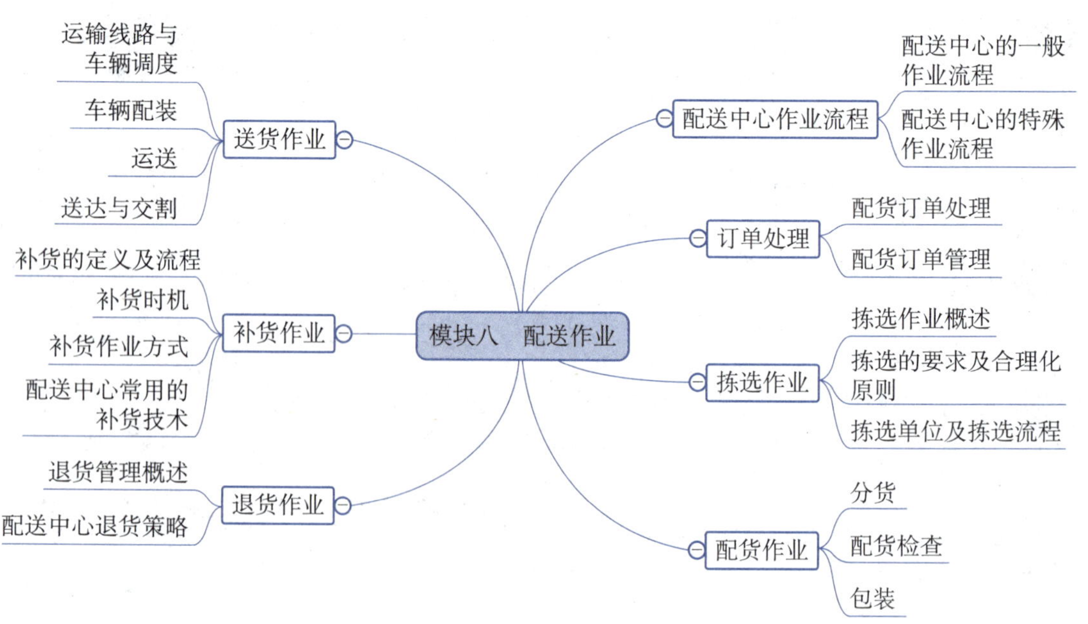

1. 订单的内部管理包括哪些项目?
2. 备货的作用是什么?
3. 什么是配货?
4. 配货的作业方式有哪两种?
5. 如何选择补货时机?

习近平同志在十九大报告中指出，坚持人与自然和谐共生。必须树立和践行绿水青山就是金山银山的理念，坚持节约资源和保护环境的基本国策，像对待生命一样对待生态环境，统筹山水林田湖草系统治理，实行最严格的生态环境保护制度，形成绿色发展方式和生活方式，坚定走生产发展、生活富裕、生态良好的文明发展道路，建设美丽中国，为人民创造良好生产生活环境，为全球生态安全作出贡献。

请查阅“绿色物流、绿色仓储”的相关资料并思考：什么是绿色物流？绿色物流思想如何与配送作业内容相结合？

# 模 块 九

# 配送中心经营管理

知识目标

1. 了解配送成本的概念及构成。
2. 掌握降低配送成本的策略。
3. 了解配送绩效管理的内容。
4. 掌握配送中心绩效管理策略。

技能目标

1. 能根据企业配送成本情况提出降低成本的建议。
2. 能根据配送绩效评价体系进行绩效评估。

情感目标

1. 能够具备良好的工作意识。
2. 能够具备一定的沟通能力。
3. 能够具备一定的创新思维、创新意识与创新能力。

## 重难点

1. 配送成本的核算与降低策略。
2. 配送中心绩效评价的指标体系及分析方法。

## 案例导入

### 沃尔玛利用现代物流配送系统节省成本

沃尔玛自从1962年第一家商场开业以来到目前为止，在全球15个国家开设了超过8 000家商场，下设53个品牌，员工总数210多万人。沃尔玛于1996年进入中国，截至目前，已经在全国180多城市开设了400多家商场，在全国创造了超过50 000个就业机会。业内人士认为，沃尔玛之所以能够迅速发展成为世界零售业之最，其中一个重要原因，是重视配送系统的建设和完善。作为大卖场，沃尔玛是如何采用现代物流配送中心节省成本的呢？

在沃尔玛整个物流的过程当中，最昂贵的就是运输部分，所以沃尔玛在设置新卖场时，尽量以其现有配送中心为出发点，卖场一般都设在配送中心周围，以缩短送货时间，降低送货成本。沃尔玛在物流方面的投资，也非常集中地用于现代物流配送中心建设。据资料显示，沃尔玛近年来每年在物流方面的投资都在1 000多亿美元以上，而且投资额正随着业务的增长而不断增长。

沃尔玛现代物流配送中心一般设立在100多家零售店的中央位置，也就是设立在销售主市场。这使得一个配送中心可以满足附近周边城市的100多个销售网点的需求；另外，运输的半径既比较短又比较均匀，基本上是以320千米为一个商圈建立一个配送中心。通常情况下，汽车从任何一个中心出发，可在一天内到达它所服务的商店。

在配送中心，计算机掌管着一切。供应商将商品送到配送中心后，经过核对采购计划、商品检验等程序，分别送到货架的不同位置存放。当每一样商品储存进去的时候，计算机都会把它们的方位和数量一一记录下来；一旦商店提出要货计划，计算机就会查找出这些货物的存放位置，并打印出印有商店代号的标签，以供贴到商品上。整包装的商品将被直接送上传送带，零散的商品由工作人员取出后，也会被送上传送带。商品在长达几千米的传送带上进进出出，系统通过激光辨别上面的条形码，把它们送到该去的地方，传送带上一天输出的货物可达20万箱。对于零散的商品，传送带上有一些信号灯，有红、黄、绿几种颜色，员工可根据信号灯的提示来确定商品应该被送往的商店，然后来取这些商品，并将取到的商品放到一个箱子当中，以避免浪费空间。

物流的循环是一个圆圈。如果物流循环是比较成功的，那么在消费者买了东西之后，这个系统就开始自动地进行供货。这个系统当中的可变性使得卖方和买方（工厂与商场）可以对顾客所买的东西和订单及时地补货。这个系统应当是与配送中心联系在一起的。这个配送中心实际上是一个中枢，将供货方的产品提供给商场，从而减少供货商许多成本。沃尔玛各分店的订单信息通过公司的高速通信网络传递到配送中心，配送中心将之整合后正式向供应商订货。供应商可以把商品直接送到订货的商店，也可以送到配送中心。但如果供货商们采用沃尔玛的配送中心的配送方式，就可以节省很多钱，且可以把省下来的这部分利润，让利于消费者。这些供货商们也可以为沃尔玛分担一些建立配送中心的费用，如此沃尔玛就可从整个供应链中将配送中心的成本费用节省下来。沃尔玛90%的商品是进行集中配送的，只有少数可以从加工厂直接送到店铺，这样大大降低了成本，沃尔玛的配送成本仅占它销售额的2%，是竞争对手的50%。

此外，沃尔玛建立了一个"无缝点对点"物流系统，能够为商店和顾客提供最迅速的服务，做到在物流方面降低成本。这种"无缝"指的是产品从工厂到商店的货架这一链条尽可能平滑，使整个供应链达到一种非常顺畅的链接。沃尔玛的供应链是指产品从工厂到商店的货架，这个过程应尽可能平滑，就像一件外衣一样是没有缝的。在供应链中，每一个供应者都是这个链当中的一个环节，沃尔玛使整个供应链成为一个非常平稳、光滑、顺畅的过程。这样，沃尔玛的运输、配送以及对于订单与购买的处理等所有的过程，都是一个完整网络当中的一部分，这样大大降低了物流成本。

沃尔玛还有一个非常好的系统，可以使供货商们直接进入到沃尔玛的系统，沃尔玛称之为"零售链接"。通过零售链接，供货商们就可以随时了解销售情况，对将来货物的需求量进行预测，以决定生产情况，这样他们的产品成本也可以降低，从而使整个流程成为一个"无缝"过程。

沃尔玛所有的系统都是基于UNIX系统的一个配送系统，并采用传送带、产品代码以及自动补货系统和激光识别系统。它使得沃尔玛在任何一个时间点都可以知道现在商店当中有多少货品，有多少货品正在运输过程当中，有多少是在配送中心，等等。同时它也使沃尔玛了解到某种货品上周卖了多少、去年卖了多少，而且可以预测将来可以卖多少。灵活高效的现代物流配送使得沃尔玛在激烈的零售业竞争中技高一筹。沃尔玛可以保证，商品从配送中心运到任何一家商店的时间不超过48小时，沃尔玛的分店货架平均一周可以补货两次，而其他同业商店平均两周才能补一次货。通过维持尽量少的存货，沃尔玛既节省了存贮空间，又降低了库存成本。

**问题：**

1. 沃尔玛运用了哪些举措来节省物流成本？
2. 你是如何理解现代物流配送系统的？

# 一、配送中心成本管理

## （一）配送成本概述

配送是物流系统中一种特殊的、综合的活动形式，是商流和物流的紧密结合，从整个物流系统来讲，配送几乎包括了所有的物流功能要素，是物流活动的一个缩影或是某小范围中物流全部活动的体现。专家认为“物流既是主要成本产生点，又是降低成本的关注点”，“物流是降低成本的宝库”。配送成本的高低直接关系到配送中心的利润，进而影响企业利润的高低，配送作为物流过程中的重要一环，降低其成本有着非常重要的意义。

## （二）配送成本的构成与分类

根据物流管理和成本分析的方法，可将配送成本按下述形式进行分类（如图 9－1 所示）。

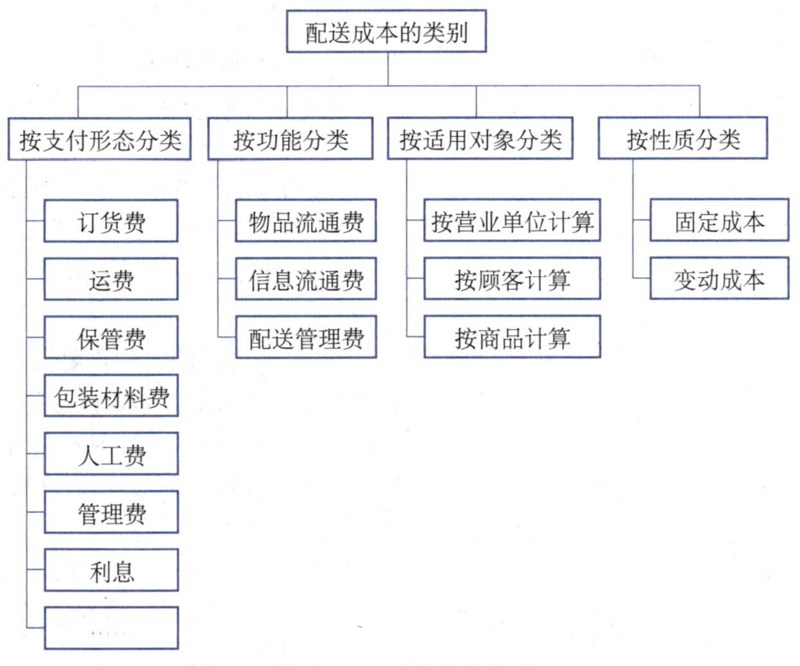


图 9－1　配送成本的类别

### 1. 按支付形态分类

按支付形态不同来进行配送成本的分类，主要是以财务会计中发生的费用为基础，通过乘以一定比率来加以核算。一般将配送成本分为本企业内部的配送成本和支付给外部企业的配送成本两大项（如表 9－1 所示）。每大项又细分为订货费、运费、保管费、包装材料费、人工费、管理费、利息等。

表 9-1　　配送成本按支付形态分类

| 企业内部的配送成本 | 本企业支付给外部企业的配送成本 |
|---|---|
| 人工费（工资、奖金、津贴等） | 包装费 |
| 燃料动力费（电费、水费、燃料等） | 运输费 |
| 材料费（材料、包装物、修理用备件、低值易耗品等） | 装卸搬运费 |
| 折旧费（基本折旧费、大修折旧费） | 手续费 |
| 税金（房产税、车船使用税、土地使用税等） | 保管费 |
| 利息支出 | 其他 |
| 其他支出（劳动保护费、保险费、管理费等） | |

此种分类方式的优点是便于检查配送成本在各项日常支出中的数额和所占比例，有利于评价各项费用的变化情况，评价、分析各物流活动的绩效，也适用于生产企业物流部门的配送成本控制。但该种分类不能说明各项成本的具体用途，不便于分析各种成本的支出是否节约、合理。

**2. 按功能分类**

按配送功能分类即通过观察配送费用是由配送的哪种功能产生所进行的分类。按照配送功能进行分类，一般将配送成本分为物品流通费、信息流通费和配送管理费三大类。

（1）物品流通费，是指为了完成配送过程中商品、物资的物理性流动而发生的费用，如备货费、保管费、分拣及配货费、转卸费等。

（2）信息流通费，即因处理、传输有关配送信息而产生的费用，包括与储存管理、订货处理、顾客服务有关的费用。

（3）配送管理费，即进行配送计划、调整、控制所需要的费用，包括作业现场的管理费用和企业有关管理部门的管理费。

按支付形态分类，虽然可以得出总额，但还不能充分说明配送的重要性，无法说明具体环节的配送状况。若想降低配送费用，还应将总额按照其实现的功能进行详细的区分，了解配送在各个环节上的实际状态，看是否存在浪费，以此达到有针对性的成本控制。按功能分类可以计算出标准配送成本（单位个数、重量、容器的成本），以便确定合理化目标，进一步找出妨碍实现物流合理化的症结。

**3. 按适用对象分类**

按不同的功能来计算配送成本可实现对配送成本的控制，但作为管理者还希望能分别掌握对不同的产品、地区、顾客产生的配送成本以便对未来发展做出决策，这就需要按适用对象来计算配送成本。

（1）按营业单位计算配送成本。

就是要计算出各营业单位配送成本与销售金额或毛收入的对比，用来了解各营业单位配送中存在的问题，从而改善各营业点的配送管理。

（2）按顾客计算配送成本。

可分为按标准单价计算和按实际单价计算两种方式。按顾客计算配送成本可以用来作为确定目标顾客、服务水平等营销策略的参考。

（3）按商品计算配送成本。

把按功能计算出来的成本，以各自不同的基准分配给各类商品，以此计算配送成本。这种方法可用来分析各类商品的盈亏，进而为确定企业的产品策略提供参考。在实际的应用中，要考虑进货和出货差额的毛收入与商品周转率之间的交叉比率。

通过按不同对象归集配送成本可以针对适用对象来计算成本，有针对性地评价配送情况，可以对比发现各类对象服务成本与质量之间的关系，进而帮助企业确定不同的销售策略。

**4. 按性质分类**

配送成本按其与业务量之间的依存关系，可以分为固定成本和变动成本。

（1）固定成本。

在配送成本中，固定成本是指在一定时期和一定业务量范围内，总额不随经营业务量增减变动而变动的成本，即只要开展配送经营，就必须支出的成本，如管理人员的工资、机器设备的租金、按直线法计算的固定资产折旧等。

应当指出的是，固定成本总额只是在一定时期和一定业务量范围内是固定的，这里所说的一定范围通常称为相关范围。如果业务量超过了相关范围，固定成本也会发生变化。

（2）变动成本。

在配送成本中，变动成本则是指其总额随配送量的变化而变化的成本，主要由劳动力成本、固定资产的运行成本和社会资源的使用成本确定。变动成本包括商务交易费、设备运行费、租赁费、装卸搬运作业费、保险费等。在没有业务活动时，就没有变动成本支出。

这里所需要强调的是变动的对象是成本总额，而非单位成本。就单位成本而言，它是固定的。因为只有单位成本保持固定，变动成本总额才能与业务量之间保持正比例的变化。此外，变动成本也存在着相关范围问题。也就是说，在相关范围之内，变动成本总额与业务量之间保持着完全的线性关系，在相关范围之外，它们之间的关系可能是非线性的。

## （三）配送服务与配送成本

配送作为物流系统的终端，直接面对服务对象，其服务水平的高低直接决定了整个物流系统的效益。理想的配送服务水平要求达到6R，即适当的质量（right quality）、适当的数量（right quantity）、适当的时间（right time）、适当的地点（right place）、好的印象（right impression）、适当的价格（right price）。企业配送成本管理的目的是配送成本的合理化或优化，在顾客服务水平与配送成本之间寻求平衡，实现配送活动的投入（配送成本）与产出（服务水平）的最佳配比，即在一定的顾客服务水平下使配送成本最低，或在一定的配送成本前提下尽量提高顾客的服务水平。

配送的各项活动之间存在效益背反，配送成本与配送服务之间也存在效益背反：一般来说，提高配送服务水平，配送成本也随之上升，且两者之间并不呈线性关系，成本与服务之间受收益递减法则的支配，配送成本增加而配送服务水平不是按比率相应提高（如图9-2所示）。

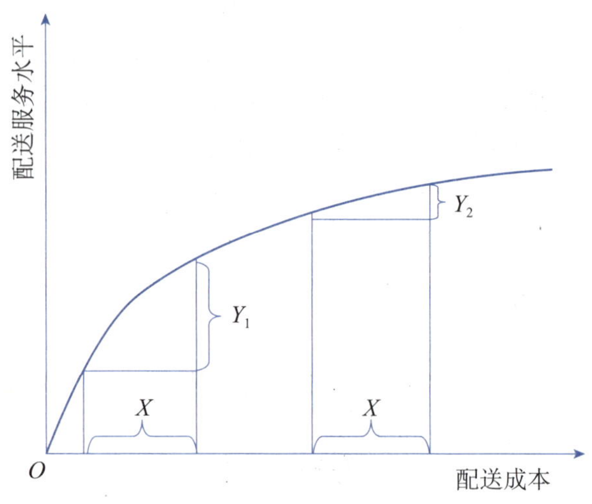


图9-2　配送服务与配送成本的效益背反

那么，在管理中如何正确处理和协调这两者之间的关系呢？管理者在抉择时应注意权衡利弊，用综合的方法来求得两者之间的平衡。此时，可以通过考察配送系统的投入产出比，来对配送系统的经济效益进行衡量和评价，以最低的配送成本达到所要求的配送服务水平。具体来说，一般配送服务与配送成本的关系有四种形式：

**1. 配送服务水平不变，降低配送成本**

在配送服务不变的前提下，考虑降低成本。不改变配送服务水平，通过改变配送系统来降低配送成本（如图9-3所示），这是一种追求效益的办法。

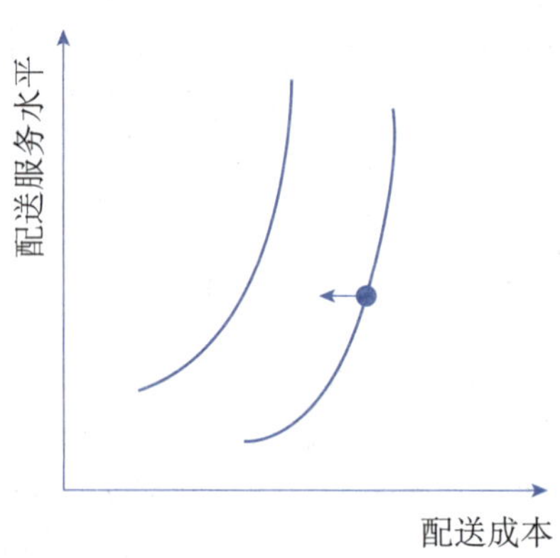


图9-3　服务一定，成本降低

**2. 配送成本不变，提高配送服务水平**

在成本不变的前提下提高服务质量（如图9-4所示），这既是一种追求效益的办法，也是有效地利用配送成本特性的办法。

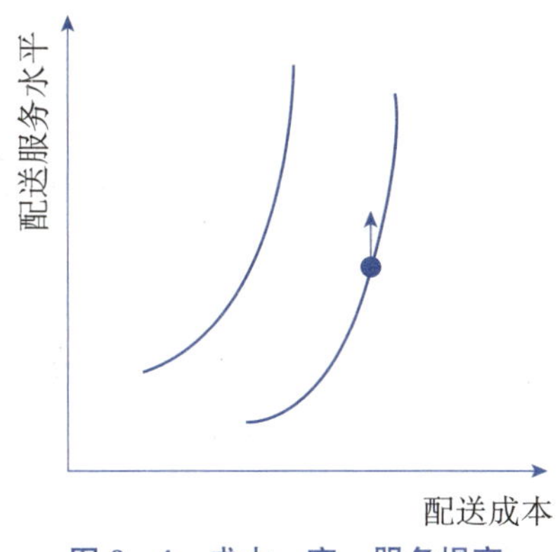


图 9-4　成本一定，服务提高

**3. 高成本，高服务**

为提高配送服务，不惜增加成本（如图 9-5 所示），这是企业在面临特定顾客或其特定商品竞争时所采用的具有战略意义的做法。

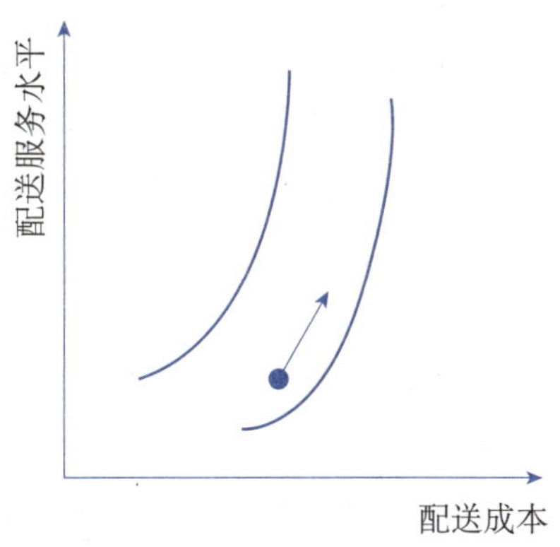


图 9-5　高成本，高服务

**4. 低成本，高服务**

用较低的配送成本，实现较高的配送服务（如图 9-6 所示），这是增加销售、增加效益、具有战略意义的办法。企业只有合理运用自身的资源，才能获得这样的成果。

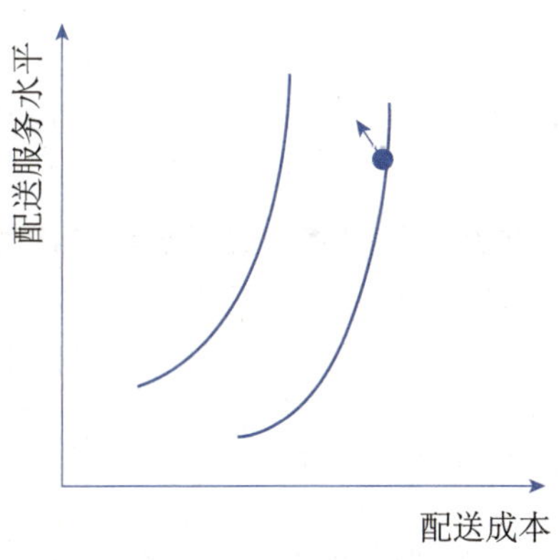


图 9-6　低成本，高服务

### （四）降低配送成本的策略

如何在提高客户满意度和减少配送成本之间寻求平衡是配送中心迫切需要解决的问题之一。这里介绍在一定客户服务水平下使配送成本最小的几种策略。

**1. 差异化**

差异化的指导思想是：产品特征不同，客户群体服务需求也不同。当企业拥有多种产品线或物流中心拥有不同客户组合时，不能对所有货物和所有客户都按同一标准的客户服务水平来配送，而应按产品的特点、销售水平来设置不同的库存、不同的运输方式以及不同的储存地点，按客户需求特点设置不同的订货周期、不同的进货方式。忽视产品和客户需求的差异会增加不必要的配送成本。

**2. 混合法**

混合法是指部分配送业务内企业自身完成。混合法的指导思想是：尽量采用单一的配送方法（即全部的配送活动或由配送中心自身完成，或完全外包），这样容易形成一定的规模经济，使管理简单化。但是，由于产品品种多变、规格不一、销量不同等情况，采用单一的配送方法超出一定程度反而会造成规模不经济。而采用混合法，合理安排配送中心自身完成的配送和外包给运输公司完成的配送，能使配送成本最低。

**3. 合并法**

合并法包含两个层次，即配送方法上的合并和共同配送。

（1）配送方法上的合并。配送中心在安排车辆完成配送任务时，实行合理的轻重配装、容移大小不同的货物搭配，合并装车，就可以充分利用车辆的容积和载重量，做到满载满装，取得最优效果。合并法是降低成本的重要途径，最好借助计算机计算货物配车的优化解。

（2）共同配送。共同配送是一种产权层次上的共享，也称集中协作配送。这种配送整合了多个企业的配送资源，配送能力得到互补、提高，不仅可以减少企业的配送费用，还有利于缓和城市交通拥挤状况，提高配送车辆的利用率。

**4. 延迟法**

传统的配送计划是根据市场需求的预测制订的，会因预测风险而增加配送成本。延迟法就是对产品的外观、形状及其生产、组装、配送应尽可能推迟到接到客户订单后再确定。一旦接到客户订单就要快速反应。因此，也要求信息传递非常快。

实施延迟法常采用生产延迟（或称形成延迟）和物流延迟（或称时间延迟）。形成延迟常发生在贴标签、包装、装配等生产领域，时间延迟常发生在发货等物流领域。

**5. 标准化**

标准化就是尽量减少因品种多变而导致的附加配送成本，尽可能多地采用标准零部件、模块化产品。标准化要求生产企业从产品设计开始就要站在消费者立场去考虑，以产品标准化来节省配送成本。

## 二、配送中心绩效管理

### （一）配送中心绩效管理的内容

配送中心绩效管理包括货物销售绩效管理、作业处理绩效管理、仓库保管效率管理、配送效率管理、机具设备使用管理等。

**1. 货物销售绩效管理**

包括货物毛利计算，货物周转率、周转时间计算；货物销售总数统计；各种货物所占经营比率；各种货物总销售利润比率；退货订单统计；退货金额与总销售金额比率分析；退货货物与销售货物数量比较分析；退货货物排行；退货原因分析。

**2. 作业处理绩效管理**

包括作业人员负责进货订单与退货订单金额比率分析；作业人员呆账及销售金额分析；作业人员账款期票长短分析；订单处理人员失误率分析；订单处理人员每日订单处理数量统计；出货人员失误率分析；出货人员每日订单处理数量统计；客户联络费用统计。

**3. 仓库保管效率管理**

管理中涉及的指标有：保管容量效率；渠道货物处理容量比率；每人每日的容量出货比率；保管比率分析；库存周转率；库存日差比率；合同仓库利用率；单位出入库的装卸费；入库人员生产力评估；仓库使用容量高低峰比率；缺货率。

**4. 配送效率管理**

管理中涉及的指标有：单位时间配送量；空车率；输送率；装载率；配送次数。

**5. 机具设备使用管理**

管理中涉及的指标有：码头使用率；码头高峰率；搬运设备使用率；流通加工所产生的货物报废率；流通加工使用材料金额统计；包装容器使用率；包装容器损坏率；机具设备损坏率。

### （二）配送中心绩效评估方法

配送中心绩效可以通过人员利用率、车辆利用率、配送规划、时间效率、配送成本等评估指标来反映。

**1. 人员利用率**

评估配送人员的工作分摊（距离、重量、车次）及其作业贡献度（配送度），以衡量配送人员的能力负荷与作业绩效，确定是否增添或减少司机人手，在保证安全驾驶和成本控制之间取得平衡。人员利用率可以用以下指标评估：

(1) 人均配送量。

人均配送量=配送总量/配送人员数

(2) 人均配送体积重量。

人均配送体积重量=配送总体积重量/配送人员数

(3) 人均配送距离。

人均配送距离=配送总距离/配送人员数

(4) 人均配送吨公里。

人均配送吨公里=配送总吨公里/配送人员数

(5) 人均驾驶时间。

人均驾驶时间=总配送驾驶时间/配送人员数

**2. 车辆利用率**

评估和设置最佳的配送车辆产能负荷，以避免折旧、损耗速度快，以及可能发生的额外成本（过高的维修费、耗油费），并用来判断是否应增减送车数量。车辆利用率可以用以下指标评估：

(1) 平均每台车配送金额。

平均每台车配送金额=配送总金额/总配送车辆数

总配送车辆数=自有车辆+外用车辆

(2) 平均每台车配送吨公里和平均每台车配送距离。

平均每台车配送吨公里=配送总吨公里/总配送车辆数

平均每台车配送距离=配送总距离/总配送车辆数

(3) 满载车次比率。

满载车次比率=满载车次/总配送车次

此指标反映对车辆的空间利用率。

(4) 空车率。

空车率=空车行驶距离/配送总距离

**3. 配送规划**

配送规划指标可评估车辆的负荷，车辆调度在容积限制之间规划的优化程度，外用车所占比例等。可以用以下指标评估：

(1) 车辆满载率。

车辆满载率 = 配送货物的总体积 /(车辆总体积数 × 配送车运转率 × 工作天数)

(2) 平均每车次配送重量。

平均每车次配送重量=配送货物的总重量/配送总车次

(3) 平均每车次配送距离。

平均每车次配送距离=配送总距离/配送总车次

(4) 平均每车次配送吨公里数。

平均每车次配送吨公里数＝(配送总吨数×总公里数)/配送总车次

(5) 外用车比率。

外用车比率＝外用车数量/(自有车辆＋外用车辆)

(6) 配送平均速度。

配送平均速度＝配送总距离/配送总时间

**4. 时间效率**

时间效率可用以下指标评估：

(1) 季节品比率。

季节品比率＝本月季节品存量/平均库存量

季节品比率反映淡旺季配送量的差距，季节品比率越大，差距就越大。

(2) 配送时间比率。

配送时间比率＝配送总时间/(配送人员数×工作天数×正常班工作时数)

配送时间比率是观察配送时间对配送的贡献，该比率低则说明资源利用率低。

(3) 单位时间配送量。

单位时间配送量＝出货量/配送总时间

此指标用于观察按出货量计算的配送时间效率。

(4) 单位时间配送生产力。

单位时间配送生产力＝营业额/配送总时间

此指标用于观察营业额的时间效率。

**5. 配送成本**

配送成本包括自有车和委托外用车的配送成本，可以用以下指标评估：

配送成本比率＝(自车配送成本＋外车配送成本)/物流总费用

每吨重配送成本＝(自车配送成本＋外车配送成本)/配送总重量

每立方米配送成本＝(自车配送成本＋外车配送成本)/出货品体积数

每单元配送成本＝(自车配送成本＋外车配送成本)/出货品单元数

每车次配送成本＝(自车配送成本＋外车配送成本)/配送总车次

配送延迟率＝配送延迟次数/配送总车次

应掌握交货时间，尽量减少配送延迟情况，以确保企业的信用度。

## (三) 配送中心绩效管理策略

配送中心的绩效管理策略可从以下几个方面进行考虑：

**1. 物流成本考核**

配送中心独立成为利润中心之后，物流成本考核更为直接地与产品事业部或销售部门挂钩，最直接的衡量指标便是物流成本率。

这里的物流成本是配送中心完成特定物流活动所发生的真实成本，企业统计的物流成本是运输成本和配送中心的运营成本。由于没有标准的统计和成本划分，很多隐性的物流成本被划入生产成本和销售成本。科学的物流成本应该是以物流活动为基础的，所有与完成物流功能有关的成本都应该包括在以物流活动为基础的成本分类中。

**2. 库存周转率**

计算公式如下：

库存周转率＝年销售量/平均库存水平×100％

库存周转率是在某一时间段内库存货物周转的次数，是反映库存周转快慢程度的指标。周转率越大表明销售情况越好。在物料保质期及资金允许的条件下，可以适当增加其库存控制目标天数，以保证合理的库存。反之，则可以适当减少其库存控制目标天数。

**3. 顾客服务水平**

顾客服务水平主要是针对产品事业部或销售部门的考核指标。

**4. 订货的满足率**

计算公式如下：

订货的满足率＝现有库存能够满足订单的次数/顾客订单总次数×100％

即对于顾客订单中所需的货物，现有的库存能够履行订单的比率。各配送中心的存货应该达到95％的满足率，而在通过调货来补充配送中心库存的情况下，达到这个比率较难。美智公司的调查结论显示，华东地区存货的平均可得性只达到80％，而这已经是在各个地区中运行较好的，西部地区平均可得性甚至不到50％。

**5. 订单与交货的一致性**

订单与交货的一致性无论在生产性的企业还是服务性企业中都被认为是最重要的因素，主要的作业指标是无误交货率。计算公式如下：

无误交货率＝当月准确按照顾客订单发货次数/当月内发货总次数×100％

在实际操作中，我们应该保证能够正确地按照客户的订单来交货。在调研中我们也了解到顾客最关心的也是这一点。所以，没有按照顾客的订单发货给企业的服务形象造成的损失是最大的。在发货前必须根据顾客的订单反复审核所发货物是否符合顾客的要求。从这个角度上说，企业在配送中心设立订单管理员这个职位非常有必要，由专人从源头来跟踪和保证订单的传输和准确，降低订单的出错概率，将极大地提高公司的服务水平。

**6. 交货的及时率**

计算公式如下：

交货的及时率＝当月汽车准时送达次数/当月汽车送货车数×100％

很多产品目前的交货时间可以达到短途次日交货，解决方案是通过设立区域配送中心进行针对重点城市和地区的有能力接整车的一级批发商和二级批发商进行直运，在大区内其他省份设立分拨中心来支持县、乡、镇地区开展的深度分销策略，进行更小批量的配送。

**7. 货物的破损率**

计算公式如下：

货物的破损率＝当月破损货物价值/当月发送货物总价值×100%

这个指标用来衡量在向顾客配送过程中货物的破损率，一般最高限额是5%。破损情况很多是在货物的装卸过程中发生的。在出货高峰期，由于没有足够的装卸力量而导致发货速度慢和较高的破损率，建议的解决方式是在销售旺季的出货高峰期，配送中心租用叉车来降低破损率，提高装卸速度。

**8. 投诉次数**

承运商帮助企业将货物送达给客户，所以承运商和顾客进行货物交接的过程代表着企业的服务形象，在这一过程中提供尽可能多的服务将提高顾客对企业的忠诚度，但配送中心反映顾客投诉最多的还是承运商在和顾客交接过程中服务没有到位，针对客户的投诉，我们的建议是企业应该细化与承运商的服务协议，在协议中明确提出帮助卸货、到货前通知顾客、代收退货等基本服务以及今后可能提供的代收货款服务。

**9. 配送中心收益考核**

计算公式如下：

物流毛收益＝年物流服务收入总额/年物流服务支出总额×100%

物流费用率＝年物流费用总额/年销售额×100%

配送中心收益＝（物流毛收益－管理费用）×物流费用率权重×修正系数

虽然配送中心是一个利润中心，其利润贡献的最直接衡量指标是销售收益，但为了达到降低物流成本的目的，物流销售收益必须是一定物流费用率下的收益，超过规定物流费用率，部门收益需要打折扣（这里的物流费用又包括运输费用、仓储费用、管理费用，不包括存货成本等）。如果实际物流费用率比标准费用率高出很多，超过权重上限，则此部门的收益为零，甚至为负数。物流费用率标准的制定采用目标期望法，为达到费用率逐年降低的目标，可根据去年的物流费用为本年物流费用率，同时排除能源、劳动力的价格上涨或下跌及交通法规等变化的影响。物流效用增长率为物流费用比上一年增长率与销售额比上一年增长率的比值。合理的比率应该小于1。如果比率大于1，考核物流费用控制的具体降低的空间。

**10. 运营费用比率**

计算公式如下：

运营费用比率＝所支付的仓库租金和汽运、铁路运费/支出总额×100%

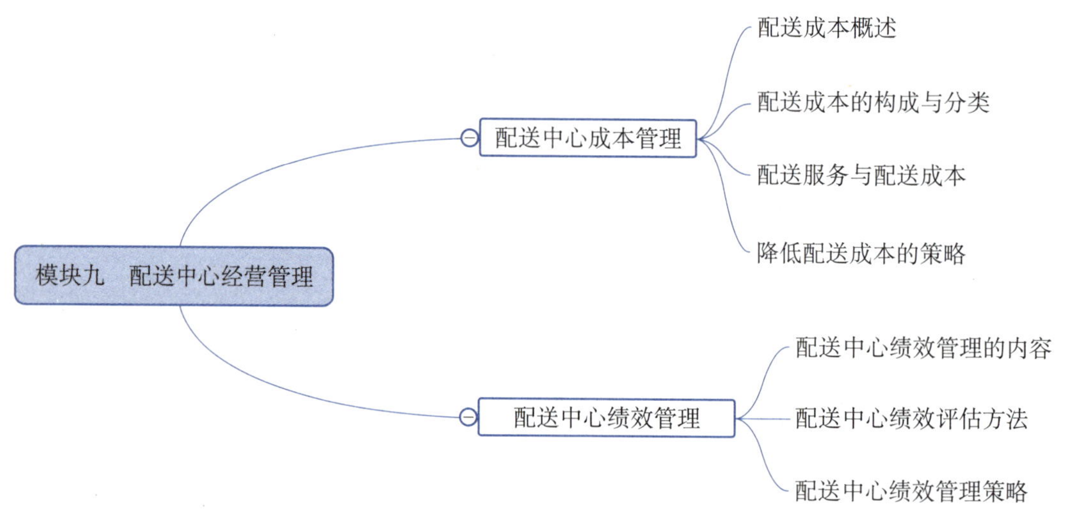

1. 如何理解配送成本的概念？配送成本有哪些特点？
2. 配送成本是如何分类的？
3. 影响配送成本的主要因素有哪些？
4. 简述配送成本控制策略。
5. 简述配送作业绩效评价的主要指标体系。

## 议一议

“五位一体”是党的十八大报告的“新提法”之一。经济建设、政治建设、文化建设、社会建设、生态文明建设——着眼于全面建成小康社会、实现社会主义现代化和中华民族伟大复兴，党的十八大报告对推进中国特色社会主义事业作出五位一体的总体布局。

请查阅“五位一体”的相关资料并阐述：“五位一体”的具体内容包含什么？这五位之间的内在联系是什么？配送企业的经营管理如何与“五位一体”发展思想相结合？

# 实操篇

- 学习情境一　大型家电的仓储业务
- 学习情境二　日化用品的仓储业务
- 学习情境三　日用百货的配送业务
- 学习情境四　美妆用品的配送业务

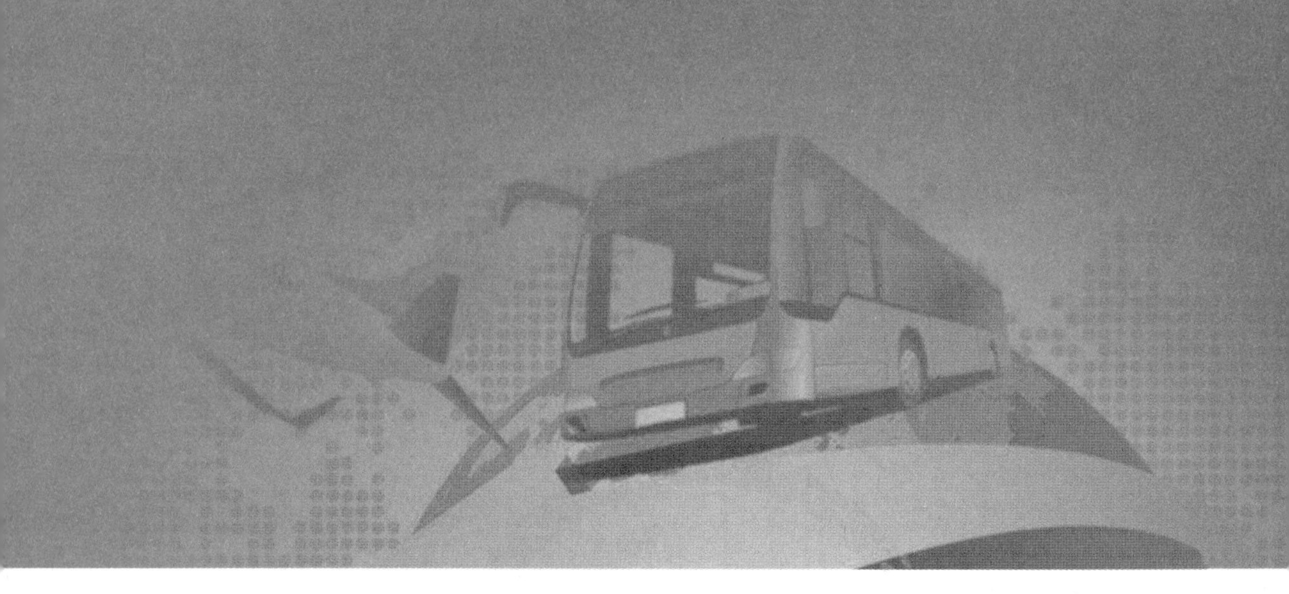

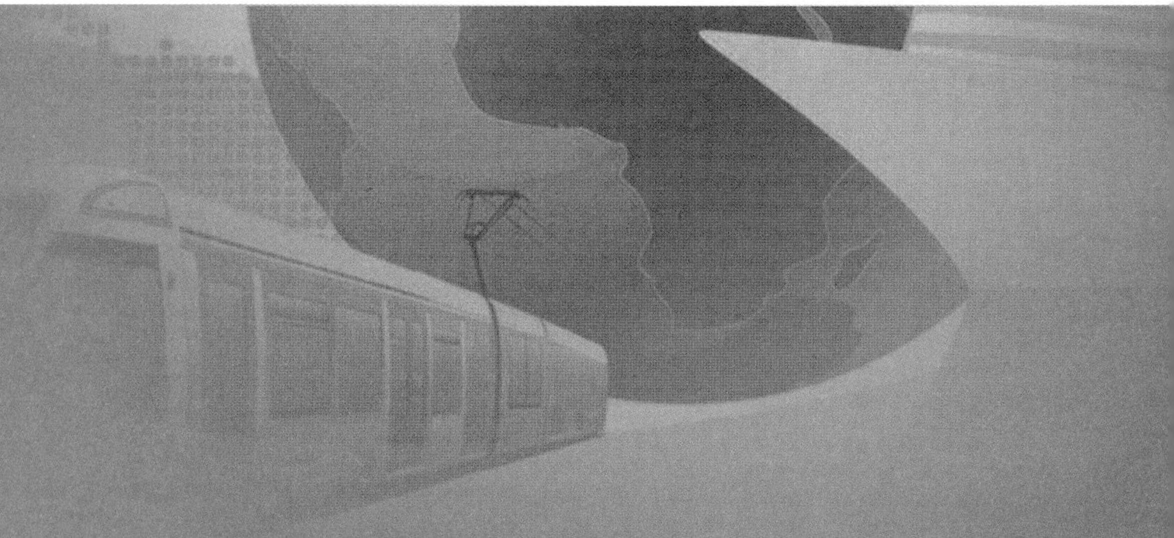

# 学习情境一 大型家电的仓储业务

## 工作任务 1　编制入库作业计划

天津中德物流有限公司（以下简称中德）成立于 2005 年，是一家以仓储业务为主要服务内容的物流企业，主要承接天津周边地区普通货物的储存保管业务。中德占地面积近 7 000平方米，拥有两个 2 000 平方米的单层平面仓库。

天津津电电器有限公司（以下简称津电）成立于 2009 年，从事家用电器的生产制造，主要生产电视机、冰箱、洗衣机、微波炉、电烤箱、电风扇、空调、电脑及各种小型家用电器。公司占地面积近 10 000 平方米，产品主要销售天津及周边地区。

津电的产成品仓储主要依靠第三方仓储企业，中德是津电的长期合作伙伴，2017 年 5 月双方签署了新的仓储保管合同。根据合同约定，2018 年 6 月 10 日有一批大型家电入库，以下内容是津电 2018 年 5 月 10 日发给中德的邮件。

天津中德物流有限公司：

根据贵我双方签署的仓储保管合同，我公司现有一批货物委托天津津通货运有限公司于 2018 年 6 月 10 日运至贵公司 1 号仓进行储存，货物以托盘为单元进行存储，入库货物具体情况如下：

入库通知单

| 序号 | 商品名称 | 包装规格（mm）（长×宽×高） | 单价（元/箱） | 重量（kg） | 入库数量（箱） | 备注 |
|---|---|---|---|---|---|---|
| 1 | 电烤箱 | 567×455×920 | 1 699 | 26 | 54 | |
| 2 | 冰箱 | 591×447×1 515 | 1 159 | 40 | 36 | |
| 3 | 微波炉 | 498×333×373 | 999 | 18 | 40 | |
| 4 | 电视机 | 1 145×230×925 | 4 299 | 30 | 40 | |

送货车辆为两辆东风牌厢式货车，车牌号为津 H13468、津 H25864，请安排接收。

天津津电电器有限公司

2018 年 5 月 10 日

请结合理论知识完成以下任务：

1. 阅读理论篇第 71～74 页的内容并将你认为重要的内容标出。

2. 绘制入库作业流程图。

3. 思考在制订入库作业计划前需要掌握哪些信息，并填入下表。

| 序号 | 需掌握信息 |
|---|---|
| 1 | |
| 2 | |
| 3 | |
| 4 | |
| 5 | |
| … | |

4. 根据已掌握的信息制订入库作业计划并填写下表。

| 计划项目 | 具体安排 | 人员需求 | 设备需求 |
|---|---|---|---|
| | | | |
| | | | |
| | | | |
| | | | |
| | | | |

5. 根据各项作业时间绘制甘特图（用 Excel 制作）。

## 工作任务 2　平置库货位准备

根据合同约定，2018 年 6 月 10 日会有一批家电入库，在到货之前仓储部门人员需要进行货位的准备，包括储位安排及储位的 5S 等工作。5 月 20 日收到津电发来的入库通知单，具体情况如下：

| 序号 | 商品名称 | 包装规格（mm）（长×宽×高） | 单价（元/箱） | 重量（kg） | 入库数量（箱） | 堆码层限 |
|---|---|---|---|---|---|---|
| 1 | 电烤箱 | 567×455×920 | 1 699 | 26 | 54 | 4 |
| 2 | 冰箱 | 591×447×1 515 | 1 159 | 40 | 36 | 1 |
| 3 | 微波炉 | 498×333×373 | 999 | 18 | 40 | 5 |
| 4 | 电视机 | 1 145×230×925 | 4 299 | 30 | 40 | 2 |

另注：1. 仓库高度为 4.6 米；地坪荷载为 2 000 千克/平方米。

2. 货物储存方式为托盘集装后就地堆码。

3. 堆码过程要求考虑“五距”。

请结合理论知识完成以下任务：

1. 阅读理论篇第 72 页的内容并将你认为重要的内容标出。

2. 如果你是仓库管理员，请计算出至少需要多大面积的储位。

3. 如果目标存储区域宽度的限制为 5.0 米，请计算并绘制出货物堆码示意图。

## 工作任务 3　货物的验收

2018 年 6 月 10 日上午 10 点，津电委托津通运送的货物到达中德仓库，根据入库作业计划中的安排，人员与设备器具已就位，你作为本次接货任务的负责人需要进行相应的人员协调与工作安排。

请结合理论知识完成以下任务：

1. 阅读理论篇第 76～79 页的内容并将你认为重要的内容标出。
2. 思考入库验收时需要验收哪些内容，请将验收内容及验收标准填写至下表中。

| 序号 | 验收内容 | 验收标准 |
|---|---|---|
| 1 | | |
| 2 | | |
| 3 | | |
| 4 | | |
| 5 | | |
| … | | |

3. 结合理论知识中的内容绘制验收作业流程图。

## 工作任务 4　物动量分析及储位规划

货架储存区在进行储位调整后，作业效率有了明显提升。因此，仓库负责人计划对平置库区的货物也进行物动量分析并重新规划储位，以提高作业效率。该仓库平置库区储位情况如下图所示，该区域共有 8 个储位，各储位大小相等，中间设有通道便于叉车进行取货作业。

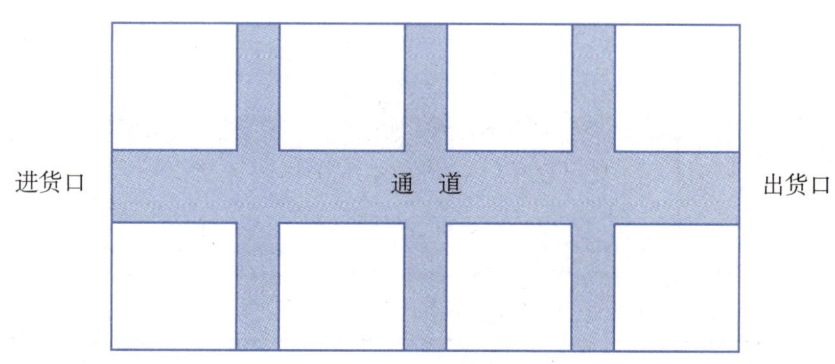

下表中的数据为 2018 年 5 月平置库区这 8 种货物的出入库次数统计信息。

| 货物 | 入库次数 | 出库次数 |
| --- | --- | --- |
| A | 40 | 40 |
| B | 67 | 67 |
| C | 250 | 125 |
| D | 30 | 43 |
| E | 10 | 100 |
| F | 100 | 250 |
| G | 200 | 400 |
| H | 250 | 250 |

请结合理论知识完成以下任务：

1. 阅读理论篇第 22～23 页的内容并将你认为重要的内容标出。
2. 计算 8 种货物的出入库比值并排序。

| 序号 | 出库与入库比值 | 货物 |
| --- | --- | --- |
| 1 | | |
| 2 | | |
| 3 | | |
| 4 | | |
| 5 | | |
| 6 | | |
| 7 | | |
| 8 | | |

3. 根据物动量分析结果将货物放置在储位示意图中。

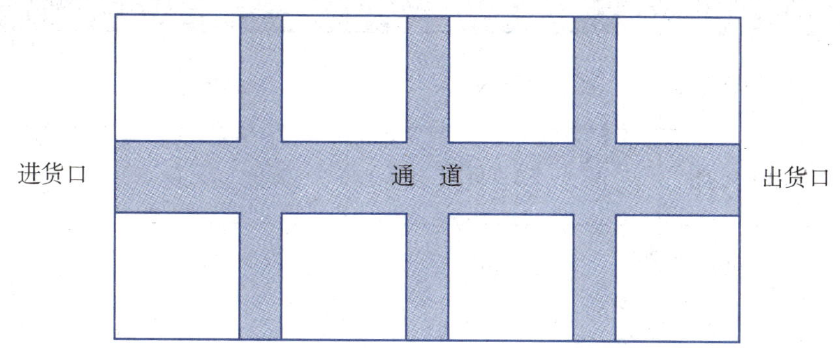


## 工作任务 5　仓储成本的计算

天津中德物流有限公司在每月月末会进行仓储成本的核算，但由于物流成本的隐含性等特点，物流成本往往隐藏在公司管理费、财务费、营业费等其他费用当中不易发现，因此，需要从本月公司各项费用明细表中将仓储成本提取出来。2018 年 5 月费用明细见下表。

| 序号 | 项目 | 管理、财务、营业等相关费用（元） |
|---|---|---|
| 1 | 仓库租赁费 | 100 000 |
| 2 | 材料消耗费 | 53 000 |
| 3 | 工资津贴 | 372 000 |
| 4 | 燃料动力费 | 32 000 |
| 5 | 保险费 | 10 000 |
| 6 | 维修费 | 31 000 |
| 7 | 仓储搬运费 | 28 000 |
| 8 | 仓储保管费 | 40 000 |
| 9 | 仓储管理费 | 20 000 |
| 10 | 易耗品消耗 | 22 000 |
| 11 | 资金占用利息 | 37 000 |
| 12 | 税金等 | 55 000 |
| 合计 | | 800 000 |

另有其他资料如下：

该企业总人数 150 人，仓储人员数量是 36 人，企业总面积 6 000 平方米，仓储设施所占面积 4 000 平方米。

请结合理论知识完成以下任务：

1. 阅读理论篇第 131～135 页的内容并将你认为重要的内容标出。
2. 将费用项目分类，标注不同费用计提成本的比例及其依据，填入下表。
3. 按比例计提仓储成本，填入下表并汇该月总成本。

单位：元

| 序号 | 项目 | 管理、财务、营业等相关费用 | 比例计算依据 | 计提比例 | 仓储成本 |
|---|---|---|---|---|---|
| 1 | 仓库租赁费 | 100 000 | | | |
| 2 | 材料消耗费 | 53 000 | | | |
| 3 | 工资津贴 | 372 000 | | | |
| 4 | 燃料动力费 | 32 000 | | | |
| 5 | 保险费 | 10 000 | | | |
| 6 | 维修费 | 31 000 | | | |
| 7 | 仓储搬运费 | 28 000 | | | |
| 8 | 仓储保管费 | 40 000 | | | |
| 9 | 仓储管理费 | 20 000 | | | |
| 10 | 易耗品消耗 | 22 000 | | | |
| 11 | 资金占用利息 | 37 000 | | | |
| 12 | 税金等 | 55 000 | | | |
| 合计 | | 800 000 | — | — | |

## 工作任务 6 仓储合同的拟订

中德已经按与津电签署的合同完成货物入库并妥善保管，津电对中德的服务非常满意，并计划进一步合作，拟将 8 月的产成品仓储订单继续交给中德。8 月的订单详情如下：

| 序号 | 商品名称 | 包装规格（mm）（长×宽×高） | 单价（元/箱） | 重量（kg） | 入库数量（箱） | 备注 |
|---|---|---|---|---|---|---|
| 1 | 洗衣机 | 672×672×920 | 4 699 | 70 | 34 | |
| 2 | 冰箱 | 591×447×1 515 | 1 159 | 40 | 28 | |
| 3 | 微波炉 | 498×333×373 | 999 | 18 | 40 | |
| 4 | 空调 | 1 145×330×425 | 3 299 | 35 | 36 | |

入库货物情况见上表。

另，双方商务洽谈备忘录的主要内容如下：

- 入、出库需要检验产品数量、包装。
- 存储时间是 90 天。
- 允许有 0.3%的损耗。
- 入库办理仓储保险，保险费率为 0.5%。
- 仓储费为 10 元/平方米·天，采用一半预付、一半出库付清的结算方式。

货物被安排存放至 1 号仓库，该仓库为单层平面仓库，占地 2 000 平方米，实际存储货位面积为 1 200 平方米，层高为 8 米，仓库储存货物较多，现还有 300 平方米平置库货位，地面承载能力为 2 吨/平方米。货物采用托盘平地堆码，托盘规格为 1 200mm×1 000mm。

请结合理论知识完成以下任务：

1. 阅读理论篇第 117～124 页的内容并将你认为重要的内容标出。
2. 根据仓储合同格式模板列出仓储合同中的主要条款并填入下表。

| 序号 | 主要条款 |
|---|---|
| 1 | |
| 2 | |
| 3 | |
| 4 | |
| 5 | |
| … | |

3. 计算仓储费、保险费等并完成仓储合同的拟订。（用 Word 文档制作）

# 学习情境二

# 日化用品的仓储业务

## 工作任务1　编制入库作业计划

天津中德物流有限公司（以下简称中德）成立于2005年，是一家以仓储业务为主要服务内容的物流企业，主要承接天津周边地区普通货物的储存保管业务。中德占地面积近7 000平方米，拥有两个2 000平方米的单层平面仓库。

天津津洁日化用品有限公司（以下简称津洁）成立于2008年，从事日化用品的生产制造，主要生产洗发水、洗面奶、洗衣皂、沐浴露、洗洁精、洁厕灵、洗衣液、洗衣粉等家用清洁用品。公司占地面积近8 000平方米，建有化验室、现代化标准厂房及办公楼，是天津地区规模化生产和销售洗涤用品的厂家。

津洁的产成品仓储主要依靠第三方仓储企业，该企业与中德是长期合作伙伴，2018年6月与中德签署了新的保管合同。根据合同约定，2018年7月10日有一批大型家电入库，以下内容是津电2018年6月10日发给中德的邮件。

天津中德物流有限公司：

根据贵我双方签署的仓储保管合同，我公司现有一批货物委托天津津通货运有限公司于2018年7月10日运至贵公司2号仓进行储存，货物以托盘为单元进行存储，入库货物具体情况如下：

入库通知单

| 序号 | 商品名称 | 包装规格（mm）（长×宽×高） | 单价（元/箱） | 重量（kg） | 入库数量（箱） | 备注 |
|---|---|---|---|---|---|---|
| 1 | 洗衣粉 | 316×211×180 | 500 | 22 | 96 | |
| 2 | 洗衣皂 | 448×276×180 | 500 | 20 | 27 | |
| 3 | 洗手液 | 498×333×180 | 1 000 | 30 | 27 | |
| 4 | 洗面奶 | 398×272×180 | 1 000 | 25 | 40 | |

送货车辆为两辆东风牌厢式货车，车牌号为津H14579、津H23473，请安排接收。

天津津电电器有限公司

2018年6月10日

请结合理论知识完成以下任务：

1. 根据已掌握的信息制订入库作业计划并填写下表。

| 计划项目 | 具体安排 | 人员需求 | 设备需求 |
|---|---|---|---|
| | | | |
| | | | |
| | | | |
| | | | |
| | | | |

2. 根据各项作业时间绘制甘特图（用 Excel 制作）。

## 工作任务 2　货架库货位准备

根据合同的约定，2018 年 7 月 10 日会有一批家电入库，在到货之前仓储部门人员需要进行货位的准备，包括储位安排及储位的 5S 等工作。昨天收到津洁发来的入库通知单，具体情况如下：

| 序号 | 商品名称 | 包装规格（mm）（长×宽×高） | 单价（元/箱） | 重量（kg） | 入库数量（箱） | 堆码层限 |
|---|---|---|---|---|---|---|
| 1 | 洗衣粉 | 316×211×180 | 500 | 22 | 96 | 6 |
| 2 | 洗衣皂 | 448×276×180 | 500 | 20 | 27 | 6 |
| 3 | 洗手液 | 498×333×180 | 1 000 | 30 | 27 | 5 |
| 4 | 洗面奶 | 398×272×180 | 1 000 | 25 | 40 | 6 |

另注：货物储存方式为托盘集装后放置货架储存。托盘规格为 1 200mm×1 000mm，托盘厚度为 160mm。货架规格如下图所示。

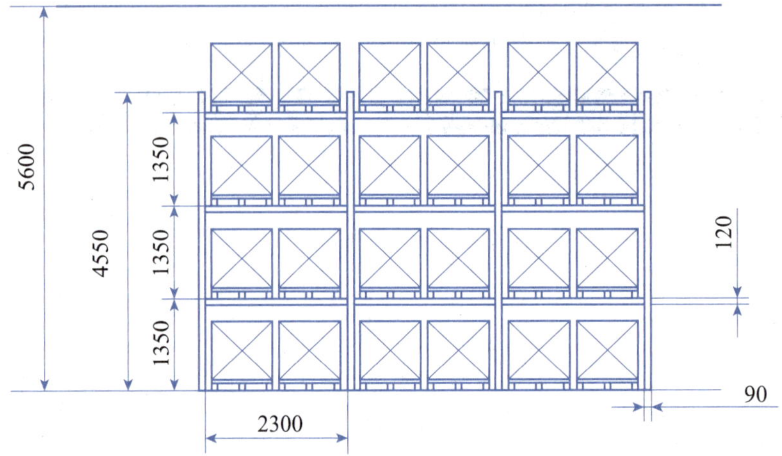


请结合理论知识完成以下任务：

1. 阅读理论篇第 72～73 页的内容并将你认为重要的内容标出。
2. 根据货物规格制定托盘堆码方案，并将堆码示意图填入下表。

| 序号 | 规格（mm） | 奇数层 | 偶数层 |
|---|---|---|---|
| 1 | 316×211 | | |
| 2 | 448×276 | | |
| 3 | 498×333 | | |
| 4 | 398×272 | | |

3. 根据货架及托盘规格计算所需储位数。

## 工作任务 3　货物的验收

2018 年 6 月 10 日上午 10 点，津洁委托津通运送的货物到达中德仓库，根据入库作业计划中的安排，人员与设备器具已就位，你作为本次接货任务的负责人需要进行相应的人员协调与工作安排。

请结合理论知识完成以下任务：

1. 货物在验收过程中有可能出现以下异常情况，请针对不同异常情况提出处理方法并填入下表。

| 异常情况 | 处理方法 |
| --- | --- |
| 数量不符 | |
| 质量异状 | |
| 批号及品种混乱 | |
| 包装破损 | |
| 二次包装 | |

2. 对验收过程中发生的异常情况要及时向上级汇报，请将要汇报的内容在下表中做简要记录。

| 项目 | 内容 |
|---|---|
| 1 | |
| 2 | |
| 3 | |
| 4 | |
| 5 | |
| … | |

## 工作任务 4　货物的 ABC 分类

存放该批货物的 2 号仓库由于近期仓储订单的增加，货架储存区出现了储位不足的现象，而且随着存货种类的增多在储位安排上也出现了一些问题，表现为经常出库的货物位于货架上层不易拿取、方便拿取的下层位置货物出库率低等，影响了作业效率。因此，2 号仓负责人成立专项小组，计划对部分库存物资进行物动量分析，并进行储位调整，以此来提高仓库作业效率。

以下四个表为过去一个月的部分货物出库作业周报。

出库作业周报（一）

制表人：李毅　　　　制表时间：2018 年 5 月 2 日

| 货品编码/条码 | 货品名称 | 出库量（箱） |
|---|---|---|
| 6918163010887 | 洗衣皂 | 0 |
| 6920855052068 | 洗发水 | 88 |

续前表

| 货品编码/条码 | 货品名称 | 出库量（箱） |
|---|---|---|
| 6920855784129 | 沐浴液 | 975 |
| 6920907800173 | 洗洁精 | 37 |
| 6931528109163 | 护发素 | 0 |
| 6932010061808 | 洗面奶 | 80 |
| 6932010061815 | 洁面皂 | 400 |
| 6932010061822 | 洗衣液 | 397 |
| 6932010061839 | 洗衣粉 | 342 |
| 6932010061846 | 洁厕灵 | 100 |

出库作业周报（二）

制表人：李毅　　　　制表时间：2018 年 5 月 9 日

| 货品编码/条码 | 货品名称 | 出库量（箱） |
|---|---|---|
| 6918163010887 | 洗衣皂 | 37 |
| 6920855052068 | 洗发水 | 30 |
| 6920855784129 | 沐浴液 | 65 |
| 6920907800173 | 洗洁精 | 7 |
| 6931528109163 | 护发素 | 37 |
| 6932010061808 | 洗面奶 | 47 |
| 6932010061815 | 洁面皂 | 96 |
| 6932010061822 | 洗衣液 | 106 |
| 6932010061839 | 洗衣粉 | 56 |
| 6932010061846 | 洁厕灵 | 61 |

出库作业周报（三）

制表人：李毅　　　　制表时间：2018 年 5 月 16 日

| 货品编码/条码 | 货品名称 | 出库量（箱） |
|---|---|---|
| 6918163010887 | 洗衣皂 | 0 |
| 6920855052068 | 洗发水 | 32 |
| 6920855784129 | 沐浴液 | 1 270 |
| 6920907800173 | 洗洁精 | 25 |
| 6931528109163 | 护发素 | 94 |
| 6932010061808 | 洗面奶 | 59 |
| 6932010061815 | 洁面皂 | 380 |
| 6932010061822 | 洗衣液 | 87 |
| 6932010061839 | 洗衣粉 | 0 |
| 6932010061846 | 洁厕灵 | 0 |

出库作业周报（四）

制表人：李毅　　　　制表时间：2018 年 5 月 23 日

| 货品编码/条码 | 货品名称 | 出库量（箱） |
| --- | --- | --- |
| 6918163010887 | 洗衣皂 | 26 |
| 6920855052068 | 洗发水 | 50 |
| 6920855784129 | 沐浴液 | 276 |
| 6920907800173 | 洗洁精 | 0 |
| 6931528109163 | 护发素 | 18 |
| 6932010061808 | 洗面奶 | 0 |
| 6932010061815 | 洁面皂 | 269 |
| 6932010061822 | 洗衣液 | 0 |
| 6932010061839 | 洗衣粉 | 100 |
| 6932010061846 | 洁厕灵 | 39 |

请结合理论知识完成以下任务：

1. 阅读理论篇第 109～110 页的内容并将你认为重要的内容标出。

2. 将出库周报中的数据进行汇总并按出库量进行降序排列。（用 Excel 制作）

3. 计算品种数累计百分比和出库量累计百分比，按出库量累计百分比降序排序，进行 ABC 分类。（用 Excel 制作）

4. 绘制 ABC 分类示意图。（用 Excel 制作；$X$ 轴表示品种数累计百分比，$Y$ 轴表示出库量累计百分比）

5. 根据 ABC 分类结果将货物放置在下图的储位中。

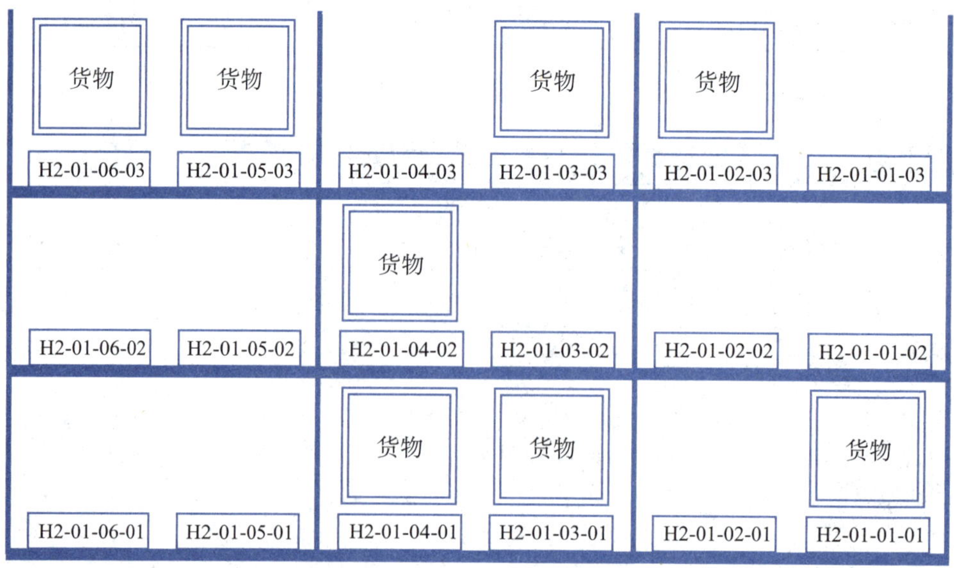

## 工作任务 5　仓储设施设备选择

经过几次储位优化与改善，中德取得了良好的经营业绩，业务面也拓展了。现有仓储面积的不足已制约了中德未来的发展，因此公司又在市郊建立了新的仓库，主要为市内各新老客户提供仓储服务。新仓库主要是接替原有的日用百货存储业务，下表是新仓库拟储存的货物情况一览表。

| 序号 | 货品名称 | 规格型号 | 单位 | 外包装尺寸（米） | 最大库存量（箱） |
|---|---|---|---|---|---|
| 1 | 高压锅 | 12S03CZ | 箱 | 0.59×0.39×0.25 | 200 |
| 2 | 电风扇 | EH-ND20 | 箱 | 0.33×0.24×0.24 | 150 |
| 3 | 微波炉 | SDHC04 | 箱 | 0.79×0.38×0.20 | 70 |
| 4 | 手机 | D330 | 箱 | 0.53×0.37×0.18 | 160 |
| 5 | 芒果汁 | 500ml | 箱 | 0.4×0.2×0.2 | 350 |
| 6 | 方便面 | 150g | 箱 | 0.4×0.3×0.2 | 500 |

请根据储存货物的情况，选择合适的仓库设施设备，可选设备如下表所示。

| 序号 | 设备名称 | 设备规格 | 设备型号 | 成本（元/件） | 备注 |
|---|---|---|---|---|---|
| 1 | 悬臂式货架 | 1 400mm×500mm×3 000mm | | 1 000 | 三层 |
| 2 | 托盘货架 | 2 500mm×1 000mm×3 500mm | | 1 200 | 两列两层货架 4 个货位 |
| 3 | 托盘 1 | 1 200mm×1 000mm×190mm | 塑料田字格 | 200 | |
| 4 | 托盘 2 | 1 100mm×1 100mm×190mm | 塑料田字格 | 160 | |
| 5 | 手动托盘搬运车 | 额定起重量 2 吨 | | 960 | 地牛 |
| 6 | 手动堆垛机 | 额定起重量 1 吨 | | 1 500 | |
| 7 | 电瓶叉车 | 额定起重量 2 吨 | | 128 000 | |
| 8 | 计算机 | 台式 | | 4 200 | |
| … | …… | …… | …… | … | …… |
| 13 | WMS 系统 | | | 100 000 | |
| 14 | 条形码打印机 | 打印宽度 25mm～108mm | | 1 200 | |
| 15 | 条形码标签纸 | 50mm×30mm | | 30 | 100 张以上/包 |
| 16 | RFID 扫描枪 | | | 5 000 | |
| 17 | 干粉灭火器 | 5kg | | 100 | |

请结合理论知识完成以下任务：

1. 阅读理论篇第 29～55 页的内容并将你认为重要的内容标出。
2. 结合理论知识的学习，完成下表。

| 仓库里的设备有哪几类？ |
| --- |
| 常见货架有哪些？其各自特点是什么？ |
| 搬运装卸设备有哪些种类？其特点各是什么？ |
| 使用信息技术对仓储作业有什么影响？仓储管理涉及的信息技术有哪些？各需要什么设备？ |

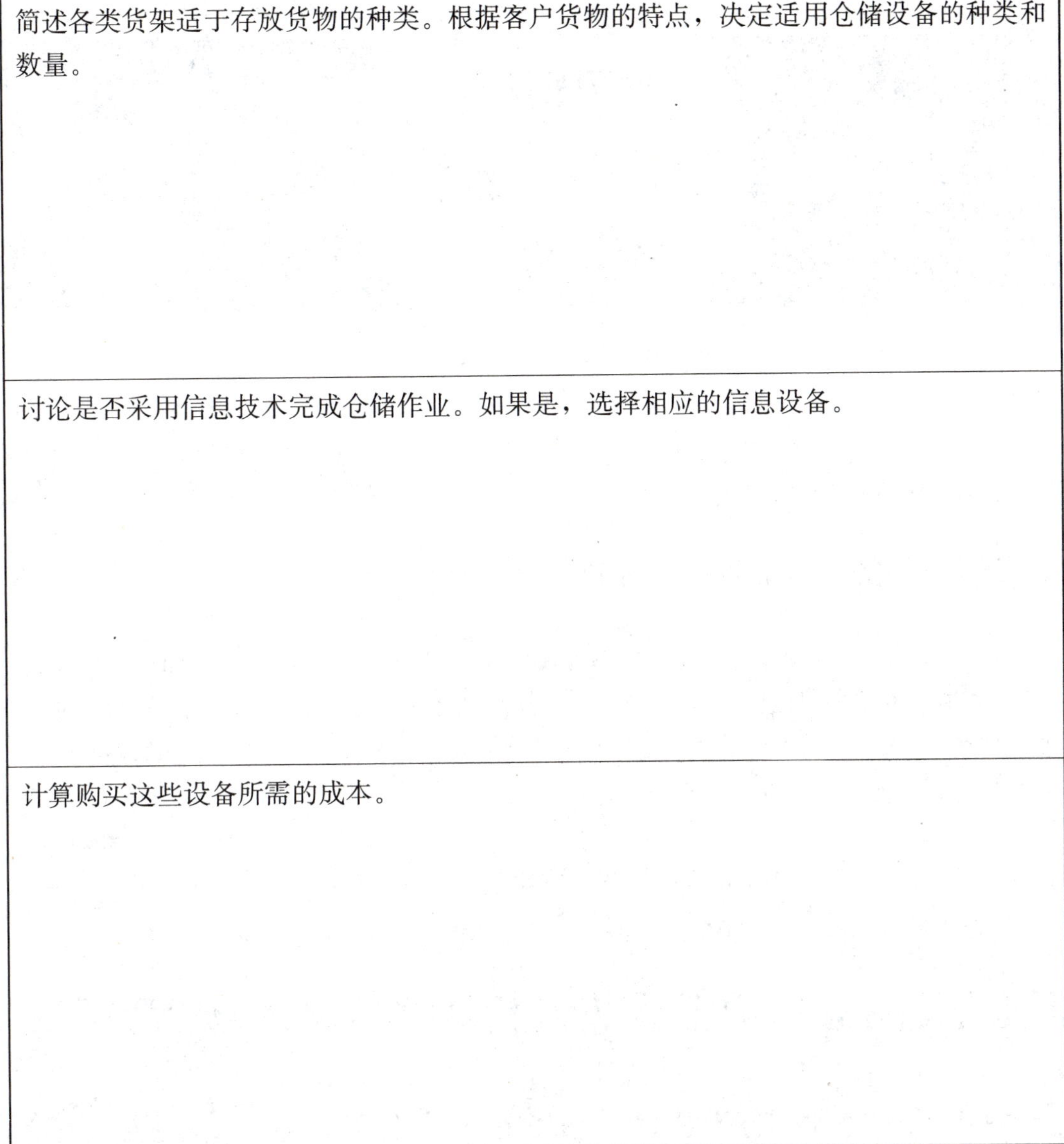

| 简述各类货架适于存放货物的种类。根据客户货物的特点，决定适用仓储设备的种类和数量。 |
| --- |
| 讨论是否采用信息技术完成仓储作业。如果是，选择相应的信息设备。 |
| 计算购买这些设备所需的成本。 |

# 学习情境三 日用百货的配送业务

## 工作任务 1　订单有效性分析

近年来，我国电商产业不断发展壮大，而电商产业的发展则依托于电商物流的支持。天津中德物流有限公司也看到了新的机遇，经过对自身经营状况、市场需求及政策环境的深入分析，制定了新的发展战略，计划拓展业务职能，将原先的仓储服务转变为仓配一体化服务。经过一年的准备，中德已建成占地面积 6 000 平方米的配送中心，主要为周边超市提供储配服务。

A、B、C 三家大型超市是中德的长期合作伙伴，以下信息为三家公司的客户信息及 2018 年 6 月面向中德的采购订单。

**A 客户档案**

| 公司名称 | A 公司 | | | | 助记码 | JA | |
|---|---|---|---|---|---|---|---|
| 法人代表 | 颜修 | 家庭地址 | 天津市海河园区中央家园 4-505 | | | 联系方式 | 022-33557890 |
| 证件类型 | 营业执照 | 证件编号 | 120213432567876 | | | 营销区域 | 京津塘 |
| 公司地址 | 天津市海河园区创美大厦 2-3-4 | | | 邮编 | 321349 | 联系人 | 张彤 |
| 办公电话 | 38293647 | | 家庭电话 | 53468679 | | 传真号码 | 022-38293600 |
| 电子邮箱 | JA@126. com | | QQ 账号 | 505967892 | | MSN 账号 | JA@hotmail. com |
| 开户银行 | 招商银行海河支行 | | | 银行账号 | 93725289031384 | | |
| 公司性质 | 民营 | 所属行业 | 零售 | 注册资金 | 300 万元 | 经营范围 | 日用品、食品 |
| 信用额度 | 12 万元 | 忠诚度 | 一般 | 满意度 | 高 | 应收账款 | 11 万元 |
| 客户类型 | 普通 | | | 客户级别 | B | | |

**B 客户档案**

| 公司名称 | B 公司 | | | 助记码 | JB | |
|---|---|---|---|---|---|---|
| 法人代表 | 杨美 | 家庭地址 | 天津市南河区林苑 10-3-803 | | 联系方式 | 27655865 |
| 证件类型 | 营业执照 | 证件编号 | 120108754377888 | | 营销区域 | 塘汉大 |

| 公司地址 | 天津市南河区晚霞路 43 号 | | | 邮编 | 300587 | 联系人 | 张婷 |
|---|---|---|---|---|---|---|---|
| 办公电话 | 23876590 | | 家庭电话 | 28657973 | | 传真号码 | 23876591 |
| 电子邮箱 | JB@eyou. com | | QQ 账号 | 2115467907 | | MSN 账号 | JB@msn. com |
| 开户银行 | 津广银行 | | | 银行账号 | 5357899765569 | | |
| 公司性质 | 中外合资 | 所属行业 | 零售业 | 注册资金 | 3 600 万元 | 经营范围 | 食品、日用品 |
| 信用额度 | 150 万元 | 忠诚度 | 高 | 满意度 | 高 | 应收账款 | 125 万元 |
| 客户类型 | 伙伴型 | | | 客户级别 | A | | |

**C 客户档案**

| 公司名称 | C 公司 | | | 助记码 | JC | | |
|---|---|---|---|---|---|---|---|
| 法人代表 | 赵明 | 家庭地址 | 天津滨海区明春里 6 - 1 - 102 | | | 联系方式 | 022 - 27654878 |
| 证件类型 | 营业执照 | 证件编号 | 120108776875375 | | | 营销区域 | 塘汉大 |
| 公司地址 | 天津市滨海区滨海新路 154 号 | | | 邮编 | 300754 | 联系人 | 胡明海 |
| 办公电话 | 23976580 | | 家庭电话 | 27654996 | | 传真号码 | 022 - 23976581 |
| 电子邮箱 | JCn@yahoo. com | | QQ 账号 | 8754387909 | | MSN 账号 | JC@hotmail. com |
| 开户银行 | 天津商业银行 | | | 银行账号 | 8654909785 | | |
| 公司性质 | 民营 | 所属行业 | 零售 | 注册资金 | 200 万元 | 经营范围 | 日用品、食品 |
| 信用额度 | 10 万元 | 忠诚度 | 一般 | 满意度 | 较高 | 应收账款 | 9. 9 万元 |
| 客户类型 | 普通型 | | | 客户级别 | B | | |

**A 公司采购订单**

订单编号：D201806250101　　　　发货时间：2018 年 6 月 25 日

| 序号 | 商品名称 | 单价（元） | 订购数量（箱） | 金额（元） | 备注 |
|---|---|---|---|---|---|
| 1 | 婴儿纸尿裤 | 100 | 10 | 1 000 | |
| 2 | 顺心奶嘴 | 100 | 8 | 800 | |
| 3 | 婴儿湿巾 | 100 | 6 | 600 | |
| 4 | C 满 E 果汁 | 100 | 2 | 200 | |
| 5 | 2B 铅笔 | 50 | 1 | 50 | |
| 6 | 白板笔 | 50 | 1 | 50 | |
| 7 | 财会专用中性笔 | 50 | 1 | 50 | |
| 8 | 雀巢咖啡 | 50 | 2 | 100 | |
| 9 | 康师傅冰红茶 | 50 | 2 | 100 | |
| | 合计 | — | 33 | 2 950 | |

**B 公司采购订单**

订单编号：D201806250102　　　　发货时间：2018 年 6 月 25 日

| 序号 | 商品名称 | 单价（元） | 订购数量（箱） | 金额（元） | 备注 |
|---|---|---|---|---|---|
| 1 | 婴儿纸尿裤 | 100 | 5 | 500 | |
| 2 | 顺心奶嘴 | 100 | 7 | 700 | |
| 3 | 婴儿湿巾 | 100 | 7 | 700 | |
| 4 | 2B 铅笔 | 50 | 1 | 50 | |
| 5 | 白板笔 | 50 | 1 | 50 | |
| 6 | 财会专用中性笔 | 50 | 1 | 50 | |

续前表

| 序号 | 商品名称 | 单价（元） | 订购数量（箱） | 金额（元） | 备注 |
|---|---|---|---|---|---|
| 7 | 极度百事可乐 | 50 | 1 | 50 | |
| 8 | 七喜 | 50 | 2 | 100 | |
| 9 | 优乐美 | 50 | 2 | 100 | |
| | 合计 | — | 27 | 2 300 | |

**C公司采购订单**

订单编号：D201806250103　　　　发货时间：2018年6月25日

| 序号 | 商品名称 | 单价（元） | 订购数量（箱） | 金额（元） | 备注 |
|---|---|---|---|---|---|
| 1 | 婴儿纸尿裤 | 100 | 8 | 800 | |
| 2 | 顺心奶嘴 | 100 | 6 | 600 | |
| 3 | 婴儿湿巾 | 100 | 8 | 800 | |
| 4 | 2B铅笔 | 50 | 1 | 50 | |
| 5 | 财会专用中性笔 | 50 | 1 | 50 | |
| 6 | 白板笔 | 50 | 2 | 100 | |
| 7 | 蜂蜜红枣茶 | 50 | 1 | 50 | |
| 8 | 可口可乐 | 50 | 2 | 100 | |
| 9 | 统一葡萄多 | 50 | 1 | 50 | |
| 10 | 怡宝饮用纯净水 | 50 | 2 | 100 | |
| | 合计 | — | 32 | 2 700 | |

请结合理论知识完成以下任务：

1. 阅读理论篇第177～180页的内容并将你认为重要的内容标出。
2. 订单有效性分析应确定哪些信息，请填入下表。

| 序号 | 需确认信息 |
|---|---|
| 1 | |
| 2 | |
| 3 | |
| 4 | |

续前表

| 序号 | 需确认信息 |
|---|---|
| 5 | |
| … | |

3. 根据以上客户信息及订单情况进行订单有效性分析并填写下表。

订单有效性分析表

| 客户名称 | | | |
|---|---|---|---|
| 订单金额（万元） | | | |
| 应收账款（万元） | | | |
| 累计应收账款（万元） | | | |
| 信用额度（万元） | | | |
| 剩余信用额度（万元） | | | |
| 信用额度是否透支 | | | |
| 订单是否有效 | | | |

4. 试分析三家客户的订单是否有效，如有无效订单请填写下表。

| 无效订单处理 | |
|---|---|
| 客户名称 | |
| 情况分析 | |
| 处理结果 | |
| 主管签字 | |
| 签字时间 | |

## 工作任务 2　客户优先权分析

在对客户订单进行有效性分析之后，应对客户需求量、现有库存量、信用额度及客户类型等进行分析以确定客户优先权和发货顺序。下表为现有库存量信息。

配送中心库存表　　单位：箱

| 序号 | 货品编码/条码 | 商品名称 | 库存数量 |
|---|---|---|---|
| 1 | 6918163010887 | 婴儿纸尿裤 | 22 |
| 2 | 6920855052068 | 顺心奶嘴 | 35 |
| 3 | 6920855784129 | 婴儿湿巾 | 40 |
| 4 | 6920907800173 | C满E果汁 | 32 |
| 5 | 6931528109163 | 2B铅笔 | 52 |
| 6 | 6931528109162 | 马克杯 | 19 |
| 7 | 6932010061808 | 白板笔 | 61 |
| 8 | 6932010061815 | 财会专用中性笔 | 72 |
| 9 | 6932010061813 | 保温杯 | 25 |
| 10 | 6932010061822 | 雀巢咖啡 | 35 |
| 11 | 6932010061839 | 康师傅冰红茶 | 57 |

续前表

| 序号 | 货品编码/条码 | 商品名称 | 库存数量 |
|---|---|---|---|
| 12 | 6932010061847 | 美味锅巴 | 82 |
| 13 | 6932010061848 | 极度百事可乐 | 14 |
| 14 | 6932010061878 | 七喜 | 22 |
| 15 | 6932010061873 | 优乐美 | 33 |
| 16 | 6932010061865 | 蜂蜜红枣茶 | 43 |
| 17 | 6932010061861 | 原木纸巾 | 15 |
| 18 | 6932010061898 | 可口可乐 | 62 |
| 19 | 6932010061893 | 统一葡萄多 | 33 |
| 20 | 693201006146 | 怡宝饮用纯净水 | 26 |
| | | 合计 | |

请结合理论知识完成以下任务：

1. 阅读理论篇第 180～182 页的内容并将你认为重要的内容标出。
2. 汇总三张订单的货物需求数量，填写至下表。

单位：箱

| 序号 | 货品编码/条码 | 商品名称 | 订货量 | | | 总需求量 |
|---|---|---|---|---|---|---|
| | | | A 公司 | B 公司 | C 公司 | |
| 1 | 6918163010887 | 婴儿纸尿裤 | | | | |
| 2 | 6920855052068 | 顺心奶嘴 | | | | |
| 3 | 6920855784129 | 婴儿湿巾 | | | | |
| 4 | 6920907800173 | C 满 E 果汁 | | | | |
| 5 | 6931528109163 | 2B 铅笔 | | | | |
| 6 | 6931528109162 | 马克杯 | | | | |

续前表

| 序号 | 货品编码/条码 | 商品名称 | 订货量 | | | 总需求量 |
|---|---|---|---|---|---|---|
| | | | A公司 | B公司 | C公司 | |
| 7 | 6932010061808 | 白板笔 | | | | |
| 8 | 6932010061815 | 财会专用中性笔 | | | | |
| 9 | 6932010061813 | 保温杯 | | | | |
| 10 | 6932010061822 | 雀巢咖啡 | | | | |
| 11 | 6932010061839 | 康师傅冰红茶 | | | | |
| 12 | 6932010061847 | 美味锅巴 | | | | |
| 13 | 6932010061848 | 极度百事可乐 | | | | |
| 14 | 6932010061878 | 七喜 | | | | |
| 15 | 6932010061873 | 优乐美 | | | | |
| 16 | 6932010061865 | 蜂蜜红枣茶 | | | | |
| | | 合计 | | | | |

3. 对比订货数量与现有库存数，分析有无缺货现象，如有请填写至下表。

| 序号 | 缺货物品名称 | 缺货数量 |
|---|---|---|
| 1 | | |
| 2 | | |
| … | | |

4. 制定各项指标的等级标准及各等级赋分标准。

客户优先权分析表

| | | | |
|---|---|---|---|
| 忠诚度 | | | |
| 满意度 | | | |
| 客户类型 | | | |
| 客户级别 | | | |
| 赋予分值 | | | |

5. 将客户指标情况填入下表并按照以下权重进行计算。

客户优先权划分

| 客户名称 | A | B | C |
|---|---|---|---|
| 忠诚度（0.4） | | | |

续前表

| 客户名称 | A | B | C |
| --- | --- | --- | --- |
| 满意度（0.3） | | | |
| 客户类型（0.2） | | | |
| 客户级别（0.1） | | | |
| 赋予分值 | | | |

6. 将最终客户优先权分析结果填至下表。

客户优先权表

| 客户名称 | A | B | C |
| --- | --- | --- | --- |
| 优先权顺序 | | | |

## 工作任务 3　制订拣选计划

以下六张订单为 A、B、C 三家公司 2018 年 7 月 13 日和 7 月 16 日面向中德配送中心的采购订单，请根据订单特点制订拣选计划。

A 公司采购订单

订单编号：D201807130103　　发货时间：2018 年 7 月 13 日

| 序号 | 商品名称 | 单价（元） | 订购数量（箱） | 金额（元） | 备注 |
| --- | --- | --- | --- | --- | --- |
| 1 | 婴儿纸尿裤 | 100 | 8 | 800 | |
| 2 | 顺心奶嘴 | 100 | 6 | 600 | |
| 3 | 婴儿湿巾 | 100 | 8 | 800 | |
| 4 | 2B 铅笔 | 50 | 5 | 250 | |
| | 合计 | — | 27 | 2 450 | |

### A 公司采购订单

订单编号：D201807160105　　　　发货时间：2018 年 7 月 16 日

| 序号 | 商品名称 | 单价（元） | 订购数量（箱） | 金额（元） | 备注 |
|---|---|---|---|---|---|
| 1 | HB 铅笔 | 50 | 3 | 150 | |
| 2 | 自动铅笔 | 50 | 5 | 250 | |
| 3 | 财会专用中性笔 | 50 | 8 | 400 | |
| 4 | 极度百事可乐 | 50 | 5 | 250 | |
| | 合计 | — | 21 | 1 050 | |

### B 公司采购订单

订单编号：D201807130109　　　　发货时间：2018 年 7 月 13 日

| 序号 | 商品名称 | 单价（元） | 订购数量（箱） | 金额（元） | 备注 |
|---|---|---|---|---|---|
| 1 | 婴儿纸尿裤 | 100 | 10 | 1 000 | |
| 2 | 顺心奶嘴 | 100 | 7 | 700 | |
| 3 | 婴儿湿巾 | 100 | 7 | 700 | |
| 4 | 2B 铅笔 | 50 | 8 | 400 | |
| | 合计 | — | 32 | 3 800 | |

### B 公司采购订单

订单编号：D201807160108　　　　发货时间：2018 年 7 月 16 日

| 序号 | 商品名称 | 单价（元） | 订购数量（箱） | 金额（元） | 备注 |
|---|---|---|---|---|---|
| 1 | 白板笔 | 50 | 3 | 150 | |
| 2 | 蜂蜜红枣茶 | 50 | 6 | 300 | |
| 3 | 可口可乐 | 50 | 9 | 450 | |
| 4 | 统一葡萄多 | 50 | 8 | 400 | |
| | 合计 | — | 26 | 1 300 | |

### C 公司采购订单

订单编号：D201807130206　　　　发货时间：2018 年 7 月 13 日

| 序号 | 商品名称 | 单价（元） | 订购数量（箱） | 金额（元） | 备注 |
|---|---|---|---|---|---|
| 1 | 婴儿纸尿裤 | 100 | 5 | 500 | |
| 2 | 顺心奶嘴 | 100 | 6 | 600 | |
| 3 | 婴儿湿巾 | 100 | 9 | 900 | |
| 4 | 2B 铅笔 | 50 | 8 | 800 | |
| | 合计 | — | 28 | 2 800 | |

### C 公司采购订单

订单编号：D201807160204　　　　发货时间：2018 年 7 月 16 日

| 序号 | 商品名称 | 单价（元） | 订购数量（箱） | 金额（元） | 备注 |
|---|---|---|---|---|---|
| 1 | 马克笔 | 50 | 9 | 450 | |
| 2 | 4B 绘图橡皮 | 50 | 6 | 300 | |
| 3 | 雀巢咖啡 | 50 | 5 | 250 | |
| 4 | 康师傅冰红茶 | 50 | 4 | 200 | |
| | 合计 | — | 24 | 1 200 | |

请结合理论知识完成以下任务：

1. 阅读理论篇第 182～187 页的内容并将你认为重要的内容标出。
2. 常见的拣选方式有哪些？将不同拣选方式的特点及适用情况填入下表。

| 序号 | 拣选方式 | 特点 | 适用情况 |
|---|---|---|---|
| 1 | | | |
| 2 | | | |
| 3 | | | |
| 4 | | | |
| … | | | |

3. 根据 7 月 13 日和 7 月 16 日的订单特点，选择合适的拣选方式，填写下表。

| 序号 | 订单日期 | 订单特点 | 拣选方式 |
|---|---|---|---|
| 1 | | | |
| 2 | | | |

## 工作任务 4　车辆调度

在完成订单拣选任务后，货物经过一系列后续的配货、包装等作业已具备送货条件。目前中德配送中心同周边两家配送中心开展共同配送业务，为周边四家超市供货，假设在供销平衡的前提下，请根据下面的供销运价运量表进行车辆调度。

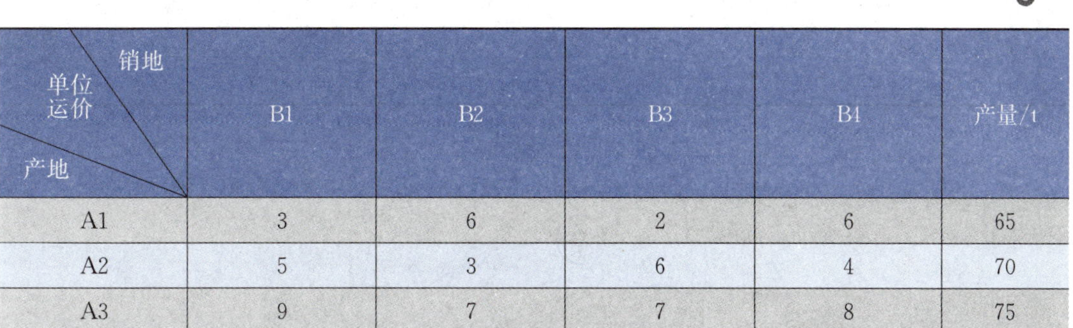

| 销地<br>单位运价<br>产地 | B1 | B2 | B3 | B4 | 产量/t |
|---|---|---|---|---|---|
| A1 | 3 | 6 | 2 | 6 | 65 |
| A2 | 5 | 3 | 6 | 4 | 70 |
| A3 | 9 | 7 | 7 | 8 | 75 |
| 销量 | 50 | 45 | 55 | 60 | 210 |

请结合理论知识完成以下任务：

1. 阅读理论篇第 190～196 页的内容并将你认为重要的内容标出。
2. 利用最小元素法确定初始调运方案，并填入下表。

| 销地<br>单位运价<br>产地 | B1 | B2 | B3 | B4 | 产量/t |
|---|---|---|---|---|---|
| A1 | | | | | 65 |
| A2 | | | | | 70 |
| A3 | | | | | 75 |
| 销量 | 50 | 45 | 55 | 60 | 210 |

## 工作任务 5　路线规划

中德配送中心 P 向 A、B、C、D、E、F、G、H、I 9 家公司配送货物。图中连线上的数字表示公路里程（km）。靠近各公司括号内的数字，表示各公司对货物的需求量（t）。配送中心备有 2t 和 4t 载重量的汽车，且汽车一次巡回行走里程不能超过 35km。设送到时间均符合用户要求，求中德配送中心的最优送货方案。

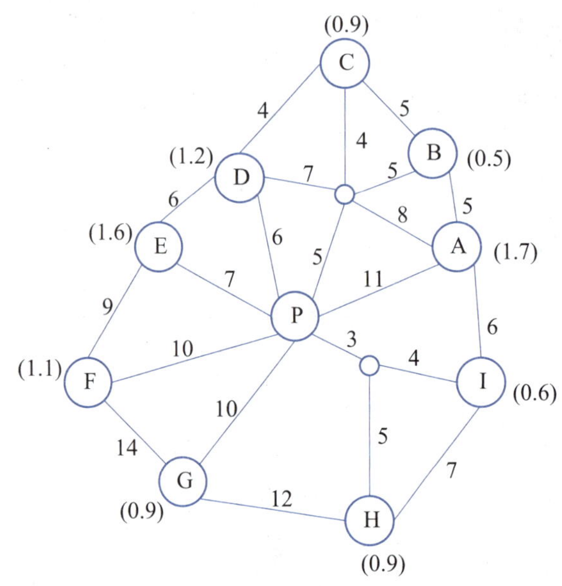


请结合理论知识完成以下任务：

1. 阅读理论篇第 196～197 页的内容并将你认为重要的内容标出。

2. 根据各节点之间的距离填写路线优化矩阵。

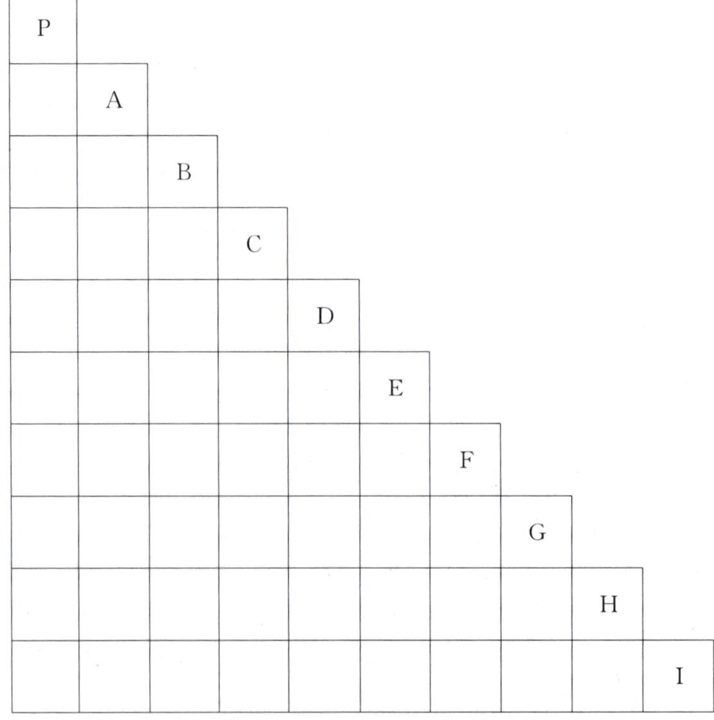

| P | | | | | | | | | |
|---|---|---|---|---|---|---|---|---|---|
| | A | | | | | | | | |
| | | B | | | | | | | |
| | | | C | | | | | | |
| | | | | D | | | | | |
| | | | | | E | | | | |
| | | | | | | F | | | |
| | | | | | | | G | | |
| | | | | | | | | H | |
| | | | | | | | | | I |

3. 运用节约法思想计算节约后行程并排序填至下表。

| 序号 | 路线 | 节约里程 | 序号 | 路线 | 节约里程 | 序号 | 路线 | 节约里程 |
|---|---|---|---|---|---|---|---|---|
| 1 | | | 13 | | | 25 | | |
| 2 | | | 14 | | | 26 | | |
| 3 | | | 15 | | | 27 | | |
| 4 | | | 16 | | | 28 | | |
| 5 | | | 17 | | | 29 | | |
| 6 | | | 18 | | | 30 | | |
| 7 | | | 19 | | | 31 | | |
| 8 | | | 20 | | | 32 | | |
| 9 | | | 21 | | | 33 | | |
| 10 | | | 22 | | | 34 | | |
| 11 | | | 23 | | | 35 | | |
| 12 | | | 24 | | | 36 | | |

4. 绘制路线优化图。

5. 填写路线优化表。

| 路线 | 载重（t） | 行程（km） | 使用车辆 |
|---|---|---|---|
| | | | |
| | | | |
| | | | |

# 工作任务 6　配送中心选址

经过一段时间的经营，中德配送中心取得了不错的业绩，经过董事会会议决定进一步扩大经营，建立新的配送中心，为周边客户提供更好的服务。经过对周边环境和客户的分析，目前主要供货厂商有 4 个，厂商具体坐标以及供应量及运价经过初步估算如下：

| 货物供应地 | 供应量 | 运输费率（元/吨·公里） | 供应地坐标 | |
|---|---|---|---|---|
| | | | X | Y |
| 1 | 2 | 5 | 2 | 2 |
| 2 | 3 | 5 | 11 | 3 |
| 3 | 2.5 | 5 | 10 | 8 |
| 4 | 1 | 5 | 4 | 9 |

请结合理论知识完成以下任务：

1. 阅读理论篇第 164～170 页的内容并将你认为重要的内容标出。
2. 利用重心法计算选址初始解。

# 学习情境四

# 美妆用品的配送业务

## 工作任务 1　订单处理

随着中德业务面的不断扩大，经董事会通过在天津武清区又建立了新的配送中心，主要为大型商场做日用化妆品的配送。新仓库占地面积 10 000 平方米，为双层库，一层为普通平仓，主要处理日常储配业务，二层为货到人拣选仓，主要应对“6.18”“双 11”期间订单量暴涨的情况，以保证配送效率。

新仓投入使用以来 D、E、F、G 四家大型商场的订单源源不断，以下是四家大型商场的客户信息、2018 年 7 月面向中德的采购订单以及配送中心的库存情况。

D 客户档案

| 公司名称 | D公司 | | | | 助记码 | JD | | |
|---|---|---|---|---|---|---|---|---|
| 法人代表 | 王永红 | | 家庭地址 | 天津市北开区佳和家园 5-2-502 | | 联系方式 | 022-66554489 | |
| 证件类型 | 营业执照 | | 证件编号 | 120106754788763 | | 营销区域 | 天津市区 | |
| 公司地址 | 天津市西城区星河路 243 号 | | | 邮编 | 300875 | 联系人 | 任程程 | |
| 办公电话 | 28654896 | | 家庭电话 | 64338906 | | 传真号码 | 022-28654897 | |
| 电子邮箱 | JD@126.com | | QQ 账号 | 8753885336 | | MSN 账号 | JD@msn.com | |
| 开户银行 | 新华商业银行 | | | 银行账号 | 86439896420427 | | | |
| 公司性质 | 民营 | 所属行业 | 零售业 | 注册资金 | 800 万元 | 经营范围 | 食品、办公用品 | |
| 信用额度 | 50 万元 | 忠诚度 | 高 | 满意度 | 较高 | 应收账款 | 42 万元 | |
| 客户类型 | 伙伴型 | | | 客户级别 | B | | | |

E 客户档案

| 公司名称 | E公司 | | | | 助记码 | JE | |
|---|---|---|---|---|---|---|---|
| 法人代表 | 张强 | 家庭地址 | 天津市红星区红旗家园 2-3-302 | | | 联系方式 | 022-27543885 |
| 证件类型 | 营业执照 | 证件编号 | 120108765436754 | | | 营销区域 | 京津塘 |
| 公司地址 | 天津市滨海区新沙街 3 号 | | | 邮编 | 300235 | 联系人 | 牛红 |

| 办公电话 | 26548965 | | 家庭电话 | 86436895 | | 传真号码 | 022－26548966 |
|---|---|---|---|---|---|---|---|
| 电子邮箱 | JE@yahoo. com | | QQ账号 | 653262883 | | MSN账号 | JE@hotmail. com |
| 开户银行 | 中国银行 | | | 银行账号 | 63273216947386 | | |
| 公司性质 | 外资 | 所属行业 | 商业 | 注册资金 | 600万元 | 经营范围 | 食品、日用百货 |
| 信用额度 | 15万元 | 忠诚度 | 一般 | 满意度 | 高 | 应收账款 | 9.5万元 |
| 客户类型 | 普通型 | | | 客户级别 | C | | |

**F客户档案**

| 公司名称 | F公司 | | | | 助记码 | JF | |
|---|---|---|---|---|---|---|---|
| 法人代表 | 董轩 | 家庭地址 | 天津市湖西区嘉义街凯莱庄园7－201 | | | 联系方式 | 67535678 |
| 证件类型 | 营业执照 | 证件编号 | 120109278362905 | | | 营销区域 | 天津市区 |
| 公司地址 | 天津市滨海区西城道29号 | | | 邮编 | 316790 | 联系人 | 王新 |
| 办公电话 | 67530864 | | 家庭电话 | 83520573 | | 传真号码 | 67530865 |
| 电子邮箱 | JF@126. com | | QQ账号 | 863820344 | | MSN账号 | JF@msn. com |
| 开户银行 | 新华商业银行 | | | 银行账号 | 62839047352 | | |
| 公司性质 | 中外合资 | 所属行业 | 商业 | 注册资金 | 100万元 | 经营范围 | 食品、办公用品 |
| 信用额度 | 5万元 | 忠诚度 | 一般 | 满意度 | 较高 | 应收账款 | 4.5万元 |
| 客户类型 | 重点型 | | | 客户级别 | A | | |

**G客户档案**

| 公司名称 | F公司 | | | | 助记码 | JG | |
|---|---|---|---|---|---|---|---|
| 法人代表 | 王熠 | 家庭地址 | 天津市西开区临海街西湖里4－201 | | | 联系方式 | 73415468 |
| 证件类型 | 营业执照 | 证件编号 | 58966324770041 | | | 营销区域 | 滨海区 |
| 公司地址 | 天津市滨海区第五大道77号 | | | 邮编 | 300468 | 联系人 | 王志刚 |
| 办公电话 | 89912861 | | 家庭电话 | 73415468 | | 传真号码 | 89912880 |
| 电子邮箱 | JG@126. com | | QQ账号 | 58413416 | | MSN账号 | JG@msn. com |
| 开户银行 | 中国银行 | | | 银行账号 | 1574784563131450 | | |
| 公司性质 | 国有 | 所属行业 | 商业 | 注册资金 | 400万元 | 经营范围 | 服装、食品 |
| 信用额度 | 15万元 | 忠诚度 | 较高 | 满意度 | 一般 | 应收账款 | 13万元 |
| 客户类型 | 普通型 | | | 客户级别 | A | | |

**D公司采购订单**

订单编号：D201807250101　　　　发货时间：2018年7月25日

| 序号 | 商品名称 | 单价（元） | 订购数量（件） | 金额（元） | 备注 |
|---|---|---|---|---|---|
| 1 | 睫毛膏 | 100 | 10 | 1 000 | |
| 2 | 粉饼 | 100 | 8 | 800 | |
| 3 | 蜜粉 | 100 | 6 | 600 | |
| 4 | 唇膏 | 120 | 2 | 240 | |
| 5 | 眼线笔 | 50 | 1 | 50 | |
| | 合计 | — | 27 | 2 690 | |

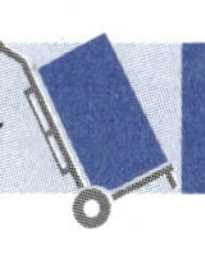

**E 公司采购订单**

订单编号：D201807250102　　　　发货时间：2018 年 7 月 25 日

| 序号 | 商品名称 | 单价（元） | 订购数量（件） | 金额（元） | 备注 |
|---|---|---|---|---|---|
| 1 | 睫毛膏 | 100 | 5 | 500 | |
| 2 | 粉饼 | 100 | 7 | 700 | |
| 3 | 化妆棉 | 20 | 7 | 140 | |
| 4 | 卸妆油 | 100 | 1 | 100 | |
| 5 | 指甲油 | 40 | 1 | 40 | |
| | 合计 | — | 21 | 1480 | |

**F 公司采购订单**

订单编号：D201807250103　　　　发货时间：2018 年 7 月 25 日

| 序号 | 商品名称 | 单价（元） | 订购数量（件） | 金额（元） | 备注 |
|---|---|---|---|---|---|
| 1 | 粉饼 | 100 | 8 | 800 | |
| 2 | 面膜 | 80 | 6 | 480 | |
| 3 | 洗面奶 | 60 | 8 | 480 | |
| 4 | 卸妆油 | 100 | 1 | 100 | |
| 5 | 指甲油 | 40 | 1 | 40 | |
| | 合计 | — | 24 | 1900 | |

**G 公司采购订单**

订单编号：D201807250103　　　　发货时间：2018 年 7 月 25 日

| 序号 | 商品名称 | 单价（元） | 订购数量（件） | 金额（元） | 备注 |
|---|---|---|---|---|---|
| 1 | 蜜粉 | 100 | 4 | 400 | |
| 2 | 面膜 | 80 | 6 | 480 | |
| 3 | 洗面奶 | 60 | 5 | 300 | |
| 4 | 眼影 | 50 | 2 | 100 | |
| 5 | 粉底液 | 50 | 1 | 50 | |
| | 合计 | — | 18 | 1330 | |

**配送中心库存表**

| 序号 | 货品编码/条码 | 商品名称 | 库存数量（件） |
|---|---|---|---|
| 1 | 6918163010887 | 睫毛膏 | 22 |
| 2 | 6920855052068 | 粉饼 | 35 |
| 3 | 6920855784129 | 蜜粉 | 40 |
| 4 | 6920907800173 | 唇膏 | 32 |
| 5 | 6931528109163 | 眼线笔 | 52 |
| 6 | 6931528109162 | 乳液 | 19 |

续前表

| 序号 | 货品编码/条码 | 商品名称 | 库存数量（件） |
| --- | --- | --- | --- |
| 7 | 6932010061808 | 祛斑霜 | 61 |
| 8 | 6932010061815 | 化妆棉 | 72 |
| 9 | 6932010061813 | 卸妆油 | 25 |
| 10 | 6932010061822 | 指甲油 | 35 |
| 11 | 6932010061839 | 美白霜 | 57 |
| 12 | 6932010061847 | 面膜 | 82 |
| 13 | 6932010061848 | 洗面奶 | 14 |
| 14 | 6932010061878 | 彩妆套盒 | 22 |
| 15 | 6932010061873 | 遮瑕膏 | 33 |
| 16 | 6932010061865 | 抗皱霜 | 43 |
| 17 | 6932010061861 | 颈膜 | 15 |
| 18 | 6932010061898 | 打底唇膏 | 62 |
| 19 | 6932010061893 | 唇彩 | 33 |
| 20 | 693201006146 | 粉底液 | 26 |
|  |  | 合计 |  |

请结合理论知识完成以下任务：

1. 根据以上客户信息及订单情况进行订单有效性分析并填写下表。

订单有效性分析表

| 客户名称 |  |  |  |
| --- | --- | --- | --- |
| 订单金额（万元） |  |  |  |
| 应收账款（万元） |  |  |  |
| 累计应收账款（万元） |  |  |  |
| 信用额度（万元） |  |  |  |
| 剩余信用额度（万元） |  |  |  |

| 信用额度是否透支 | | | |
|---|---|---|---|
| 订单是否有效 | | | |

2. 分析四家客户的订单是否有效，如有无效订单请填写至下表。

| 无效订单处理 | |
|---|---|
| 客户名称 | |
| 情况分析 | |
| 处理结果 | |
| 主管签字 | |
| 签字时间 | |

3. 汇总四张订单的货物需求数量，填写至下表。

单位：箱

| 序号 | 商品名称 | 订货量 | | | | 总需求量 |
|---|---|---|---|---|---|---|
| | | D公司 | E公司 | F公司 | G公司 | |
| 1 | | | | | | |
| 2 | | | | | | |

续前表

| 序号 | 商品名称 | 订货量 | | | | 总需求量 |
|---|---|---|---|---|---|---|
| | | D 公司 | E 公司 | F 公司 | G 公司 | |
| 3 | | | | | | |
| 4 | | | | | | |
| 5 | | | | | | |
| 6 | | | | | | |
| 7 | | | | | | |
| 8 | | | | | | |
| 9 | | | | | | |
| 10 | | | | | | |
| 11 | | | | | | |
| 12 | | | | | | |
| | 合计 | | | | | |

4. 对比订货数量与现有库存数，分析有无缺货现象，如有请填写至下表。

| 序号 | 缺货物品名称 | 缺货数量 |
|---|---|---|
| 1 | | |
| 2 | | |
| … | | |

5. 制定各项指标的等级标准及各等级赋分标准。

客户优先权分析表

| | | | |
|---|---|---|---|
| 忠诚度 | | | |
| 满意度 | | | |
| 客户类型 | | | |
| 客户级别 | | | |
| 赋予分值 | | | |

6. 将客户指标情况填入下表并按照以下权重进行计算。

客户优先权划分

| 客户名称 | D | E | F | G |
|---|---|---|---|---|
| 忠诚度（0.4） | | | | |
| 满意度（0.3） | | | | |

续前表

| 客户名称 | D | E | F | G |
|---|---|---|---|---|
| 客户类型（0.2） | | | | |
| 客户级别（0.1） | | | | |
| 赋予分值 | | | | |

7. 将最终客户优先权分析结果填至下表。

客户优先权表

| 客户名称 | D | E | F | G |
|---|---|---|---|---|
| 优先权顺序 | | | | |

## 工作任务 2 车辆调度

在完成订单拣选任务后，货物经过一系列后续的配货、包装等作业已具备送货条件。目前中德配送中心同周边两家配送中心开展共同配送业务，为周边四家超市供货，假设在供销平衡的前提下，请根据下面的供销运价运量表进行车辆调度。

| 销地<br>单位运价<br>产地 | B1 | B2 | B3 | B4 | 产量/t |
|---|---|---|---|---|---|
| A1 | 3 | 6 | 2 | 6 | 65 |
| A2 | 5 | 3 | 6 | 4 | 70 |
| A3 | 9 | 7 | 7 | 8 | 75 |
| 销量 | 50 | 45 | 55 | 60 | 210 |

利用西北角法确定初始调运方案，并填入下表。

| 单位运价　销地<br>产地 | B1 | B2 | B3 | B4 | 产量/t |
|---|---|---|---|---|---|
| A1 | | | | | 65 |
| A2 | | | | | 70 |
| A3 | | | | | 75 |
| 销量 | 50 | 45 | 55 | 60 | 210 |

## 工作任务 3　车辆配载

中德配送中心在从事储配服务的同时还在不断拓展业务，2018 年 9 月成立了自有车队，拥有 4 辆大型货车、4 辆中型货车和 6 辆小型货车，公司 9 月 25 日接到了货运任务，要求在 10 月 3 日将 116 吨水泥、80 吨砂石和不定量的玻璃板从工厂运送至工地，车辆的运输定额见下表。

单位：吨

| 车辆种类 | 运水泥 | 运砂石 | 运玻璃板 |
|---|---|---|---|
| 大型车辆 | 20 | 17 | 14 |
| 中型车辆 | 18 | 15 | 12 |
| 小型车辆 | 16 | 13 | 10 |

请结合理论知识完成以下任务：

1. 根据经验调度法安排车辆及货物的顺序应该是什么？请填入下表。

| | 1 | 2 | 3 |
|---|---|---|---|
| 车型安排顺序 | | | |
| 货载安排顺序 | | | |

2. 根据调度顺序将车辆调度结果填入下表。

| 车辆种类 | 运水泥车辆数 | 运砂石车辆数 | 运玻璃板车辆数 | 车辆总数 |
|---|---|---|---|---|
| 大型车辆 | | | | 4 |
| 中型车辆 | | | | 4 |
| 小型车辆 | | | | 6 |
| 货运量（吨） | 116 | 80 | | |

3. 计算可以运输多少玻璃板，总运输量为多少吨。

## 工作任务 4　配送中心选址

中德物流原有的两个仓库 P1、P2 目前主要承担 M1、M2、M3 三个厂家原材料的储存与配送业务。随着同几家企业合作的逐渐深入，订单量也在不断增加，但与此同时，运输距离较远、运输车辆不够、库存容量不足等现象也渐渐显现出来，并且已经导致几次未能按时配送的情况，对公司的信誉造成了非常不好的影响。因此，公司通过一系列的分析决定建立一个中转仓库，希望能够解决困境，以求更高的配送效率及服务水平。下表是经过测算的仓库及配送节点详情，请运用重心法求解。

| 节点 | 运输总量 | 运输费率 | 坐标 X | 坐标 Y |
|---|---|---|---|---|
| P1 | 2 000 | 0.05 | 30 | 80 |
| P2 | 3 000 | 0.05 | 80 | 20 |
| M1 | 2 500 | 0.075 | 20 | 50 |
| M2 | 1 000 | 0.075 | 60 | 40 |
| M3 | 1 500 | 0.075 | 80 | 80 |

请结合理论知识完成以下任务：

1. 利用重心计算选址初始解。

2. 在初始解基础上迭代计算最优解。

## 工作任务5　配送成本计算

下面是中德2018年6月一些经过整理后的成本数据资料，请你对这些数据资料按照配送成本的每个构成项目进行归集，并编制相应的成本计算表，最后计算出公司2018年6月的配送总成本。

(1) 本月驾驶员的工资共58 500元，福利费共8 190元；分拣工人工资共31 000元，福利费共4 340元；配装作业工人工资共44 350元，福利费共6 209元；流通加工工人工资共18 500元，福利费共2 590元。

(2) 本月共发生的车辆修理费为4 250元，大修费为12 000元，折旧为26 610元；分拣机械设备的修理费为5 200元，折旧费为15 750元。

(3) 本月车辆燃料费共70 500元，轮胎费共36 000元，车辆其他费用共10 000元；配装材料费共25 100元，配装辅助材料费共6 750元，配装其他费用共11 000元；流通加工直接材料费共3 000元；分拣其他费用共6 100元。

(4) 本月共发生运输管理费49 150元；车船使用税22 000元；行车事故损失23 000元。

(5) 本月共发生车辆营运间接费用63 800元；分拣间接费用17 050元；配装间接费用13 000元。

(6) 本月流通加工的制造费用为26 542元。

(7) 本月车辆周转量为5 000吨公里。

请结合理论知识完成以下任务：

1. 阅读理论篇第211～217页的内容并将你认为重要的内容标出。
2. 根据配送中心成本构成分别核算并将结果填入下表。

| 成本构成 | 成本项目 | 金额（元） |
|---|---|---|
| 配送运输成本 | | |
| | | |
| | | |
| | | |

续前表

| 成本构成 | 成本项目 | 金额（元） |
| --- | --- | --- |
| 配送运输成本 | | |
| | | |
| | | |
| | | |
| | | |
| | | |
| | | |
| | | |
| 合计 | | |
| 配送运输单位成本 | | |

| 成本构成 | 成本项目 | 金额（元） |
| --- | --- | --- |
| 配送分拣成本 | | |
| | | |

续前表

| 成本构成 | 成本项目 | 金额（元） |
| --- | --- | --- |
| 配送分拣成本 | | |
| | | |
| | | |
| | | |
| 合计 | | |

| 成本构成 | 成本项目 | 金额（元） |
| --- | --- | --- |
| 配送配装成本 | | |
| | | |
| | | |
| | | |
| | | |
| | | |
| 合计 | | |

| 成本构成 | 成本项目 | 金额（元） |
| --- | --- | --- |
| 配送流通加工成本 | | |
| | | |
| | | |
| | | |
| 合计 | | |

3. 汇总配送总成本。

| |
| --- |
| |

# 参考文献


1. 何庆斌．仓储与配送管理．上海：复旦大学出版社，2015.
2. 谷祥盛．仓储运作与管理．广州：广东经济出版社，2017.
3. 霍红，刘莉，李腾．仓储与配送实务．北京：化学工业出版社，2016.
4. 罗松涛．配送管理实务．北京：北京出版社，2014.
5. 李玉民．配送中心运营管理．北京：电子工业出版社，2018.

**图书在版编目（CIP）数据**

仓储与配送管理实务/张扬，国云星主编．—北京：中国人民大学出版社，2018.11
21世纪高职高专规划教材．物流管理系列
ISBN 978-7-300-26351-9

Ⅰ.①仓…　Ⅱ.①张…　②国…　Ⅲ.①仓库管理-高等职业教育-教材　②物流管理-物资配送-高等职业教育-教材　Ⅳ.①F253　②F252.14

中国版本图书馆CIP数据核字（2018）第236481号

21世纪高职高专规划教材·物流管理系列
**仓储与配送管理实务**
主　编　张　扬　国云星
副主编　胡玉洁　付云池　薛立立　胡成琳
Cangchu yu Peisong Guanli Shiwu

---

| | | | |
|---|---|---|---|
| **出版发行** | 中国人民大学出版社 | | |
| **社　　址** | 北京中关村大街31号 | **邮政编码** | 100080 |
| **电　　话** | 010－62511242（总编室） | | 010－62511770（质管部） |
| | 010－82501766（邮购部） | | 010－62514148（门市部） |
| | 010－62515195（发行公司） | | 010－62515275（盗版举报） |
| **网　　址** | http://www.crup.com.cn | | |
| **经　　销** | 新华书店 | | |
| **印　　刷** | 天津中印联印务有限公司 | | |
| **规　　格** | 185 mm×260 mm　16开本 | **版　　次** | 2018年11月第1版 |
| **印　　张** | 18 | **印　　次** | 2021年8月第5次印刷 |
| **字　　数** | 392 000 | **定　　价** | 45.00元 |

---